時尚豐子愷——跨領域的藝術典型

豐子愷如何成名？

「緣緣堂」符號意義是什麼？

豐子愷遊覽臺灣的畫作與趣事是什麼？

帶你重回豐子愷的生命場景……

張俐雯 ◎ 著

目 次

緒論

　　豐子愷最喜歡南宋詞人蔣捷〈一剪梅・舟過吳江〉中的：「流光容易把人拋，紅了櫻桃，綠了芭蕉」，所以在緣緣堂的天井裡，種下紅灩灩的櫻桃，油亮亮的綠芭蕉。從二樓書房望向窗外，他振筆疾書，寫了數百萬字的散文，畫了無法細數的雅俗共賞、沁人心脾的漫畫。

　　他的散文，在清徹通明的白馬湖風格外，其實有更多激越的成份。他的漫畫，除了繼承了簡筆詩意的竹久夢二，還有陳師曾。現代中國出版史上，豐子愷擔任過開明書店的編輯，繪製出版了許多長銷書；在畫完與林語堂合作的《開明英文讀本》暢銷書後，豐子愷下定決心成為一個專業作家，甚至成為中國現代最早的專職作家之一。

　　對才華洋溢的豐子愷來說，專業作家的路水到渠成。首先，他極為規律；再來，他非常勤勉；還有，他可以寫完文章後接著畫畫，同一個題材可以用兩種藝術形式表現。如果思路滯悶，他就寫書法。豐子愷的書法字從魏碑與《月儀》帖來，捺筆重卻飄逸曳出，像是竹久夢二的蜻蜓翩翩飛舞……

　　很多人知道弘一法師是豐子愷的恩師兼偶像，但是他真正親近的反而是儒釋大師馬一浮；自在地和馬一浮抽煙閒聊的心情，正如

每晚用臺灣小酒杯喝點酒，放鬆緊繃的身心來看顧家中孩子們，都是一樣令人快慰的。

豐子愷的翻譯成績，也讓人肅然起敬。他翻譯九十萬字日本的古典文學鉅著《源氏物語》，時間上比林文月教授早了十三年。自學的俄文，讓他在文革後靠著翻譯俄文著作，生活較不匱乏。而晚年所寫的〈暫時脫離塵世〉文章也與他翻譯喜好的日本作家夏目漱石《草枕》頗有相似之處。

喜歡豐子愷的人很多，每個人都從他身上看到自己。例如對佛法的親近嚮往、對藝術的浸染薰習、對人性的隨筆鏤刻、對兒童的慈愛歌頌等。據說臺灣的音樂大師黃友棣教授，是因為幼時熟他的音樂著作奠定以後的音樂之路。藝術家如楚戈據說也是從親近豐子愷的漫畫做為繪畫的起點。莊因則以模仿入手，走出日後自己的風格。書藝大師張光賓與音樂家蕭而化都曾經是豐子愷的學生。謝冰瑩、楊牧、席慕蓉、林清玄、錢歌川等作家也喜愛豐子愷，而一般民眾喜歡的就更多，對於常常出現在教科書的〈漸〉、〈楊柳〉等文章幾乎都能朗朗上口。

筆者也是因為欣賞豐子愷藝術作品，進一步想深入瞭解，而寫出這一本研究的書。這本書和市面上的豐子愷書籍不同。例如從出版的角度考察豐子愷的成名經過、作為專業作家的勤勉不懈、釐清「緣緣堂」的符號意義、強調「開明書店」對豐子愷創作的助力、彰顯他溝通文學與繪畫跨領域的成績，還有臺灣光復初期豐子愷曾經有意定居臺灣的秘辛，以及畫了十餘幅臺灣題材的漫畫等等……以上種種，相信可以提供有興趣的讀者不一樣的視野，能夠從多元的角度看到有趣的、充滿詩意的豐子愷，讓這位「生活的藝術家」

與「藝術的生活家」帶來清涼的禪意，與歷久彌新、慧黠溫潤的人生智慧。

　　這本書的寫作，是在豐家後人如豐一吟女士等，還有陳星教授等學者的豐碩研究成績上完成的；並且承蒙莊雅州教授的細心指導，加上李瑞騰教授、呂正惠教授、何淑真教授、許清雲教授的諄諄教言；宋裕老師、振維好友、淑蘋學妹的督促，方能順利出版。對於前輩專家的指導、家人的支持，筆者永遠銘記在心，並且盼望讀者能夠給予指正為幸。

張倚雯

第一章　豐子愷的生命歷程

　　豐子愷生於 1898 年 11 月 9 日，卒於 1975 年 9 月 15 日，享年七十八歲。他一生歷經私塾傳統文學的教育，新文學運動的衝擊，為迎合時代的要求，以新語言寫作隨筆，揭露社會的弊病，傳揚所思所見。漫畫是一種簡約畫面的營造，隨意取材，傳神地表達某種意義。豐子愷以散文、漫畫交叉書寫，擷取人生滋味，詩畫藝術共同交織成不朽的人生。本章題為「生命歷程」，以人生經歷為主、文學創作為輔，敘述採歷時的方式。為求脈絡清晰，以下就將豐子愷的生命歷程分為六個階段來敘述。由於豐子愷隨筆對自我經歷多所著墨，有關傳記書籍亦復不少，所以本章敘述時以《豐子愷年譜》與豐一吟、陳星所著資料為主，復補充在臺灣的相關資料，如林文月、豐子愷學生書畫家張光賓、豐子愷好友謝冰瑩等，勾勒豐子愷精彩的文學生涯。

第一節　早慧的奠基期（1898～1918）

　　豐子愷於 1898 年 11 月 9 日出生於浙江省石門縣玉溪鎮（今浙江省桐鄉市石門鎮），乳名慈玉，學名豐潤。後來將「潤」改成「仁」，

再由「仁」取號為「子愷」，其後多以「子愷」稱呼。他與茅盾（沈雁冰）、錢君匋是同鄉。豐子愷介紹故鄉說：

> 走了五省，經過大小百數十個碼頭，才知道我的故鄉石門灣，真是一個好地方。它位在浙江北部的大平原中，杭州和嘉興的中間，而離開滬杭鐵路三十里。這三十里有小輪船可通。每天早晨從石門灣搭輪船，溯運河走兩小時，便到了滬杭鐵路上的長安車站。由此搭車，南行一小時到杭州；北行一小時到嘉興，三小時到上海。[1]

豐子愷又說：「明末清初，我們這一支從楊溪遷居石門灣。」（〈桐廬負暄──避難五記之二〉，《文學卷二》，頁 1）此處交通四通八達，豐子愷描述：

> 吾等生長江南平原之地，三里一村，五里一市，十里一鎮，二十里一縣，車舟四通八達……（《教師日記》，《文學卷三》，頁 73）

浙江這個地域給他的影響，可以從郁達夫的說法了解：

> 豐子愷今年三十九歲，是生長在嘉興石門灣的人，所以浙西人的細膩深沉的風致，在他的散文裡處處可以體會得出。[2]

---

1 見〈辭緣緣堂──避難五記之一〉，豐陳寶、豐一吟編，《豐子愷文集》，《文學卷二》6（杭州江：浙江文藝出版社，1992 年 6 月），頁 119。下文敘述時將《豐子愷文集》出處簡化成《文學卷》、頁數附在引文後面，以便於閱讀。

2 見〈《中國新文學大系・散文二集》導言〉，收蔡元培等著《中國新文學大系導論集》（上海：上海良友復興圖書印刷公司，1940 年 10 月），頁 220。

其中說豐子愷是「浙西人」，應是浙江北部人。故鄉位於四通八達的水鄉，豐子愷〈回憶兒時的唱歌〉：「我的故鄉石門灣，是一個很偏僻的小鎮」（《藝術卷四》，頁 570），以桑蠶著名的小鎮，有濃厚的江南人文氣息，這裡的明媚水鄉，成了豐子愷筆下畫中常見的素材來源；民俗活動與祭祀盛會，也豐富作家的文化底蘊。

豐子愷的父親是豐鐄（1865～1906），字斛泉，曾於 1883 年考取第七名秀才，1902 年即豐子愷四歲時考舉人中舉，然而 1902 年 12 月祖母豐八娘娘去世，父親得在家守孝三年，無法參加次年的會試，後來 1905 年科舉廢止，因此豐鐄始終沒有作官。這對三十九歲一直刻苦讀書的豐鐄來說是個很大的打擊，從此生活失去重心，只得設塾授徒、飲酒、看書與吸鴉片，直至四十二歲豐子愷九歲時，豐鐄因肺病去世。雖然父親早逝，但是在豐子愷六歲時，就受父親啟蒙，在家中私塾唸書，先讀《三字經》、《千字文》、後又讀《千家詩》。

就中國教育的發展，私家教育的影響高於公立教育，兒童進入私塾頗為普遍，修業年限視各人需要而不同。豐子愷約有三年時間是由父親啟蒙的，父親去世後沒多久，他就轉入另一家私塾唸書，這家私塾的老師是于雲芝，讀的書是《幼學瓊林》、《論語》、《孟子》等，所讀的書比以前父親開蒙時唸的書已有進境。

我國新教育的建立時期，是自光緒二十八年（1902 年）奏定學堂章程公布，到辛亥革命之間共計十年[3]，在這個時期中傳統舊教育完全革除，隨之而起的是新式教育。光緒三十一年（1905 年）九月，清政府下詔廢止科舉，推廣學堂。石門灣最早的小學堂，就

---

[3]　參考林文寶撰，《歷代啟蒙教材初探》（台北：萬卷樓圖書有限公司，1997 年 4 月），頁 187。

是豐子愷就讀的這所私塾，宣統二年（1910 年）的時候，改名為「溪西兩等小學堂」。它的命名是因為位處西竺庵門前的小河語溪，校址則設於西竺庵祖師殿的後面。此時，學堂從嘉興請來金可鑄老師，教授《學校唱歌集》等歌曲，其中有李叔同作詞的〈祖國歌〉等等。宣統三年（1911 年），豐子愷歸入「崇德縣立第三高等小學校」（原來的溪西兩等小學堂高等分部），校長是沈蕙蓀，在學期間品學皆優。1912 年，豐子愷十六歲時，崇德縣舉行會考，國文題目是〈五金之中，何者為貴論〉，成績名列前茅，還因此受到崇德縣督學徐芮蓀的注意，特別將長女徐力民許配給他。1915 年暑假，他以第一屆第一名的成績畢業，據豐子愷說在校時期：

> 我在學時一味用功，勤修課程表上所有的一切功課，但除了賺得一百分之外，我更無別的企圖與欲望。故雖然以第一名的成績在那小學畢了業，但我完全是一個小孩，關於家務，世務，以及自己的前途，完全不聞不問。我家中只有母親和諸姐弟。我在九歲上喪了父親之後，母親是我的兼父職的保護者。（〈舊話〉，《文學卷一》，頁 179）

在十七歲這一年，豐子愷在《少年》雜誌上以豐仁為名發表四篇寓言作品：〈獵人──戒貪心務寡欲〉、〈懷挾──戒詐偽務正直〉、〈藤與桂──戒依賴務自立〉、〈捕雀──戒移禍務愛群〉（《文學卷一》）。這些初試啼聲之作，究竟反映了豐子愷一時隨興的投稿，還是對文學懷抱相當熱情？實在難以斷言。進入師範學校的豐子愷，一、二年級都考第一名，而單不厂 1914 年起擔任國文老師（1920 年單不厂應聘到北京大學擔任國文系教授），對成績優異的豐子愷

十分讚賞，還為他取「子愷」這個號，其後他常以「號」行，原名「豐仁」反而不顯。

豐子愷的母親鍾雲芳十分能幹，「她雖然不識字，卻治家有方，擔起了這一大戶人家裡裡外外的一切責任」[4]，將祖傳的染坊店一肩挑。對於豐子愷，她有極深的期待：

> 期望兒子刻苦讀書，將來重振家聲，她甚至還保留著豐鐄考舉人時用過的考籃，打算將來給兒子再用；新年時，叫豐潤穿戴了紅纓帽子外套去拜年。總之，她把全部希望寄托在潤兒一人身上。她肩負起嚴父和慈母的雙重職責，以嚴肅的目光告誡潤兒以待人接物、求學立身的大道理，同時又用慈愛的笑容關懷著潤兒姐弟的生活。她滿心希望將潤兒撫養成人，好接父親的班。雖然科舉已廢，將來總還有別的晉升之道，好讓潤兒出人頭地。[5]

除此之外，還有好幾件事均可見出母親對他的教誨，是如何深深影響了他的立身處事。民國元年，政府通令民間限農曆年底一律剪辮子，豐子愷沒有和母親商量，便自行剪掉了辮子，母親痛罵他一場，罰他在父親遺像前下跪，並將辮子放入袋內收藏。豐子愷還發生過寫信給小學校校長包丞伯，諷刺他提高學費之事，母親訓誡他，為同學請命是好的，但不可對校長無禮譏諷。因為她不識字，對於時局無法確實掌握，不但常說自己：「盲子摸在稻田裡了」，甚

4　見豐一吟著《瀟灑風神·我的父親豐子愷》（上海：華東師範大學出版社，1998 年 10 月），頁 19。

5　同註 4，頁 20。

至還保留著丈夫的「書籍、考籃、知卷、報單、衣冠等，以為將來科舉可能再興，恰好給兒子派用場」[6]。種種關愛，甚至讓豐子愷以為一般人都是只靠母親撫育的。二十四歲的他決意到日本留學，也是靠母親賣一棟祖產才得以成行，豐子愷告訴母親：「現在賣舊屋，以後一定蓋新屋奉養你」，未料新屋未成，母親已於 1930 年因病去世，當時豐子愷三十三歲，在藝文界已有出色的成績，因為這個噩耗，豐子愷從此留長鬚，出現不同以往的形象。

失去父親的豐子愷，自然得由母親決定婚姻大事。1913 年，豐子愷十六歲時，參加崇德縣會考，由於國文科試題〈五金之中，何者為貴論〉的高分，督學徐芮蓀親自到第三高等小學校來觀察他，欣賞其才華人品之餘，便請人到豐家提親。豐子愷母親因徐家為崇德縣的世家，徐芮蓀曾任軍政長、《浙江通志》館的採訪、律師等職，自覺門第不相當，委婉拒絕；徐芮蓀不死心，仍再次提親，母親終於答應，讓豐子愷與十八歲的徐芮蓀長女徐力民訂了親。當豐子愷二十二歲，在浙一師畢業前的上半年三月中旬，奉母親命令回鄉與徐力民結婚。結婚後，豐子愷送妻子到城東女學專修科學習圖畫，又在石門鎮振華女校教一年書，之後因育兒的因素才專司家庭主婦。

豐子愷對自己結婚與感情生活的描述文字，幾乎沒有寫過隻字片語，這對於豐子愷鉅細靡遺的寫作題材來說，可視之為異數。[7]女

---

[6]　同註4，頁 38。

[7]　豐子愷交游的對象多侷限於男性，文章中提到女性的部分除了母親與妻子、讀者外極少，即使是母親與妻子、讀者的部分篇幅也不多。如〈記音樂研究會中所見之一〉述及留學日本的時候，教授提琴的女老師：「有生以來，向女先生受教，這是最初次，又是最後次。我最初感到一種無名的不快，

性書寫區塊的空白，反射在平輩女性交游的匱乏。[8]接受二十世紀新時代教育洗禮的豐子愷，被動地接受母親的婚姻決定，接受後不代表它不能改變，因此，送妻子習畫教書的舉動，意謂著豐子愷對妻子的期待，是超過自己母親對媳婦的期待，也在某種程度上，說明他具有與時俱進的思想。但是，妻子雖然在知識教育上增進，後來還是不得不依循傳統婦女的步伐，無怨地承擔婚姻家庭的角色，做一個相夫教子的賢德妻子。

　　有趣的是，豐子愷的大姊豐瀛（1886～1918 年），字寰仙，於1912 年創辦了「振華女校」，當時豐瀛才二十六歲。以年僅二十六歲之齡即創立學校固然令人驚奇，又是一所女子專門學校，就更令人好奇。振華女校是一所小學，校址就設在石門鎮豐家淳德堂的三間廳堂，大多收的是十一、二歲的學生，教的仍是文言，1918 年豐瀛去世後，豐子愷的三姊豐滿接任校長，豐滿後來則皈依弘一法師，法名夢忍。有關姊姊的辦學成就，在豐子愷的筆下也沒有著墨。

　　五四運動期間，由於反傳統的呼聲興起，婦女運動也蔚為風潮。自 1900 年起，反纏足、參政權、興女學、婚姻自由權、男女平權等俱為社會關注的焦點，例如《教育與女性－近代中國女子教育與知識女性覺醒（1840～1921）》說[9]：

但受教了幾天之後，就釋然了。」也只有描述性的一句「最初感到一種無名的不快」，為何不快？則未明說。見《文學卷一》，頁 569。

[8]　1922 年，豐子愷參加「婦女評論社」，成為社友。據盛興軍主編《豐子愷年譜》：「該社雜誌《婦女評論》積極支持當時人們關注的婦女解放運動，是進步人士討論解決婦女問題途徑的重要輿論陣地」，（青島：青島出版社，2005 年 9 月），頁 128。

[9]　喬素玲：《教育與女性——近代中國女子教育與知識女性覺醒（1840～1921）》，（天津：天津古籍出版社，2005 年 5 月），頁 43。

> 五四時期，大學開放女禁，中學男女同學，越來越多的女性
> 接受西方的個人主義和男女平等思想，衝破舊禮教的束縛，
> 走進學校，學習新知。1922 年，教育部公布《新學制系統
> 改革令》，真正建立男女平等的單軌教育體制，女性享受平
> 等教育的機會增多。

婦女由傳統賢妻良母的刻板印象中解除桎梏，與男性共同謀求社會與文化改革的責任。振華女校創辦後，同鄉的茅盾夫人孔德沚、弟弟沈澤民的夫人張琴秋，都曾就讀於此。豐子愷的大姐豐瀛、三姐豐滿所創立帶領的女校，可以說在新文化運動發展初期，就在婦女解放的浪尖上，寫下婦女教育的新頁。

豐子愷書香門第出身，自幼年起，即享有相當不錯的教育資源。置身在傳統與現代的時間交會口，他既有傳統私塾教育打下良好的舊文學底子，復又接受新式的小學教育，這一切得歸功母親持家有方。我們也從姊姊自主地接受新式學校的學習（豐滿曾在接任校長一職後到杭州浙江女子師範學堂進修，並於婚後懷孕時仍至上海專科師範學校深造），且創辦女校的事跡也可瞭解，豐子愷的姊姊有著新時代新思想，其後豐滿母女與豐氏全家同住一個屋簷下，互相照拂激勵自屬應然。

究竟豐子愷是在什麼樣的環境裡浸淫、薰染，對文學創作有興趣呢？文學現場的瞭解，可以幫助我們明白作者在怎樣的時空條件下進行寫作的活動。觀察豐子愷的成長歷程，缺乏家人在寫作上的鼓勵，卻在學習的場域中獲得珍貴的蓄積與引領。

　　1914 年，十七歲的豐子愷在浙江省立師範學校（簡稱浙一師）求學，到 1919 年畢業的五年時間，學校網羅了一批學術界、藝文界的知名教師。1912 年開始，經亨頤（1877～1938 年）是浙江省官立兩級師範學堂的校長（兼浙江省教育會會長）；夏丏尊（1885～1946 年）自 1908 年起，在學校任日文翻譯、舍監、掌訓育事務，並兼授國文、日文。馬敘倫（1885～1970 年）自 1908 年起擔任國文、倫理修身課教師。許壽裳（1882～1948 年）1909 年教授心理學，並兼任教務長。李叔同（1880～1942 年）1912 年教授繪畫、音樂。姜丹書（1885～1962 年）教授圖畫手工、圖畫音樂課。劉大白（1880～1932 年）1919 年秋教授語文。[10]身處家庭以外的這個學校的小環境裡，若有藝文風氣的薰染、師長的鼓勵、朋友的切磋等因素結合，對寫作者來說，能激勵藝文之路的成長。因此，以下即分三方面來談：

一、學校的藝文風氣

　　1906 年秋天，浙江省立第一師範學校成立，當時稱為浙江官立兩級師範學堂，堂址在杭州貢院的舊址。籌建期間，王廷揚監督聘請當時仍是日本高等師範本科一年級的經亨頤為教務長，直至 1908 年，正式開學時校長是經亨頤，他同時身兼浙江教育總會會長。當時大多數教師是現代知識分子，其中大部分是留學日本的學生。[11]1914 年，三十五歲的李叔同在浙江省立第一師範學校任教，

---

[10] 盛興軍主編，《豐子愷年譜》，頁 61-65。

[11] 此處參考王利民著《平屋主人──夏丏尊傳》，（杭州：浙江人民出版社，2005 年 7 月），頁 22-27。

課餘之暇，集合友生組織「樂石社」社團研究金石，李叔同博學多才，不但能詩能畫、擅書法，也長於篆刻。擔任圖畫、音樂教師的李叔同，首開室內、室外寫生、西洋美術史、版畫、彈琴等課程。進行藝術啟蒙教育，言傳身教的教育思想和教育精神獨樹一幟，歷時六載，直至1918年出家。其實李叔同也擅於文學創作，據〈《前塵影事集》序〉說：

> 先生不但精通西洋藝術，於中國文學亦復深造。書法之工，世所共仰。而詩詞歌賦之清新雋逸，尤為晚清諸家所望塵莫及。顧所作極少，且不喜發表。故世間知聞極少。(《文學卷二》，頁409)

身為學生的豐子愷當然所知甚深：「就學問講，他博學多能，其國文比國文先生更高，其英文比英文先生更高……」(〈我與弘一法師〉，《文學卷二》，頁399)，透過言教身教的啟迪，陶冶浙一師的學風，也直接讓學生觸發感受，蓄積藝文的能量。

在學校裡，除了李叔同外，還有夏丏尊是新文化運動的健將。夏丏尊(1885～1946年)，浙江上虞人。自1908年起，學校正式開學後，夏丏尊當時二十二歲，就到學堂擔任教育科日文翻譯員，這是他一生從事教育工作的開端；1916年起則教授國文課程。夏丏尊極重視人格教育，見普通學生之作文常全篇謊言，因此通過自薦，希望藉由國文課程提昇學生的語文程度，改造學生誇大不實、言不由衷的現象。他上課重視朗讀、作文課要言之有物，講真話、不無病呻吟、不用套語，大幅提升學生國文程度。1913年起自薦擔任舍監一職，共有八年之久，也因廉慈的個性，被豐子愷認為如同「媽媽的教育」：

夏先生與李先生對學生的態度，完全不同。而學生對他們的敬愛，則完全相同。這兩位導師，如同父母一樣。李先生的是「爸爸的教育」，夏先生的是「媽媽的教育」。(〈悼丏師〉，《文學卷二》，頁 158)

豐子愷說明學生對於圖畫、音樂、國文三科的教師講授及學習情形是：

我當學生的時候，李先生教我們圖畫音樂，夏先生教我們國文。我覺得這三種學科同樣地嚴肅而有興趣。就為了他們二人同樣地深解文藝的真諦，故能引人入勝。……夏先生初任舍監，後來教國文。但他也是博學多能，除了不弄音樂以外，其他詩文、繪畫（鑑賞）、金石、書法、理學、佛典，以至外國文、科學等，他都懂得。因此能和李先生交游，因此能得學生心悅誠服。(〈悼丏師〉，《文學卷二》，頁 156)

特別的是學校極為重視圖畫、音樂兩科，下午四點後，校園洋溢琴聲，教室學生忙著繪畫，藝術風氣盛行。課餘之暇，豐子愷也參加由「樂石社」（研究金石篆刻）更名的「寄社」社團，夏丏尊還教授豐子愷等學生日文。校園裡文學風氣的盛行，有李叔同擅詩詞書畫、夏丏尊革新語文教育、姜丹書措意繪畫墨趣、馬敘倫兼治傳統與新學……，在藏書豐厚的校園裡，這些赫赫有名的教育學者，以身教惕勵莘莘學子，引領浙一師的藝文風氣。1919 年 7 月，豐子愷自浙一師畢業，這一年，正是五四運動的開始。雖然自秋天起，校長經亨頤支持並踐履新文化運動，開始要求國文教師們以白話文

教書，豐子愷並沒有來得及接受到「一律白話授課」、「採用注音字母」等具體教學內容，但是在無形有形中，夏丏尊進步的文學觀念已深植在他心中，與他自小接受的古文教育互相激盪、融合；而外在社會環境急遽變化，文學創作的語言場域轉向白話，因此也反映在豐子愷散文中有新舊語言融合的現象。

二、師長的鼓勵

豐子愷的求學過程中，作文的表現頗有佳績。如 1913 年崇德縣會考高班的國文試題是「五金之中，何者為貴論」，由於寫作成績突出，獲得崇德縣督學徐芮蓀的賞識，進而將長女徐力民許配給他。1915 年國文老師單不厂因喜愛成績第一名的豐子愷，便將他的原名「豐仁」取了個「子顗」，後來又改顗為愷（均為和樂、安靜意），畢業後多使用「豐子愷」而未用「豐仁」。

在豐子愷的求學生涯中，夏丏尊是直接引導豐子愷進入文學創作天地的老師。關於這一點，他在 1931 年出版《緣緣堂隨筆》引人矚目後，曾撰〈舊話〉一文回憶：

> 我倘不入師範，不致遇見李叔同先生，不致學畫；也不致遇見夏丏尊先生，不致學文。我在校時不會作文。我的作文全是出校後從夏先生學習的。夏先生常常指示我讀什麼書，或拿含有好文章的書給我看，在我最感受用。他看了我的文章，有時皺著眉叫道：「這文章有毛病呢！」「這文章不是這樣做的！」有時微笑點頭而說道：「文章好呀……」我的文

章完全是在他這種話下練習起來。現在我對於文章比對於繪畫更有興味（在葉聖陶童話集《讀後感》中我曾說明其理由）。現在我的生活，可說是文章的生活。（《文學卷一》，頁 185）

自 1916 年夏丏尊教授國文至 1919 年豐子愷畢業，共有三年時間受夏丏尊啟迪指導。豐子愷說：「我在校時不會作文」，惟應該有接受文學觀念的指引。據陳玉芳說明，夏丏尊在浙一師時是採取進步的教學策略，來支持新文學運動：

> 「五四」之前，夏丏尊的作文教學側重精神內容層面，認為文章要有作者的真實情感，才不是無病呻吟。……「五四」之後，夏丏尊在課堂上講授白話文、新式語法、標點符號，教學內容逐漸偏重形式層面。此一轉變追究底乃是出於個人對文學革命的認同，經亨頤決意改革國文教學只是助因，其關鍵性在於適時提供改革的空間，夏丏尊並非被動執行經亨頤的決策，而是主動認同新文學，藉任教之便推動文學形式的革新。[12]

豐子愷直接接受夏丏尊的文學觀念是在「五四」之前；「五四」之後兩人關係由師生變成同事、文友，歷經時移世變，夏丏尊仍與豐子愷有密切的文章、書信往返，兩人終其一生彼此激盪互相砥礪。[13]關於夏丏尊教學時如何批改學生作文，鍾子岩說：

---

[12] 陳玉芳：《夏丏尊、葉聖陶讀寫理論研究》（台北：國立臺灣師範大學國文研究所碩士論文，2000 年），頁 30。

[13] 夏丏尊一生著力於教育、編輯事務，對於純文學寫作部分並不特別熱衷，僅於 1935 年開明書店出版《平屋雜文》一書。

批改作文，是許多語文教師最感頭痛的事。但先生卻輕鬆自
如。他眼光犀利，對於許多人看了搖頭的文章，一眼就能看
出其主要毛病所在。文章的大病，在於文不對題或文理不
通。對於這種文字，先生著重于「批」（包括總批與眉批），
而只對用詞不當的地方加以修改。這樣，既避免了將批改者
自己的意思強加於寫作者的錯誤做法，且使寫作者懂得文章
毛病之所在，逐步由「不通」轉向「通順」。這比偏重「修
改」，當然要高明多了。[14]

可見夏丏尊在教育崗位的兢兢業業，對豐子愷的創作與人格起了一
定的影響。

　　1922 年夏丏尊介紹豐子愷到春暉中學教書，兩人從師生關係
轉變成同事。1925 年秋天，夏丏尊開始在立達學園兼課，講授國
文，又與豐子愷共事。兩人在人生道上脈脈牽繫：從師生、同事到
一輩子的知己。無論是教學工作，還是開明書店出版業務、弘揚弘
一大師思想等，在涵情立志上，夏丏尊在豐子愷生命中扮演重要的
角色。

三、朋友的切磋

　　楊伯豪，名楊家儁，浙江餘姚人。初進浙一師，他與豐子愷常
常一起讀書、遊西湖，他對豐子愷人格的影響很大。自楊伯豪同一

---

[14] 見鍾子岩〈夏丏尊在春暉〉，收入傅國涌編《過去的中學》（武漢：長江文
藝出版社，2006 年 4 月），頁 135。

年同一班並用同一間自修室始，對於伯豪的個性，豐子愷在〈伯豪之死〉描述：

> 他那時候雖然只有十七八歲，已具有深刻冷靜的腦筋，與卓絕不凡的志向，處處見得他是一個頭腦清楚而個性強明的少年。（《文學卷一》，頁 66）

> 後來他微微表示輕蔑的神氣，說道：「這何必呢！你自己應該抱定宗旨！那麼你的來此不是誠意的。不是自己有志向於師範而來的。」（《文學卷一》，頁 67）

> 「你不要過於膽怯而只管服從，凡事只要有道理。」（《文學卷一》，頁 68）

同時豐子愷用對比的手法，映襯自己的個性：

> 我究竟已是一個應該自覺的少年了。他的話促成了我的自悟。從這一天開始，我對他抱了畏敬之念。（《文學卷一》，頁 67）

> 但對於他這種奇特、新穎而卓拔不群的舉止言語，亦頗有鑒賞的眼識，覺得他的一舉一動對我都有很大的吸引力，使我不知不覺地傾向他，追隨他。（《文學卷一》，頁 70）

對十七歲的豐子愷來說，伯豪愛看《文選》、《史記》、《漢書》等書的行徑，還有他特殊的言語行為，都給自己極大的衝擊。青少年期介於兒童期與成人期中，是人生中最不穩定的過渡時期。若社會發展良好者能自我統合、積極向上，不至誤入歧途；若不順利會自卑

或角色混淆。豐子愷的學校住宿生活並不順遂，自小住在家裡，第一次離家度過五年的寄宿生活，共食的艱辛、齊一的規律生活、不易入睡的習癖，十分困擾他，他曾說：「學生須同畜牲一樣，每天一律放牧，一律歸牢，不許一隻離群而獨步。那宿舍的模樣，就同動物院一般」（〈寄宿舍生活的回憶〉，《文學卷一》，頁 170），因此，伯豪獨立自主的個性，給他一種嚮往，一個審視自己的鏡子；從這面鏡子中，他照見自己為避免被視為異類，而不得不隨眾集居，仍得走相同的方向，但是自己開始反省並改變，他說：

> 一種對世間的反感，對於人類的嫌惡，和對於生活的厭倦，在我胸中日漸堆積起來了。（〈伯豪之死〉，《文學卷一》，頁 73）

在 1931 年的回憶文章裡，他說：

> 到現在，我脫離學生生活已經十三四年了。但昔日的疑團在我心中依然不去。那種可悲可怕的感情，也依舊可以再現。我每逢看到了或想起了關於學生生活的狀況，猶如驚弓之鳥，總覺得害怕。（〈寄宿舍生活的回憶〉，《文學卷一》，頁 174）

隨著課業逐漸重視教育與教授法，三年級以後，豐子愷開始對課程失去興趣，成績開始退步，「因為我曠廢了許多師範生的功課，而專心於李先生所喜的文學藝術，一直到畢業」（〈我與弘一法師〉，《文學卷二》，頁 399）。所以豐子愷並未跟隨同儕的腳步，成為一位「稱職」的教師而安穩一生，反而走上一條繪畫文學的道路。求學之初的怯懦轉為自我成長後的堅毅，與伯豪間的互相激盪豐富了自我。豐子愷在自我認同部分，產生對學校生活的調適困難，一方面猶眷

戀家庭母親的溫暖，一方面對課程需求、學生角色扮演的混淆。因此，他信誓旦旦地強調自己「尤其是一個絕對服從的好學生」（〈伯豪之死〉，《文學卷一》，頁 68），又在畢業後反覆說：「求學必須如此的嗎？……昔日的疑團在我心中依然不去」（〈寄宿舍生活的回憶〉，《文學卷一》，頁 166）從這個求學階段來看，豐子愷披荊斬棘走出的一條路，既不同於伯豪的恣肆豪放，也非自我迷失、失去目標，而是情感上藉由藝術薰陶得到自我壓抑後的解脫與發洩；這一種自我解脫之道，也和他以後的人生互相滲透影響。

第二節　創作展開期（1919～1930）

　　1919 年，對豐子愷來說，有特殊的意義：在教育工作中，他在「振華女校」初次兼課。三月與徐力民結婚；且繪畫作品第一次公開聯合展出。七月畢業後，與同學吳夢非、劉質平創辦上海專科師範學校，成立第一所全國的美育組織「中華美育會」，並發表最早的美術理論文章〈圖畫教授法〉。遊學日本，返國後在春暉中學教書。後來創辦立達中學，並且兼任開明書店編輯；豐子愷於 1928年三十一歲時，開始嘗試專職作家的可能性。家庭、教育工作、繪畫、發表文章等活動，充實了「成長期」；直到 1925 年《子愷漫畫》出版，讓他初嘗成名的滋味。因此，「成長期」的界定時間在 1919年到 1930 年，正是二十二歲到三十三歲的成年期。為敘述方便，茲將本階段與文學重要的連結點分述如下：

一、教育工作

　　1919 年 7 月自浙江省立第一師範學校畢業後，回到故鄉石門灣。1920 年與同學吳夢非、劉質平等人創辦我國第一所培訓藝術師資的「上海專科師範學校」（曾更名上海藝術師範學校，後擴建為上海藝術大學），吳夢非是校長，豐子愷擔任教務主任，直到 1926 年辭職。由於生活需要，他還在東業體育學校、愛國女學、城東女學兼課。為增進專業素養，豐子愷於 1921 年赴日本東京十個月，學習西洋繪畫、日語與英文，小提琴則一直持續練習。回國後，繼續在上海專科師範學校與吳淞中國公學中學部兼圖畫課，當時吳淞中學的國文教師有葉聖陶、朱自清等人。1922 年經夏丏尊介紹，離開上海到浙江上虞白馬湖的春暉中學任教，教授音樂、圖畫與英文，一年後妻女（長女豐陳寶）同聚。在春暉中學教書時，為了家計需要，他還在寧波第四中學、育德小學兼課。

　　1925 年一批浙江上虞縣春暉中學教師，如：匡互生、朱光潛、豐子愷、夏丏尊、劉熏宇、周為群等，因故離開春暉中學。基於奉獻教育事業的使命，在上海創辦立達中學。豐一吟說：

> 為籌劃辦校經費，豐子愷賣去了白馬湖畔的小楊柳屋，約得700 餘元。別的志同道合者大家湊一點錢，一共得 1000 餘元。在 1925 年初的嚴冬時節，到虹口老靶子路租了兩幢房子，掛起「立達中學」的牌子來。……1925 年夏天，匡互生便發起在上海的北郊江灣鎮自建校舍，改「立達中學」為「立達學園」。建造校舍需要三萬元。為了得到這筆經費，便把尚未建成的校舍先抵押出，得 15000 元，大家再設法籌借 15000 元。

可容五六百學生的校舍建成了，但因此卻背了一身債。為了
還債，立達同仁刻苦節約。每個教師不論工作多少，每月一
律支 20 元薪水。生活不夠開銷，便到其他學校去兼職。[15]

為了「愛的教育」的教育理想，豐子愷等人緊衣縮食，這時期他兼
課的學校就有十所之多。

立達中學每月薪資不多，1928 年開始停止繼續在立達教書，
因此 1929 年豐子愷的生活出現困窘的情形。10月17日函汪馥泉說：

> 惟有所請者，弟擬於下月起動手預譯《現代人生活與音樂》，
> 預計兩個月脫稿。然近來不任教課，生活無著，可否尊處預
> 借我此兩個月之生活費約二百元（於十一月初及十二月初分
> 送），倘有妨大江書鋪版稅辦法之規約，則弟願將此版權讓與
> 大江，版權費另定。未知可否？此事本不該向兄提出，惟因
> 弟過去所虧欠之債達千餘元，目下已非設計歸還不可。又要
> 還債，又要顧生活，經濟上實甚窘迫。（歷年常向開明透支，
> 幸蒙章君補助）故不得已提及之耳。（《文學卷三》，頁 167-168）

由於家中孩子多，經濟負荷沉重，豐子愷鬻稿維生，產量豐富。翻
譯的工作也一直持續進行中，由於西方文化影響日增，音樂圖畫藝
術類書籍此時有廣大需求市場，此時他有不少藝術類書籍翻譯出
版。1923 年到 1925 年他還在上海大學兼任音樂教師。1925 年立達
中學改名為「立達學園」，豐子愷也全家遷居到上海北郊江灣安樂
里，還在復旦實驗中學與澄衷中學兼課。1926 年，章錫琛創辦開

---

[15] 豐一吟，《瀟灑風神・我的父親豐子愷》，頁 91-93。

明書店，立達學園如夏丏尊等人同時進入書店工作，豐子愷也擔任編輯與書籍裝幀工作。1928 年立達學園停辦西洋畫科，豐子愷開始展開專職寫作之路。然而 1929 年秋天又因家計於江蘇省松江女子中學兼課，每周上課四、五節。1930 年全家遷往嘉興南門楊柳灣，辭去教職專事寫作。

二、圖畫創作

　　曾想過在繪畫領域繼續進修的豐子愷，因為考慮經濟因素，不得不以工作為重。1919 年 5 月豐子愷與姜丹書等畫會同仁舉行第一次聯合作品展。1921 年留學日本期間，在東京舊書攤上發現竹久夢二的《夢二畫集‧春之卷》，被造型美感與詩意感動的豐子愷，開始欣賞並模仿竹久夢二的漫畫。1922 年豐子愷的兩幅漫畫〈經子淵先生的演講〉、〈女來賓──寧波女子師範〉發表在春暉中學校刊。熱情鼓勵豐子愷繼續繪畫的是夏丏尊、朱自清與朱光潛，1924 年 7 月在《我們的七月》雜誌發表第一幅漫畫「人散後，一鉤新月天如水」，引起《文學周報》主編鄭振鐸的注意，他們都是文學研究會的成員。豐子愷住在小楊柳屋，開始大量繪畫，1925 年 3 月起豐子愷開始他在《文學周報》發表「子愷漫畫」（以這四個字做為標題）的漫畫創作，以毛筆繪製簡筆寫意畫。[16]1925 年由上海文學周報社

16　關於「漫畫」一詞，豐子愷在〈漫畫創作二十年〉文中說：「漫畫二字，的確是在我的畫上開始用起的，但也不是我自稱，卻是別人代定的」，（《藝術卷四》，頁 387）。所以陳星在早期出版《豐子愷的藝術世界》中說：「鄭振鐸還給這些畫冠以『漫畫』的題頭。中國「漫畫」一詞從此開始」，（高雄：

出版《子愷漫畫》，旋即由尚未正式成立的開明書店印刷出版，由於印製精美，引起銷售熱潮。1927 年上海開明書店出版《子愷畫集》，八個月後旋即再版。1929 年 2 月上海開明書店出版《護生畫集》。

三、文藝創作

　　豐子愷多元展現文藝創作天份，1920 年左右的豐子愷，全心想做畫家而非作家。[17]1919 年在東業體育學校校刊發表最早的一篇美術理論文章〈圖畫教授法〉。1920 年發表至今所見最早的藝術理論與譯作《素描》。1925 年由上海業東圖書館出版《音樂的常識》，這是他第一本音樂理論的寫作；同年上海商務印書館出版豐子愷的第一本譯著《苦悶的象徵》。

四、社會活動

　　豐子愷與上海專科師範學校、愛國女學的教職員於 1919 年共同成立「中華美育會」，這是第一個影響力遍及全國的美學組織，

佛光出版社，1993 年 9 月)，頁 18。一般皆以此為中國「漫畫」一詞的開端。但是愈來愈多的研究顯示，「漫畫」一詞至少在北宋晁以道《景迁生集》即已出現，1904 年 3 月上海《警鐘日報》則有「時事漫畫」的名稱，因此陳星《藝術人生－走近大師・豐子愷》已修正為：「直到豐子愷的『子愷漫畫』出現，『漫畫』一詞才普及起來，自此便有了一個統一的稱呼」，(杭州：西泠印社，2004 年 8 月)，頁 52。

17　豐子愷說：「1920 年春，我搭了『山城丸』赴日本的時候，自己滿望著做了畫家而歸國的。」，〈《子愷漫畫》題卷首〉，《藝術卷一》，頁 29。

有計劃地利用研習會、發行《美育》雜誌等方式，增進中小學藝術教師的專業知能，豐子愷是《美育》的編輯者之一。

　　1921 年 1 月，鄭振鐸、沈雁冰、葉聖陶、王統照、許地山、孫扶園等在北京成立「文學研究會」，是五四新文學運動中最早成立的社團，具現實主義色彩，豐子愷也曾加入。春暉中學任教期間，豐子愷與劉薰宇、匡互生、朱自清、夏丏尊、葉聖陶等常喝酒談天，來往密切。豐子愷負責春暉中學的校刊《春暉》的插圖工作，因此常在《美育》、《春暉》發表圖文也是自然的事。1925 年豐子愷等人成立「立達學會」，與葉聖陶、鄭振鐸等人常有往還。同年，豐子愷獲聘為《文學周報》上海特約執筆者。[18]1926 年 8 月開明書店成立，豐子愷、夏丏尊、王文川任編輯，發行《中學生》、《一般》等刊物，《一般》為「立達學會」刊物。據豐一吟說：

> 「立達學會」的常務委員共 9 人：匡互生、夏丏尊、劉薰宇、陶載良、豐子愷、陳之佛、袁紹先、練為章、錢夢謂。會員共 42 人：劉大白、易寅村、朱孟實（光潛）、沈仲久、張作人、陳抱一、陳望道、何遒人、張東屏、方光燾、胡愈之、高覺敷、周予同、秦大鈞、朱佩弦（自清）、周為群、劉尚一、黎錦熙、許敦谷、徐中舒、關良、黃鴻詔、陸露沙、劉叔琴、沈亦珍、裘夢痕、丁衍庸、李石岑、周建人、王伯祥、鄭振鐸、葉紹鈞（聖陶）、章錫琛（雪村）、王淮君、榮渭陽、蔣愛真、葉吉廷、張農、章克標、張克成、陳宅桴、王元侯。[19]

---

[18] 豐一吟《我的父親豐子愷》說：「從這時候起，緣緣堂主人便開始寫起散文來……」（北京：團結出版社，2007 年 1 月），頁 126。
[19] 豐一吟，《瀟灑風神‧我的父親豐子愷》，頁 94-95。

可說網羅當時上海著名的文化界人士，豐子愷與多人均有交往，在同好友朋的刺激下，他創作勤奮，產量增加。

　　豐子愷的老師李叔同於 1918 年出家後，曾於 1926 年初冬、1927年秋天兩度住在豐子愷上海家中，上海藝文界人士如夏丏尊、葉聖陶、李石岑、周予同、內山丸造等都有往來的紀錄。1928 年秋天為了《護生畫集》的出版，弘一法師特別自溫州到上海居住豐家，與豐子愷、李圓淨商量出版事宜。1929 年加入由何香凝（經亨頤夫人）創辦的上海藝術團體「寒之友社」。1930 年 1 月《中學生》創刊，豐子愷任藝術編輯。

　　豐子愷在上海發跡，打響漫畫家名號。從 1925 年以前他的創作多集中在藝術文章與翻譯為主，散文僅寥寥數篇。自 1925 年後才開始寫起散文，後來結集成《緣緣堂隨筆》普受文壇矚目，所以豐子愷的文學生涯是在繪畫之後才廣為人知的。

第三節　創作旺盛期（1931～1937）

　　以文藝界初生之犢的姿態出發，豐子愷在隨筆與漫畫聯手出擊下，累積創作的質與量，致力於教育界與編輯界，點滴匯聚累積知名度，向前衝刺耀眼的成績。

　　承襲成長期漫畫、著譯方面的成績，在這一時期由於 1933 年石門灣「緣緣堂」落成，全家由上海搬回故鄉，落腳故鄉正可以實現自由寫作者的夢想。1937 年因抗日戰爭倉促逃難離開「緣緣堂」

之前的這段時間，正值豐子愷三十四到四十歲。根據心理學的看法，成年人的文字處理能力普遍優於青年人，例如葉重新《心理學》說：

> 許艾（Schaic，1994）曾對五千名受試者，作了三十五年縱貫研究，結果發現，大多數人在一生中，其語文能力、空間知覺、歸納推理、數字與文字流暢等能力，在四十歲左右達到最高峰。[20]

正印證了豐子愷此時文多質佳的現象。1931 年由上海開明書店出版第一本散文集《緣緣堂隨筆》，文學的豐子愷也因此聲名遠播。他在這段時間的寫作產量相當豐富，各界邀稿源源不絕，家中經濟也大幅改善，得以建造「緣緣堂」，可以專事寫作。以下即就這一時期的創作生活，區分為教育工作、圖畫創作、文藝創作、師生交流、文化活動來說明：

一、教育工作

1932 年 6 月，葉聖陶編輯、豐子愷繪圖的《開明國語課本》，為初級小學使用的課本，上海開明書店出版。1934 年 6 月，又繼續繪製四冊的高級小學用《開明國語課本》，教科書的傳播與影響力量無遠弗屆。

---

[20] 見葉重新：《心理學》（台北：國立空中大學，2004 年 9 月），頁 345-346。

二、圖畫創作

　　1932 年由開明書店出版《兒童漫畫》畫集，同年由兒童書局出版《兒童生活漫畫》。1935 年 4 月上海天馬書店出版《雲霓》畫集。1935 年 8 月開明書店出版《人間相》畫集。1935 年 9 月天馬書店出版《都會之音》畫集。

三、文藝創作

　　1931 年豐子愷將 1925 年至 1930 年的二十篇散文集結成冊，由開明書店出版第一本散文集《緣緣堂隨筆》，初露啼聲即風行全國，豐子愷在這段時間的寫作產量相當多，1932 年又有《中學生小品》出版。隨筆集的出版，很快便奠定了他在中國現代散文界的地位。1933 年開華書店出版《子愷小品集》，1934 年 5 月開明書店出版《繪畫與文學》。1934 年到 1936 年豐子愷在上海《申報・自由談》發表許多漫畫與散文。1934 年 8 月天馬書店出版《隨筆二十篇》。 1934 年 9 月生活書店出版《勞者自歌》。1935 年 7 月良友公司出版《車廂社會》。1937 年 1 月開明書店出版《緣緣堂再筆》，共收文二十篇。

　　刊物邀稿的情況增多，如 1931 年 8 月回趙景深信中說：「弟去秋病後至今不振，寫作讀書均極荒怠，實負吾兄來示之殷望。承為青年界徵稿，愧無以報命。只待將來努力振作，以求不負來示之雅意也」（《文學卷三》，頁 176），因邀稿多而分身乏術的情形可見一斑。

在藝術創作部分，1931 年 6 月《西洋名畫巡禮》由開明書店出版。1932 年出版《西洋音樂楔子》。1933 年天馬書店出版《玻璃建築》，1934 年 5 月《繪畫與文學》由開明書店出版，1934 年 11 月《藝術趣味》也由開明書店出版。1934 年 9 月上海中華書局出版《近代藝術綱要》。1934 年開明書店出版《開明圖畫講義》、《開明音樂講義》。1935 年開明書店出版《開明音樂教本》，同年良友公司出版《藝術叢話》、中國文化服務社出版《繪畫概說》、1935 年 12 月開明書店出版《西洋建築講話》。1936 年 10 月人間書屋出版《藝術漫談》。1937 年 3 月開明書店出版《少年美術故事》。兒童文學作品《小鈔票歷險記》，1947 年 10 月萬葉書店出版。

四、師生交流

1918 年豐子愷在李叔同的帶領下拜訪馬一浮，1931 年 4 月再次拜訪馬一浮，1933 年 1 月第三次拜訪馬一浮。由於母親的去世，豐子愷的生命思考陷入低迴盤旋，藉拜訪馬一浮得到很大的安慰。1933 年豐子愷將三次拜訪的心得寫成名篇〈陋巷〉。1937 年年底這段時間由於對日戰事爆發，豐子愷全家十五人自故鄉石門灣逃難到桐廬，借宿馬一浮住處四天後，又宿於友人盛梅亭叔父家。11 月 28 日到 12 月 20 日這一段時間，由於離馬一浮住處頗近，有〈桐廬負暄〉文章記錄此時向馬一浮請益的情形。

五、文化活動

　　豐子愷此時從事不少文化的活動，如：1924 年為春暉中學校歌譜曲；1931 年為廈門南普陀寺繪釋迦牟尼佛像；1932 年為石門灣崇德縣立第三小學譜校歌。

　　1935 年 3 月參加「推行手頭字緣起」活動，陳望道等二百人與十五個文化機關共同發表。1936 年 6 月加入「中國文藝家協會」並簽名「中國文藝家協會宣言」。1936 年 7 月「上海時代漫畫主辦：全國漫畫展覽會」被列為籌備人員。1936 年 10 月 1 日署名加入二十一位作家中發表「文藝界同人為團結禦侮與言論自由宣言」。1937 年 4 月 16 日特別赴南京參加「美術研究會」。

六、投稿寫作園地

　　據《豐子愷年譜》統計豐子愷投稿的刊物計有[21]：

> 1925 年，豐子愷被聘為《文學週報》特約執筆者，從這時候起，豐子愷開始致力於散文創作。這些散文起初陸續發表在《一般》、《民鐸》、《小說月報》、《宇宙風》、《人間世》、《東方雜誌》、《創作月刊》、《新中華》、《論語》、《越風》、《太白》、《中學生》、《新少年》等雜誌上。

除了這些刊物外，自 1933 年起，一些新創刊的雜誌也相繼以邀稿方式請豐子愷寫作、畫圖，足以證明他在文壇已有為人肯定的成績，

---

[21] 盛興軍主編，《豐子愷年譜》，頁 210。

能獲得編輯與讀者的青睞。如：1933 年 7 月傅東華、鄭振鐸編《文學》月刊創刊，豐子愷在創刊號就發表〈作父親〉。1934 年巴金、靳以編《文學季刊》創刊，豐子愷被聘為特約撰稿者。1934 年 1 月林語堂創辦的《論語》23 期上開始，至 1949 年止豐子愷發表大量漫畫、散文。1934 年 4 月林語堂創刊的《人間世》第 1 期開始，至 1935 年春豐子愷有漫畫、散文。1934 年 9 月 20 日陳望道主編的《太白》第 1 期開始，聘為特約撰稿人，至 1935 年 9 月停刊，豐子愷刊有漫畫、散文。1935 年 7 月《創作月刊》創刊號登〈音語〉一文。1936 年 1 月夏丏尊擔任社長的開明書店《新少年》創刊，豐子愷與葉聖陶等擔任編輯，並經常撰稿，發表童話、插圖、漫畫、散文。

　　1935 年 4 月 20 日豐子愷編《藝術叢話》良友圖書印刷公司出版，有〈《藝術叢話》付印記〉：

> 我近年來應各雜誌徵稿，寫的大部分是關於美術音樂的短文、長文及譯文。每期我從雜誌上撕下發表稿來，塞在一個竹籃裡，向來沒有工夫去回顧。最近偷閒打開竹籃來看看舊稿，發現很厚的一疊！驚訝之餘，繼以感慨。這些密密地排印著的活字，一個個都是從我的右腕上一筆一筆地寫出來的！我過去數年間的生活，一半是消磨在這一疊舊紙裡的！（《藝術卷三》，頁 1）

辛勤筆耕的成績，換來讀者的喜愛。根據一些資料顯示，在成名期豐子愷的畫名遠播程度超過文名。例如 1935 年郁達夫在《中國新文學大系‧散文二集導言》說：「人家只曉得他的漫畫入神，殊不知他的散文，清幽玄妙，靈處反遠出在他的畫筆之上」[22]，慧眼肯

---

[22] 郁達夫，《中國新文學大系‧散文二集導言》，頁 17。

定豐子愷的散文靈氣逼人，卻也點出一般人忽略的情形。謝冰瑩則有〈悼念豐子愷先生〉一文說：

> 當我還在長沙古稻田，第一女師讀書的時候，就愛看子愷先生的漫畫，那兩幅「花生米不滿足」和「瞻瞻新官人，軟軟新娘子，寶姐姐做媒人」的畫，至今深深地印在我的腦海中。……我第一次看見他，是民國十七年的秋天，為了崇拜他，愛好他的畫，不揣冒昧地寫了封信給他，請他為拙作「從軍日記」畫一個封面。[23]

兩天後，謝冰瑩收到的封面是軟軟（即豐寧馨，豐子愷六歲義女）畫的，即便如此，還是歡喜讚嘆，對豐子愷的崇拜程度是有增無減。馬一浮於 1938 年寄給豐子愷一信，題名「贈豐子愷」，開頭說：

> 昔有顧愷之，人稱三絕才畫痴；今有豐子愷，漫畫高才驚四海。
> 但逢井汲歌耆卿，所至兒童識姓名。（《文學卷三》，頁 27-28）

對豐子愷的畫名譽為如同柳永般可以「凡有井水飲處，即能歌柳詞」，廣為人知。[24]

　　1937 年，不意「八一三事變」爆發，豐子愷甫完成〈不惑之禮〉抒發四十歲的心情後，因日軍轟炸石門灣，全家十人於 11 月 6 日離開「緣緣堂」，避難到南聖濱妹夫家；後來，12 月 23 日「緣緣堂」被

---

[23] 收《內明》雜誌，74 期（1978 年 5 月），頁 30。

[24] 一般民眾皆嫻熟豐子愷名字，如 1939 年 2 月 2 日《教師日記》載，兩江有一聯華照相館主人說：「吾等在漢口時即聞先生大名，不意今日在此為先生攝影」，《文學卷三》，頁 83。

煆。全家逃難第一站，豐子愷帶著指南針、石章、牙章（上刻心經）、
放大鏡、錶、煙匣、煙嘴、錢袋等物品，選擇馬一浮所在的桐廬而去。

第四節　抗戰逃難期（1938～1945）

　　逃難生涯歷經八年，因自身名氣遇仰慕者、親朋好友幫助與開
明書店各分店的襄助，讓豐子愷全家十餘人得以歷經困境，無恙而
返。抗戰期間生活艱辛，豐子愷不得已開葷、一改平常穿的長袍長
衫為中山裝、為「護生」思想打筆戰[25]，受人批評文章[26]、生平第

---

[25] 1933 年、1938 年豐子愷於浙一師低二班的學弟曹聚仁即在報刊上發表對
　《護生畫集》的反對意見；1937 年 12 月 23 日住宿溪臨江旅館，巧遇曹聚
　仁，曾當面交換畫集與抗戰相關看法，兩人意見不同，沒有交集。

[26] 豐子愷成名後，常有致親友書信被披露報端，如 1938 年 7 月 19 日豐子愷
　「致徐一帆」信函在 8 月 9 日的《文匯報》發表，信中說：「僕等於去年十
　一月二十一日去鄉……最近又西南行來桂林，因廣西省政府相聘，來此擔
　任教職也。途中惟去冬備受風霜之苦，萍鄉以後皆旅行，非逃難矣。……
　桂林山水甲天下，環城風景絕勝，為戰爭所迫，得率全家遨遊名山大川，
　亦可謂因禍得福……」，《文學卷三》，頁 365。當時戰事猛烈，人民塗炭，
　文章談到「非逃難」、「因禍得福」的話，應是苦中作樂，自我寬解的話；
　豐子愷寫信時恐怕未知將來會刊登在公眾媒體上，自也無從得知會因此招
　來若霖 8 月 16 日在《華美晨報》的抨擊。豐子愷在 1938 年 12 月 22 日的
　日記中說：「上海一班無聊小文人，在報上攻擊我…攻擊之文，終未見及，
　不知說些什麼。據該二文推測，其言一定是咬文嚼字…欲騙稿費，苦無材
　料，就拿我作本錢。如此則甚可憐。我惠而不費，做個善舉也罷」，見《教
　師日記》，收《文學卷三》，頁 58。

一次教授國文課、當老闆自己開書店[27]、於浙大教書期間升任副教授、漫畫風格相當大程度的改變、弘一大師去世、兒童文學作品絕跡……時移世轉，過往形象丕變，連豐子愷也說：「往年走的都是平路，今年走的路很崎嶇」（《教師日記》，《文學卷三》，頁 94）[28]，對過去生活與現實的經歷判然二分，寄寓感喟之意。

　　時代背景影響作家寫作主題，在這段戰事期間尤為明顯，在宣傳文學熾烈時，豐子愷運用文章漫畫提振社會低氣壓，用「護生」思想貞定人生的價值。以下即就這一時期的創作生活，區分為開明書店、教育工作、圖畫創作、文藝創作、師友交流、文化活動，迄1945 年底日本宣布投降的時間為止作一說明：

一、開明書店

　　1938 年 3 月豐子愷在湖南途中函廣洽法師，請法師寄一念珠到長沙開明書店；3 月底從湘潭擬赴廣西，期間與女兒豐陳寶、豐林先借宿在漢口開明書店，開明書店幾乎成為豐子愷在戰時的聯絡站與庇護所。1938 年 6 月全家抵桂林，由桂林開明書店經理陸聯

---

[27] 1938 年 9 月 1 日豐子愷為安頓周丙潮（表親）、章桂（豐家佣人）與楊子才（鄉親），便在桂林桂西路崇德街上開設「崇德書店」，陳列大多是開明書店出版的書籍，也有科技書籍與期刊等，見《瀟灑風神‧我的父親豐子愷》，頁 204-205。沒想到 12 月 28 日，書店被空襲炸毀，豐子愷說：「至今四個月，營業數為二千數百元，並不算壞」，至此不得不結束營業，見《文學卷三》，頁 61。

[28] 抗戰對豐子愷影響殊深，另見《教師日記》：「抗戰以前，吾嘗深居簡出，好靜惡動。今則反動甚烈，每思遍游天下，到處為家」，《文學卷三》，頁 94。

棠代租屋暫居,後來又另租屋在西江泮塘嶺四十號(離桂林七十里的山鄉),然而與弘一法師之間的通訊仍借桂林開明書店處。除此之外,1938 年 12 月 6 日豐子愷還介紹士雄在桂林小學校之屋當作開明書店的儲貨處,士雄帶來上海開明書店的信,信中說明版稅與毀書清單事宜。這些資料解釋豐子愷於逃難時的經濟來源、與開明書店之間的密切關係。

　　1939 年,開明書店章雪山與豐子愷、傅彬然、葉聖陶、陸聯棠共商《中學生》復刊一事,豐子愷被推舉為編輯委員(掛名),需隨時供稿。1942 年還介紹郁天、王知伊進入桂林開明書店編輯部工作。[29]

二、教育工作

　　1938 年 10 月 24 日起任教桂林師範學校,豐子愷已經「十年不做教師」(《教師日記》,《文學卷三》,頁 60),但勉力教授起美術課與國文課,且從這一天開始寫《教師日記》。生平第一次上國文課,豐子愷說:

> 課二小時,皆簡師國文。教育廳規定用中華版師範國文讀本第一冊。其第二篇選的是我的隨筆─苦學經驗。這班學生有半數聽不懂我的話,所以今天先選我自己的文章,朗讀一遍,使他們聽我的口音。(《教師日記》,《文學卷三》,頁 16)

---

[29] 豐一吟《我的父親豐子愷》說:「從開明 1926 年創立之日起,直到它 1953 年和青年出版社合併(組成中國青年出版社)為止,整整保持了 28 年的親密關係。」,頁 92。

這第一堂課，以不斷朗讀自己的文章，讓學生習慣口音為主。此後，陸續上課約十三次，直到 2 月 28 日一學期結束，總計桂林師範教學生涯才一個學期約三個多月而已。雖然說過「教師實在做不慣」（《教師日記》，《文學卷三》，頁 61），但是 1939 年初浙大將聘為講師兼訓導，豐子愷還是回電應聘，因為可與馬一浮、王星賢比鄰同住，所以豐子愷還是毅然前往，四月初至桂林浙大授課「藝術教育」、「藝術欣賞」等課程。1940 年全家隨著浙大遷往遵義，落腳遵義新城獅子橋畔南潭巷熊宅「星漢樓」，豐子愷開始重新繪製《護生畫集》與《豐子愷漫畫全集》六冊。

1941 年秋天，豐子愷在浙大自講師升等為副教授。1942 年 11 月豐子愷經重慶的國立藝術專科學校校長陳之佛力邀，擔任教授兼教務主任。1943 年 6 月又辭去教職，埋首「沙坪小屋」復又成為自由創作者。探究此時文藝創作內容，以藝術理論與繪畫居多，據豐子愷〈致劉以鬯〉信中說：「因身體與眼力均不勝任。尊編副刊，弟暫未能投稿」（《文學卷三》，頁 382）。《教師日記》一書則於 1944 年 6 月由重慶萬光書局出版。

臺灣重要書畫家張光賓（1915～），四川省達縣人，於 1945 年 6 月由大陸國立藝專三年制國畫科畢業，「在學時曾受業於黃君璧、傅抱石、潘天壽、豐子愷、李可染、高鴻縉諸名家」[30]，乃臺灣地區直接受業於豐子愷碩果僅存的名家。由此條資料，可側面得知豐子愷與正統畫界也有交集。

---

[30] 張光賓：〈張光賓先生年表〉《張光賓教授九十回顧展‧筆華墨雨》（台北：國立歷史博物館，2004 年 9 月），頁 204。

三、圖畫創作

　　逃難的過程裡，豐子愷以漫畫作抗戰宣傳，以激勵民心。1938年底因桂林師範需宣傳保衛大廣西事停課二周，奉學校會議決議繪製抗戰漫畫四幅，並在學校演講：「漫畫宣傳藝術」。1940年2月有文藝新潮社出版《大樹畫冊》。1940年開明書店出版《護生畫續集》，內涵多平和之氣，藉此祝賀弘一法師六十誕辰；同年上海開華書局出版《甘美的回味》。1941年5月由上海大法輪書局出版《護生畫集正續合刊》。1941年7月桂林文化供應社出版《藝術修養基礎》。1941年10月成都普益圖書館出版《子愷近作漫畫集》。1942年8月桂林今日文藝社出版《客窗漫畫》來對治香港盜版的《戰地漫畫》。[31]1945年12月上海開明書店出版《子愷漫畫全集》，豐子愷將抗戰前出版的八冊絕版畫集重新手繪，刪去一半份量得到三百餘幅，修改後與百幅抗戰新作集結成六冊，共四百二十四幅圖，分為《古詩新畫》、《兒童相》、《學生相》、《民間相》、《都市相》、《戰時相》。他在〈《子愷漫畫全集》序〉說：

> 畫集好比兒女。現在，我的心靈的兒女就是這齊齊整整的八人：兩冊《護生畫集》好比在外的兩個大男，一部全集猶似在家的六個女兒。（《藝術卷四》，頁244）

強調畫集出版的重要性與快慰之情。

　　繪畫風格則在此時期有很大的突破，破天荒首次至遵義新舟沙灘祭掃清代三位作家墳墓，並結集其它的風景人物畫，合為《子午山紀游冊》畫冊，實踐自己重視寫生的藝術主張。1942年為籌措

31　〈《客窗漫畫》序〉，收《藝術卷四》，頁254-255。

在沙坪壩的生活費用，於重慶夫子池將彩色大幅繁筆山水畫舉行展覽，這是豐子愷第一次親臨會場，與觀眾交流，為繪畫生涯中畫風轉變樹立里程碑。[32]1943 年 4 月重慶文光書店出版木刻本《畫中有詩》畫集。1944 年 2 月豐子愷與吳甲原合作的《世態畫集》由桂林文光書店出版。1944 年初與豐一吟四處旅行，並在本年舉行幾次繪畫個展。1944 年 9 月豐子愷選擇抗戰前漫畫作品六十幅，由重慶萬光書局出版木刻形式的《人生漫畫》。

　　逃難歷程中，各種友誼的助緣出現在巧妙際遇裡，其中幾乎緣於豐子愷的畫名，他美其名為「藝術的逃難」。

四、文藝創作

　　豐子愷呼籲倡導漫畫來抗戰，因為任何人都看得懂。他對於散文的寫作仍沒有中斷，逃難初期常將散文發表在《立報》、《文藝陣地》、《少年先鋒》、《宇宙風》、《烽火》等刊物。豐子愷由於抗戰遠離上海，此時上海《申報》常刊出豐派漫畫，《教師日記》中豐子愷記載：

> 得謝頌羔信，言上海《申報》常刊漫畫，署名「次愷」，其畫與字皆酷似我，甚于慧和。不知此人是否吾徒。得信甚喜。摹我畫者，以前不乏其人，惟吾徒鮑慧和最得吾心，今此君似吾甚于慧和，則吾畫派中又得一有力分子，殊可喜也。[33]

---

[32] 畫風轉變相關敘述詳見〈畫展自序〉，收《藝術卷四》，頁 256-257。

[33] 見《文學卷三》，頁 98。另外 1939 年 3 月 4 日《教師日記》說得到上海《文匯報》高柯靈信，並附「次愷」投稿畫稿，豐子愷記錄心情：「吾初見畫，亦疑為

對於仿傚的畫者，豐子愷的態度是開放的；對於索畫者，他更是來者不拒：

> 此次離桂林，同事教師及桂林友人囑畫者二十二人，桂林學生囑畫者五十三人。雪泥鴻爪，翰墨因緣，本是風雅之事。……亦有規模之留紀念也。(《教師日記》,《文學卷三》，頁 98-99)

然而豐子愷還是認為「畫不可索，須作者自贈方佳」(《教師日記》,《文學卷三》，頁 48)，其實際遇難逢，若能留下珍藏紀念，人心皆同；豐子愷曾主動請求訪見梅蘭芳[34]，攝影留念也是如此。

1938 年 7 月豐子愷在漢口大路書店出版《漫文漫畫》合集。[35]1940年 2 月文藝新潮社出版抗戰漫畫《大樹畫冊》。1940 年 4 月由日本作家吉川幸次郎翻譯的《緣緣堂隨筆》，由日本創元社出版，這是他第一次由國外出版的經驗。1941 年 10 月成都普益圖書館出版《子愷近作散文集》。1942 年 9 月豐子愷與學生蕭而化合編《口琴歌曲集（附吹奏法）》，由成都越新書局出版。逃難初始，散文的寫作量

自己所作。難得此君如此恪慕，復以謙懷署名「次」愷。不知是何許人。他日有緣，當圖一見」，頁 100。同年 4 月 25 日記中說：「得陶亢德信……始知次愷君乃一青年，受《護生畫集》感化而學吾畫者」，頁 133。又同年 4 月浙江省戰時作協編《作者通訊》第二期刊：「次愷原名李毓鏞，浙江永嘉人，現年二十五歲……以「次愷」自名，亦竊比老彭之意也」，《豐子愷年譜》，頁 345。

[34] 1947 年 3 月豐子愷在上海連續五晚觀賞梅蘭芳「龍鳳呈祥」後，並主張要求拜訪，有〈訪梅蘭芳〉紀錄經過情形，收《文學卷二》。

[35] 據《文學卷一》編者注《漫文漫畫》:「本書係作者編輯的一冊文、畫對照讀物。……其中非作者所撰的 15 篇文字亦刪去……」，頁 669。可知本書不是豐子愷專著，屬合集。

比起漫畫、藝術理論少[36]，但仍有 1944 年萬光書局出版的《教師日記》開啟序幕。日記記載時間從 1938 年 10 月 24 日到 1939 年 6 月 24 日(中間曾因故中斷)，自 1939 年 11 月陸續發表在由林語堂、陶亢德等人主編的《宇宙風》乙刊，日記中紀錄生平第一次上國文課的課程內容與教學方式。

　　1941 年大路書店出版與蕭而化合編的《抗戰歌選》第一、二冊。1943 年由桂林開明書店出版《漫畫的描法》，是豐子愷長期來漫畫經驗的總結集。1943 年重慶文光書店出版《音樂初階》一書。1944 年桂林民友書店出版《藝術與人生》。1946 年 10 月上海萬葉書店出版《率真集》，其中〈辭緣緣堂〉一文為輾轉避難的實錄。

　　豐子愷在這一時期，名聲廣佈全國。在《教師日記》付刊序中，可以窺知：

> 此教師日記，有一小部分曾登載於二十八九（1939～1940）年間後方各雜誌上。……自從此一小部分發表後，我數年間行踪所至，遇見新朋舊友，必相問曰：「教師日記近在何處發表？」或提出日記中某一瑣事相詢。計所遇十人中，約有八九人讀過此日記。而未曾見面之讀者，遠道來函詢問或談論此日記者，尤為不可勝數。(《文學卷三》，頁 7)

　　豐子愷好友傅彬然亦說「天下何人不識君」，人生四十黃金階段達成這耳熟能詳的成績，歸之於藝術質與量的耀眼呈現。

---

[36] 1938 年 12 月 26 日豐子愷〈致柯靈信〉：「近任桂林師範教師，校務在身，文筆畫筆遂致荒廢，不寫稿者將四月閱矣」，《文學卷三》，頁 371。

五、師友交流

馬一浮在這段流離歲月中與豐子愷的交集頗多，可說是這段時間對豐子愷精神上最重要的引領者。

1938 年逃難中，陸續與謝冰瑩、張樂平等文友晤面。在 1937 年 11 月時，馬一浮即幫助豐子愷全家十五人住宿在自己居住的迎薰坊四天，其後又於 12 月底前與豐子愷有「桐廬負暄」談文論藝的交往。1938 年秋天，馬一浮抵達桂林，豐子愷得以親炙教誨；年底時，馬一浮告知浙大擬聘豐子愷為藝術指導，而且已經在宜山城外購地，足供學生王星賢與豐子愷全家共同建屋居住，豐子愷回信允諾馬一浮的建議。後馬一浮於 1939 年 1 月底又往重慶峨嵋山下，豐子愷遂自言離開桂林師範「既不為追隨何人」。1940 年 1 月豐子愷有〈辭緣緣堂──避難五記之一〉發表在《文學集林》上，前附二首七絕，其二為：

> 江南春盡日西斜，血雨腥風卷落花。我有馨香攜滿袖，將求麟鳳向天涯。（《文學卷二》，頁 119）

1941 年友人帶豐子愷的畫到樂山展出，馬一浮為其賦詩鼓勵。

1938 年 12 月 12 日豐子愷函夏丏尊，說明弘一大師前曾來函，說明不能來桂林。1939 年 2 月 23 日豐子愷看到《眾生月刊》載夏丏尊文章〈懷晚晴老人〉，生發感慨：

> 吾有子女七人，均未成立。但以一雙空手，糊口四方。而漠然泰然，自得其樂。在夏先生視之，真鋌而走險者也。設使夏先生與吾易地，則夏先生必積憂成疾，而將羽化登仙矣。（《教師日記》，《文學卷三》，頁 92）

對夏丏尊的個性有入神的描述。1939 年 10 月 24 日豐子愷在廣西宜山時，寫信給弘一大師：

> 今日為法師六十壽辰。弟子敬繪續《護生畫集》一冊計六十幅，于今日起草完竣。正在請師友批評刪改，明日起用宣紙正式描繪，預計九月二十六日（即弟子生日）可以付郵寄奉，敬乞指教，並加題詞，交李居士付印。（〈致弘一大師〉，《文學卷三》，頁 367）

後來弘一大師自福建泉州來信，指示豐子愷每十年繪一冊《護生畫集》，直到弘一大師百歲，功德方才圓滿，豐子愷回信應允承擔此事。

1942 年 10 月 18 日，豐子愷在遵義「星漢樓」準備往四川重慶，到國立藝術專科校任教，收到泉州開元寺性常法師電報，告知六十三歲的弘一大師已然於 10 月 13 日在泉州圓寂。豐子愷沉默良久，發願為大師造像百幅，以資紀念。同年，王質平入豐子愷門下習畫，成為鮑慧和的師弟。

六、文化活動

1938 年 3 月 27 日「中華全國文藝界抗敵協會」成立，豐子愷為機構刊物《抗戰文藝》的編輯委員之一，並為刊物題寫刊名，陸續發表抗日漫畫與〈佛無靈〉文章。1938 年 10 月底赴桂林師範任教後，即為桂林師範、全縣國民中學譜校歌。[37]1945 年到四川隆昌

---

[37] 《文學卷三》，頁 32-34。

復校的立達學園參加成立二十周年紀念活動，其後又參加國際救濟會的「手工藝研討會」。

這段時間，豐子愷在重慶舉行的畫展，其重要性不僅在於籌措遷徙、安家的旅費，最特別的是他的畫風大幅轉變成大幅繁筆畫後，因為可以懸掛展示，接受訂畫，所以運用畫展做為一種測試，收到良好的效果，在畫壇也有重要意義。據陳星統計，豐子愷於1941 年到 1949 年，舉辦的個人畫展就有二十八次，地點包括四川、南京、臺灣、香港、新加坡等地。[38]

1946 年 1 月 25 日《導報》第五期有編輯按語[39]，從中可見廣受歡迎的程度。

豐子愷將此時期的畫作編成《子愷漫畫選》，在〈《子愷漫畫選》自序〉說：「上海畫展閉幕後，君匋弟就向我提議，用彩色影印，由他所主持的萬葉書店出版」(《藝術卷四》，頁 404)。謝冰瑩曾說：

> 現在我這裡僅保存了一部子愷先生的彩色畫集，這畫集，當時運到北平的時候，有多少賣多少，真是風行一時。[40]

1948 年，謝冰瑩接受臺灣省立師範學院之聘，自北平回臺灣教書，在《中國文藝》撰寫現代作家的介紹文章，集結成《作家印象記》一書。《子愷漫畫選》隨著謝冰瑩飄洋過海，可見愛惜之深。

---

[38] 見陳星：《豐子愷漫畫研究》(杭州：西泠印社，2004 年 3 月)，頁 207-208。

[39] 編輯按語：「讀者中如欲得豐子愷先生墨寶者，可由本報轉求，潤資先惠，約期取件」，參《豐子愷年譜》，頁 406。

[40] 謝冰瑩：《作家印象記》(台北：三民書局，1988 年 5 月)，頁 147。謝冰瑩〈前言〉說：「有些在大陸上生死莫明，或是正在匪區供職的都不便寫」，頁 2。豐子愷 1950 年左右擔任上海市人民代表，屬於「正在匪區供職的」，所以《作家印象記》未收錄豐子愷資料。

　　就藝術成就而言，豐子愷在逃難中的創作整體評價並不一致。他自己在〈談抗戰歌曲〉一文就說：

> 古語云：「大行不顧細謹。」在國家存亡危急的今日，對於藝術不宜過於嚴格地批評。只要不妨礙抗戰精神而具有幾分價值的，我們都應該容納或獎勵。讓它們多多益善地產生。古語云「曲高和寡」。現在卻相反，應說「曲好和眾」。……不妨讓它們多多益善的產生，不應該作嚴格的批評。(〈談抗戰歌曲〉，《藝術卷四》，頁 5)

說明藝術品的價值應考慮時代背景因素。考察豐子愷抗戰篇章，如〈炸彈的種子〉、〈富士山太小〉(後改名為〈孫中山先生偉大〉)、〈開出一條平正的大路來〉、〈全面抗戰〉等，雖無一般抗戰作品的悲酸味，但是也存在著主題直露、題材單調的缺點，覽題即到底，沒有美感回味的空間。

　　豐子愷在 1938 年年底桂林師範任教時，曾奉命繪製抗戰漫畫四幅，並於演講「漫畫宣傳藝術」時認為：「一切宣傳，不誠意不能動人。自己對抗戰尚無切身之感，如何能使別人感動？」(《教師日記》，《文學卷三》，頁 45)。1939 年 1 月他有改革藝術教育的理想：

> 乘此抗戰建國之期，我欲使中國藝術教育開闢一新紀元：掃除從前一切幼稚，生硬，空虛，孤立等流弊，務使與中國人生活密切關聯，而在中國全般教育中為一有機體。(《教師日記》，《文學卷三》，頁 68-69)

這也是豐子愷念茲在茲的「藝術與生活相結合」的理念。同年 2
月 28 日，豐子愷於桂林師範學校任教的最後一日，離校歡送會上
他致辭：

> 藝術不是孤獨的，必須與人生相關聯。美不是形式的，必須
> 與真善相鼎立。至於求學之法，吾以為須眼明手快，方可有
> 廣大真實之成就。眼明者，用明淨之眼光，從人生根本著眼
> 之謂也。手快者，用敏捷之手腕，對各學科作切實之鑽研之
> 謂也。故眼明乃革命精神之母，手快乃真才實學之源。(《教
> 師日記》，《文學卷三》，頁 97)

具體而微地揭示藝術創作的重點。

綜觀八年的逃難歷程，豐子愷給忘年至交夏宗禹信中說：

> 八年前家破人亡（出亡也），率老幼十餘人飄零數千里，我
> 非但不曾發愁，而且每天飲酒取樂，以慰老幼（教師日記上
> 曾記載一部分）。這點精神，你我是共通的。這叫做「大丈
> 夫氣」。(〈致夏宗禹〉，《文學卷三》，頁 408)

抗戰期間，或有作家困於時局，創作便停滯不前。可是豐子愷的「堅
持」不輟，讓他即使離開上海，仍然閃爍在四川，名字沒有被人遺
忘過。他有尊嚴地掌握自己與全家在安全的位置，現實世界的困
頓，並沒有真正影響豐子愷安身立命的初心。

第五節　文藝創作轉換期（1946～1965）

　　1946 年 4 月豐子愷賣掉沙坪壩「沙坪小屋」，三年困居，劃下句點。雖然勝利後數月中，發生「物價的飛漲，交通的困難，以及內戰的消息，把勝利的歡喜消除殆盡」（〈謝謝重慶〉，《文學卷二》，頁 175），可是「懷鄉病」發作，無論什麼情況都阻止不了豐子愷歸鄉的盼望。1947 年 3 月遷入杭州靜江路八十五號租「湖畔小屋」，又恢復素食，在此度過一年半的息足時光[41]，並且開始重拾兒童文學之筆。

　　1946 年 11 月 10 日回到故鄉石門灣，探訪「緣緣堂」，豐子愷說：

> 這是我呱呱墜地的地方。但我十年歸來，第一腳踏上故鄉的土地的時候，感覺並不比上海親切。因為十年以來，它不斷地裝著舊時的姿態而入我的客夢；而如今我所踏到的，並不是客夢中所慣見的故鄉！……可惜它和老祖母一樣作古，如今只剩一片蔓草荒煙，只能招待我們站立片刻而已！（〈勝利還鄉記〉，《文學卷二》，頁 197-198）

　　1947、1948 兩年，國共戰役猛烈，1948 年的上海滿目瘡痍。豐子愷在杭州，因為「十年奔走，身體衰弱，不能任教課」（〈致廣洽法師〉，《文學卷三》，頁 195）。1951 年左右，蘇聯文藝當道、6 月為紀念中國共產黨成立三十年，貫徹毛澤東文藝路線與工農兵文藝方面，政治主張對文藝的領導地位定調。因此豐子愷後半生經歷毛澤東時期（1949～1976 年）置身於此一時代潮流中，他在 1950

---

[41] 致廣洽法師函中說：「弟復員後，故國家屋盡毀，在杭州租屋息足。十年流離，疲於奔命，體弱不能任事，一年來賴鬻畫為生耳」，《文學卷三》，頁 194。

年春天居住在上海福州路 671 弄 7 號章錫琛舊宅,即開始學俄文,翻譯俄文小說文章,可以說對當道的文學主張有積極的回應;再加上身體病痛的原因,散文與漫畫創作數量大幅減少。1951 年 5 月致函夏宗禹就說:

> 我對畫失卻了興味,對文學也少有興味,對音樂最愛好…我認為中國最需要的是蘇聯文化和音樂。前者為文化交流,後者為鼓舞民氣。因此我屏絕其他,而專攻俄文及音樂,想好好地利用我的殘年來為新中國人民服務。(《文學卷三》,頁 424)

由於 1950 年開明書店與商務印書館、中華書局等書店聯合組成「中國圖書發行公司」,因此豐子愷以後出版的書籍,多交由上海萬葉書店或北京人民出版社出版。中共建政後,文人不是封筆,就是沉寂。豐子愷一向主張的「曲高和眾」發揚大眾文藝、對西方文化敬而遠之等等的主張,和中共思想兩大主軸－反帝、反封建形貌不相悖,因此迅速躍上政治舞台。隨著頭銜增多,開會繁忙,作品質量遞減,藝術性遞降。以下即就這一時期的創作生活,區分為文藝創作與譯作、圖畫創作、師友往來、文化活動,迄 1965 年為止來說明:

一、創作與譯作

1946 年 10 月豐子愷的《率真集》與《音樂十課》(1947 年 8月)都是由上海萬葉書店出版。1948 年 2 月兒童故事《博士見鬼》由兒童書局出版。1949 年 7 月弘一大師撰、豐子愷編《前塵影事

集》，由上海康樂書店出版。1950 年豐子愷的《音樂知識十八講》由萬葉書店出版。1951 年萬葉書店出版譯著《世界十大作曲家畫傳》。1952 年 4 月北京寶文堂書店出版《筆順習字帖》，為中學以下學校與工農民眾提供練習之用。1952 年上海萬葉書店出版譯著《管樂器及打擊樂器演奏法》。1953 年上海文化生活出版公司出版譯自屠格涅夫的《獵人筆記》。1953 年，豐子愷與女兒豐一吟合譯《朝鮮民間故事》（上海文化生活出版公司）、《蒙古短篇小說集》（上海文化生活出版公司）、《音樂的基本知識》（萬葉書店）；又譯《圖畫學校教育》（上海春明書店）與《阿伊勃里特醫生》譯作（萬葉書店）。

　　1954 年又與豐一吟合譯《中小學圖畫教育法》（北京人民教育出版社）、《唱歌課的教育工作》（人民教育出版社）；既而出版譯作《學校圖書教學》（春明出版社）、《幼兒園音樂教育法》（上海新音樂出版社）譯著。1957 年與豐一吟合譯的《我的同時代人的故事》由人民文學出版社出版第一卷，迄 1964 年才出齊。1959 年與青西、豐一吟合作譯著《蒙古短篇小說集》由上海文藝出版社出版。

　　1957 年 5 月寫作生平第一篇小說〈六千元〉，或許因為真人實事，生前並未發表。1957 年 11 月致同鄉舒國華信說：

> 近來絕少投稿。凡有運動或號召，皆政府或報館囑稿，自己絕對不投稿，故實地經驗缺乏，無可貢獻也。弟數年來工作，主要是俄文書籍翻譯，所往來者皆北京各出版社，報館往來絕少也。（〈致舒國華、舒士安父子〉,《文學卷三》,頁 452-453）

同年 11 月，北京人民文學出版社請豐子愷自選散文，出版《緣緣堂隨筆》（新版）收入舊作五十九篇，其中並無新作品。因為新的

作品數量不多，且自 1956 年後陸續完成的文章多是宣揚解放後新社會的優點[42]，純文學作品很少，創作的主體心靈改變，藝術性也減低。1958 年譯夏目漱石〈旅宿〉，收入人民文學出版社《夏目漱石選集》第二卷。1959 年任《辭海》藝術分冊主編。1961 年 10 月 4 日致豐新枚信，談到江西考察之行，「收穫豐富（文材、畫材不少，待健康後寫出來）……我平生首次經驗也」（《文學卷三》，頁 550），隨即發表相關詩、圖文，如〈飲水思源——參觀江西革命根據地隨筆〉等，皆歌頌之作。

本期值得注意的是，他的散文創作減少，將精力轉移到翻譯的領域，所譯屠格涅夫（1818～1883 年）《獵人筆記》與紫式部（978～1015）《源氏物語》至今為大陸地區通行的標準本。豐子愷喜愛屠格涅夫，於 1922 年譯畢《初戀》為最初一本譯著可見端倪，1952 年又譯畢《獵人筆記》（書名本為《獵人日記》，後改之），1953 年出版後，陳子善曾說：「屠格涅夫這部飽含深廣的人道主義情懷的《獵人日記》，中譯本不只一種，有耿濟之的，有豐子愷的，豐子愷的還流傳更廣」。[43]

1962 年豐子愷應北京人民出版社邀請，翻譯日本名著《源氏物語》，12 月 12 日正式開始翻譯，1965 年 11 月譯畢。《源氏物語》分成上中下三冊，1980 到 1983 年由人民出版社出版，豐子愷生前

---

[42] 如 1959 年 6 月 9 日完稿的〈杭州寫生〉，敘述解放前寫生時的種種不方便，但「解放後人民知識都增加了，思想都進步了，態度都變好了。在「寫生」這一件小事情中，也可以分明地看出」，《文學卷二》，頁 527。文學變成思想宣傳的工具，藝術性則大大減低。

[43] 陳子善：〈《獵人日記》的精裝本〉，《文匯報》，2006 年 3 月 21 日。臺灣亦有出版豐子愷譯的《獵人筆記》（台北：洪範書店有限公司，1997 年 5 月）。

並未出版。1974 年在臺灣的林文月，未曾耳聞豐子愷已經譯畢的消息，開始著手翻譯《源氏物語》為中文，初譯費時五年半，於1978 年間初稿譯畢。1981 年「中外文學」的通知趁第三版出版之前再修訂。1981 年 12 月〈終點以後〉敘述 1980 年取得豐子愷《源氏物語》譯本的情形，並說：

> 這是豐子愷在六十年代獨自經營的心血。當時中國大陸正值文革狂潮之際，豐氏閉門譯書，或許是他逃避「十年浩劫」（原序語）的唯一良策吧？……豐子愷的譯文，我雖然未必全部同意，終歸不失為思考反省的比較直接的借鏡，偶爾發現譯文上不謀而合的筆調，也難免欣欣然感到安慰。[44]

豐子愷《源氏物語》在文革前已經譯完，在資訊不如今日發達下，兩位作家同譯一本書，傳為美談。豐子愷 1961 年曾有〈浣溪沙〉，描寫譯《源氏物語》的心情：

> 飲酒看書四十秋，功名富貴不須求，粗茶淡飯歲悠悠。彩筆昔曾描濁世，白頭今又譯《紅樓》，時人將謂老風流。(《文學卷三》，頁 787)

《紅樓》即《源氏物語》。據王向遠說豐譯是「譯文可謂信達雅，幾近完美」[45]，對大陸地區研究《源氏物語》者提供相當大的助益，也間接成為林譯的參證資料。

---

[44] 林文月：《午後書房》（台北：洪範書店，2004 年 9 月），頁 181。
[45] 王向遠：《二十世紀中國的日本翻譯文學史》（北京：北京師範大學出版社，2001 年 3 月），頁 266。

二、圖畫創作

　　1946 年 4 月豐子愷《毛筆畫冊》（一至四冊）由上海萬葉書店出版；同年 12 月又出版豐子愷自編的《子愷漫畫選》彩色精裝本，這是他的第一本彩色漫畫冊。

　　1946 年豐子愷選編《護生畫集正續合刊》，由上海中國保護動物會出版。1947 年 4 月上海開明書店出版《又生畫集》。同年 5 月《劫餘漫畫》六十幅（十年前舊作佔三十幅），上海萬葉書店出版；7 月有兒童書局出版《幼幼畫集》，只不過描繪對象已非自己的兒女，而是第二代的幼兒。1947 年 10 月萬葉書店出版《小鈔票歷險記》。1948 年 1 月致函廣洽法師說：

> 故返杭以來，賣字畫為生，一年于茲。雖不登廣告，然舊友頗多，輾轉介紹，囑書畫者，最近較多。生活草草維持，……只因日日為生活而作畫，至今竟尚未完成。（〈致廣洽法師〉，《文學卷三》，頁 195）

對豐子愷來說，為生活作畫無趣味可言，既辛苦又無奈。

　　1950 年 4 月萬葉書店出版豐子愷《繪圖魯迅小說》，繪插圖一百四十幅；同年豐子愷應《亦報》編輯之邀，繪周作人《兒童雜事詩》插圖六十九幅。1950 年 2 月《護生畫集》第三集由上海大法輪書局出版。1951 年底，豐子愷曾致函常君實，談及生活狀況：

> 近來由於埋頭學習俄文，新收入毫無。同時舊書許多停刊，版稅收入大減。因此生活頗有青黃不接之狀。但得度過半年，俄文學成，即無慮矣。（〈致常君實〉，《文學卷三》，頁 443）

早自 1950 年春天起，豐子愷為應時勢潮流，在上海即開始學俄文。
一年後，發表若干介紹蘇聯音樂家的文章。據 1952 年初〈致夏宗
禹信〉說：

> 有許多書因為觀點不對，已停刊了，但有好幾本（屠格涅夫小
> 說，魯迅小說漫畫，音樂入門，子愷漫畫選等）舊作，現在還
> 好賣，版稅收入可以維持簡單生活。（《文學卷三》，頁 426）

其實生活已青黃不接，稍顯窘態，但他認為一旦俄文學成即不用憂
慮，因此 8 月 4 日覆劉其寬兄弟函說：「自上海解放以來，即謝絕
繪畫，專研俄文」（《文學卷三》，頁 482）。

　　1953 年 3 月萬葉書店出版譯著《中小學圖畫教學法》；5 月又
出版譯著《蘇聯音樂青年》。1954 年 9 月譯著《小學圖畫教學》由
人民教育出版社出版。1955 年 11 月人民美術出版社出版豐子愷《子
愷漫畫選》，皆為舊作，而且選定畫的是豐子愷推薦的王朝聞[46]；
同年又譯著《學校圖畫教育》、《唱歌和音樂》二書，交由人民教育
出版社出版。1956 年與豐一吟合譯《幼兒園音樂教育》、《小學音
樂教學法》都是由人民教育出版社出版。

　　1956 年 9 月豐子愷致廣洽法師函說：「近來多寫字，少作畫，
故畫筆生疏」（《文學卷三》，頁 211），但考察自抗戰以來繪畫題材
擴大到山水景物，自然景物成了他觸發再次繪畫的機緣。所以，在
7 月底遊罷廬山後，有三篇圖文組合誕生：《作廬山游記之一──

---

[46] 豐子愷在〈《子愷漫畫選》自序〉說：「王朝聞同志前年曾經在《人民日報》
上發表過關於我的畫的文章（此文後來收集在他的《新藝術論集》中），請
他選畫最為適當。」，收《藝術卷四》，頁 545。

江行觀感》、《作廬山游記之二──九江印象》與《作廬山游記之三
──廬山面目》，陸續發表在同年 10 月的《文匯報》。除了特別引
起興味的景色外，豐子愷並不常握管繪圖，在同年 12 月初寫就的
〈代畫〉中就說：「屢次想畫，然而畫興闌珊，提不起筆來。不畫
又難過，就寫一篇文章來代畫吧」（《文學卷二》，頁 505）。繪畫的
興趣降低，除非被動贈畫，不然幾乎很少主動繪畫。

　　1956 年北京外文出版社出版《豐子愷兒童漫畫》的三種譯文版
（英文、德文、波蘭文），這是繼 1946 年日本吉川幸次郎精譯《緣緣
堂隨筆》十三篇在日本出版後，豐子愷著作首次由國內譯成外文出
版。1957 年應邀為中國少年兒童出版社出版的幼兒讀物《聽我唱歌
難上難》繪插圖。1959 年編選的《陳之佛畫集》由北京人民美術出版
社出版；同年 9 月天津少年兒童美術出版社出版《子愷兒童漫畫》。
1959 年繪畫茅盾小說《林家鋪子》十幅漫畫附文，刊登《文匯報》。

　　1961 年北京音樂出版社出版譯著《日本的音樂》；同年《護生
畫集》第四集終於由廣洽法師募款，在新加坡薝蔔院出版面世。1963
年 12 月《豐子愷畫集》由上海人民美術出版社出版，其中是自 1956
年來發表的作品，包括歌頌新中國、兒童、彩色黑白對照的畫作。
1965 年 9 月新加坡薝蔔院出版《護生畫集》第五集。

三、師友往來

　　1946 年 4 月 23 日，夏丏尊等不及與豐子愷見面，即因患肺結
核在上海撒手而去。1943 年 5 月夏丏尊曾說：「余不見子愷倏逾六

年，音訊久疏，相思頗苦。子愷已由黔入川，任教以外，賴賣畫以自活」[47]，關切之情，讓人動容。豐子愷也在 1946 年 5 月書寫的〈弔丏師〉說：

> 以往我每逢寫一篇文章，寫完之後，總要想：「不知這篇東西夏先生看了怎麼說。」因為我的寫文，是在夏先生的指導鼓勵之下學起來的。今天寫完了這篇文章，我又本能地想：「不知這篇東西夏先生看了怎麼說。」兩行熱淚，一齊沉重地落在這原稿紙上。（《文學卷二》，頁 160）

從此，文學途中缺少有「師弟情緣」的恩師，不免悒悒。兩年後，五十一歲的朱自清，也因貧病交加於北大醫院辭世。

　　1953 年豐子愷與久違的馬一浮見面；同年也與錢君匋、章錫琛、葉聖陶、黃鳴祥等友人籌建杭州虎跑後山建弘一大師舍利塔。1954 年 1 月 10 日舍利塔落成，與馬一浮等人合影。1957 年 3、4、5、7、8 月陸續發表〈李叔同先生的愛國精神〉、〈先器識而後文藝——李叔同先生的文藝觀〉、〈李叔同先生的教育精神〉、〈《弘一大師紀念冊》序言〉、〈《李叔同歌曲集》序言〉等文章。1958 年 1 月豐子愷編《李叔同歌曲集》由北京音樂出版社出版，稿費捐獻弘一大師修塔費用。1958 年中積極籌設弘一大師紀念館，後因故未成；1959 年籌募款項擬出版弘一大師書籍。1962 年意欲繪觀音像紀念弘一大師。

---

[47] 夏丏尊〈讀《緣緣堂隨筆》序言〉，收入《豐子愷研究資料》，豐華瞻、殷琦編，寧夏：寧夏人民出版社，1985 年，頁 274。

四、文化活動

　　為籌武漢返鄉旅費，豐子愷於 1946 年 7 月在武漢舉辦畫展；同年 10 月，豐子愷為杭州新居的裝修工程費用，如法炮製地在上海大新公司樓上舉辦個人畫展。1947 年 2 月為捐款給立達與石灣小學，復又辦理畫展。

　　1947 年 3 月豐子愷連續五天晚上，在上海天蟾舞台觀賞梅蘭芳「龍鳳呈祥」戲劇，並且與郎靜山主動到梅寓拜訪梅蘭芳，並撰文〈訪梅蘭芳〉；1948 年又寫〈再訪梅蘭芳〉。1947 年又與上海文藝作家協會成員一起籌建上海美術館。

　　1948 年 9 月 27 日豐子愷與開明書店創辦人章錫琛（雪村）一家抵達台灣，在台北居住近兩個月，應酬、游覽、演講、廣播、中山堂開個人畫展等等，忙碌之餘還與謝冰瑩、蕭而化、錢歌川等好友敘舊。同年 11 月，與新加坡廣洽法師在廈門南普陀寺相見，初次見面的兩人渾然不覺已經通訊十七年。在南普陀寺中，豐子愷憑弔弘一大師曾居住過的阿蘭若，佇立弘一大師親植楊柳旁依依不忍遽去。1949 年 4 月為《護生畫集》第三集封面請葉恭綽題字事，親赴香港，並在香港舉辦三次個人畫展。23 日回到上海，迎接「解放」，7 月被推為「南方代表第二團代表」，列名「中華全國文學藝術工作者代表大會」。

　　1949 年 8 月 25 日，豐子愷寫給夏宗禹的信中說：

> 我已遷居「上海（十二）南昌路四十三弄七十六號」……
> 遷居舊法租界。……你說我解放後動起來了，我自己也覺得如此。我覺得現在參加人群，比以前自由得多，放心得

多。以前社會上那些人鬼鬼祟祟，裝腔作勢，趨奉富貴，欺凌貧賤……所以閉門不參加一切團體。（《文學卷三》，頁 421）

1950 年 4 月豐子愷參加上海市第三屆人民代表大會；7 月出席上海市首次文學藝術工作者代表大會，12 月又參與「創作愛國主義作品座談」。1952 年，豐子愷雖然沒有專職工作，然仍不得閒，他身兼「特邀代表」、「文教委員」、「抗美援朝委員」，每周或數周就要開會。這段時期的文化活動，實與政治融合一體，五十多歲的豐子愷身體也迭起警訊，如：1950 年 8 月痔瘡又發、1952 年初得了痛風「書畫絕緣」、得腦貧血症（暈倒樓上半個鐘頭），又任文史館委員，1953 年 9 月給夏宗禹信中談到：

因為我手足眼部都不及昔年，手因風痛動作不靈，腳不耐多走或多站，眼老花三百五十度了，如何弄畫呢？（現在作畫必須跑去寫實，不能在房間中空想出來。）現在只對文學有濃厚興味，愛讀蘇聯小說。可是貧血症不給我多讀。讀了一二小時便頭暈。（《文學卷三》，頁 428-429）

彼時，豐子愷也才五十六歲，已頻頻說病，有著病痛的具體描述。也因為病痛，二三年不作書畫，雖然擔任中國美術家協會常務理事、上海美術家協會副主席，但與協會的關係也漸漸疏遠。1954 年患肺結核與肋膜炎，為健康故，全家遷往上海長樂村「日月樓」，但這肺病仍折磨豐子愷一年多，其間偶有吐血。1956 年 2 月 8 日《文匯報》刊出豐子愷〈我的心願〉一文，上面寫著：

我因為患肺病，近年來一直在家休養，又患了風濕，不能用毛筆作畫。到現在只能半天工作半天休息，來從事譯述。解放六年來，我用了約兩年時間來學習俄文，用了約三年時間來譯述蘇聯美術音樂教育書籍，其中一年多是在生病，不能工作。六年中，……在數量上看來似乎不算少，倘若仔細檢查起來，在質量上一定有很多缺陷。我讀了周總理的報告，深深地覺得自己的譯述工作做得還不夠多不夠好。今後除了積極參加我們知識分子必不可缺的政治學習之外，更要努力從事業務學習，並在我的健康所許可的最大限度內，盡量增加我的工作量。（《文學卷二》，頁 419-420）

豐子愷此時五十九歲，其實並不老，惟外形已出現白髮扶杖之態。這篇文章，宣示的意味濃厚，不言無奈，只說病體，自我批評的無奈在其中。1963 年冬天還有氣管痙攣與腦貧血症。

　　1957 年開始擔任上海市政協委員、上海外文學會理事；同年還為新加坡彌陀學校撰校歌。1958 年又任第三屆政協委員，被聘為《音樂譯文》雙月刊顧問。1960 年 6 月擔任上海中國畫院的第一任院長；同年 7 月為中國對外文化協會上海分會副會長，8 月鬢髮已全白的豐子愷當選為第三屆全國文聯委員會委員。1962 年 5 月當選為上海市美術家協會主席外，還是上海市文學藝術工作者第二次代表大會副主席。擔任這些重要職務係根據實際成就、名望、影響力而任命，由此可知豐子愷的社會地位。上海市文代會中，豐子愷〈我作了四首詩－在上海第二次文代大會上的發言〉一文，期盼讓小花、無名的花好好地放，發言招禍。

第六節　晚年沉澱期（1966～1975）

　　1966 年文化大革命豐子愷 69 歲，1975 年豐子愷 78 歲。晚年，由於眼疾，漫畫量減少，他把散文的寫作當成延續自己精神生命的一種重要的方式。

　　關於自己的藝術創作生涯，豐子愷曾有〈作畫好比寫文章〉一文來答覆《文匯報》讀者的問題。他說：

> 我的文藝生活，可以分為兩個時期：前期（四十歲以前）是多樣的，對繪畫、文學、音樂都感興趣。我年青時在東京，上午學畫，下午學琴，晚上學外文，正是「三腳貓」。回國後也是為這三方面寫作，作品大都在開明書店刊印。後期疏遠繪畫與音樂，偏好文學。寫隨筆，翻譯《獵人筆記》、夏目漱石、石川啄木、《源氏物語》等，是我所最感興味的。這期間偶有所感，或出游獲得新鮮題材，或受他人囑託，也就畫幾幅畫。至於音樂，則早已完全放棄了。這後期可說是「兩腳貓」了。（《文學卷二》，頁 497）

豐子愷的「後期」描述雖然簡略，惟以四十歲作為創作分水嶺的說法，也不少見。例如董崇選說：

> 我覺得文學創作的年齡好像與人的生育年齡差不多：早熟的可在十四、五或十七、八歲，一般都在二十、三十、與四十歲之間，等到「上了年紀」以後便比較難了。[48]

---

[48] 董崇選：《文學創作的理論與教學》，（台北：書林出版有限公司，1997 年 10 月），頁 72。

還有，這一時期豐子愷在相關政治活動中十分活躍，可以說是上海最具知名度，地位最崇高的文化工作者之一。由於隨筆與繪作減少，便出以古詩詞寫作；嗅出政策移轉的風向，便早早學習俄文，以翻譯為主；明明身居高位，《護生畫集》第五集出版頻遭阻礙，卻也不用權力，反而低調地安排在新加坡出版。這些言行卻不能保障他的人身安穩，隨著 1966 年文化大革命的颶風襲來，正是考驗豐子愷處世智慧的開始。

文化大革命（1966～1976 年），是中國大陸現代知識份子的一大浩劫，豐子愷亦不得免。從 1966 年 6 月上海中國畫院出現第一張大字報起，就身遭到「地主」、「資本家」、「反動學術權威」、「反革命黑畫家」、「反共老手」、「漏網大右派」的攻擊。豐子愷後來患肺炎，竟「因禍得福」，獲准在家休養。

其間寫給兒子豐新枚的信函裡，字裡行間透露著絲絲冷意：時而自我寬慰，時而岑寂黯然；父子倆使用「隱語」通信，處處小心翼翼。絕處反而別有洞天，1971 年七十四歲的豐子愷本來久不撮筆，在 3、4 月間晨起撰寫《往事瑣記》，居然極有興味。《往事瑣記》的內容當然無法從眼前現實取材，豐子愷抹去文革片段，讓時光之流靜靜流淌，搜索值得書寫的城鄉風俗，重現舊時的歡趣與感慨。《往事瑣記》後來改名為《緣緣堂續筆》，於 1972 年完成三十三篇，生前並未出版。其中十七篇於 1983 年由豐一吟編《緣緣堂隨筆集》時出版面世，可說是生命循環的縮影。

1968 年台北開明書店出版《緣緣堂隨筆》。1971 年 6 月致函新枚，告知要開始晨起偷譯《大乘起信論》；1973 年 10 月由新加坡薝蔔院出版。

　　1969 年為安慰弟子胡治均，晨起繪製彩色漫畫七十多幅；後來也持續作畫，寄給石家莊的豐新枚留存。豐子愷念茲在茲的《護生畫集》第六集，終在晨曦之中完成百幅，1973 年完成定稿，去世後 1979 年才在香港出版。

　　1972 年 12 月 30 日豐子愷經通知「審查」結束，獲得「解放」。1974 年 8 月得氣喘病。1975 年 1 月自然戒酒，4 月 12～22 日回到故鄉石門灣探親；8 月得知三姐豐滿病逝，悲痛之餘，身體亮出紅燈。9 月 2 日驗出得到肺癌，15 日中午病逝上海華山醫院，終年虛歲七十八歲。1978 年，中共亡羊補牢，為豐子愷平反，恢復名譽。1985 年豐子愷逝世十周年，重建後的「緣緣堂」，舉行落成典禮，開放遊客參觀。1998 年，「緣緣堂」東側「豐子愷漫畫館」落成開放，紀念豐子愷誕生一百周年。

小結

　　嘉興地區風光明媚，名人薈萃，具有江南水鄉風情的文化色彩，孕育如烏鎮的茅盾、峽石的徐志摩，石門灣的豐子愷。豐子愷自幼受傳統儒家教育，在學校的成績出類拔萃。進入浙江省立師範學校後，有益友楊伯豪直言不諱，成為豐子愷認識自我個性、追求自我的觸媒。又得到夏丏尊作文概念的啟發，開始嘗試寫稿。

　　李叔同在繪畫與佛理方面啟迪豐子愷，讓他懷著成為畫家的希望東渡日本，有效率地從事藝術學習，反省國內的藝術教育，儲蓄

日後在藝術領域爆發的能量。在文學園地中，以樸實平正的隨筆，在文壇煙硝中開出一條真實平淡的新路；漫畫的創作裡，在諷刺豔情當道的漫畫界，創造一詩意深遠的新境界。對出版界來說，一身繪畫裝幀絕技貢獻給開明書局；藝術教育的範疇裡，力主戒除傳統文人畫陋習，開創出揉合東西洋優點的新畫風。

　　經由早慧奠基期（1898～1918）、成長期（1919～1930）、成名期（1931～1937）、抗戰逃難期（1938～1945）、文藝創作轉換期（1946～1965）、晚年沈澱期（1966～1975），循著時間演進的過程，觀察自 1946 年起，受到政治運動的衝擊，產出政治意味濃厚的作品；更因文革的緣故，健康狀況每況愈下。在散文創作中，已經很難出現成長期、成名期、逃難期名篇迭起的盛況。但是迴望藝術界，如豐子愷對於繪畫、散文的極佳成績、畫論的深入研究，與個人才華充分配合發揮，鑄成文藝與人格相通的藝術風格，帶給現代文藝界深遠的影響，仍屬罕見。

第二章　豐子愷成名的因素

　　作家創作既為人類社會文化之一環，自然會受當代的影響，成為某一種思想的表現。因此每一個不同的時代，政治社會文化脈絡的發展，都會造成文藝創作的不同表現。二〇世紀初，豐子愷乘著新文學發展的浪潮而起，跟隨而來的文化傳播場域的擴大與多元化發展，讓作家在出版業競爭激烈的市場上，找到自己的定位乃當務之急。豐子愷稟性聰慧，藝術天份異於常人，由於譯著《苦悶的象徵》（1925 年）、《子愷漫畫》（1925 年）、音樂理論《音樂的常識》（1925 年）、《子愷畫集》（1927 年）、與裘夢痕合編《中文名歌五十曲》（1927 年）等書的出版，1927 年以前即已成名，找到自己在文藝界的位置，並且專心前進。觀察豐子愷在成名期所付出的努力與自我定位，都與出版業息息相關，因此探討豐子愷與出版的關係，就是本章的重點。

　　由於學術界對新文學發展的時空背景論述已非常詳盡，筆者於第一節中以略筆敘述，重點將放在豐子愷的部分，瞭解作家本人位於什麼位置。第二節擬梳理專業作家興起的原因，來瞭解豐子愷得以專事文藝的背景因素。第三節則縮小範圍到文人團體間互動的情形，來呈現豐子愷在其中的座標。要說明的是，豐子愷的藝術表現是跨足繪畫、文學兩個領域，因此在敘述中，文學界為主，藝術界

為輔，以 1927 年前後為敘述重心，期望讓豐子愷立足的文化生產的場域，浮出鮮明輪廓，庶幾有助於對豐子愷成名原因作一剖析。

第一節　新文化運動

晚清的社會轉型與學術嬗變，是五四新文化運動的前導。如清末今古文之爭、康有為與章太炎等人的反傳統論述、創新精神的傳承、近代白話書寫等，往下開啟了胡適一代的學者對西方學問的吸收與借鑑，影響層面及於文學、哲學、社會學、心理學與藝術等各學科的發展。

晚清甲午戰爭（1894 年）失敗，中華民國建立（1912 年）。惟自 1894 年起，中國文化接受西方文化的衝擊，列強交相欺侮不斷，國勢處於動蕩不安的情況下，在 1919 年，一群北京的大學、中學的學生們，為了不滿第一次世界大戰（1914-1918 年）後巴黎和會的決議，於是遊行抗議。這次的行動，後面有一群新知識分子如胡適、陳獨秀、魯迅、周作人等的支持，影響擴大及於整個文化界與文學界，全面掀起了改革的呼聲。

根據周策縱《五四運動史》的說法，五四運動是從 1917 到 1921 年，其後走向大幅度的政治化。在此擷取《五四運動史》的重要事件如下[1]：1915 年 9 月 15 日，陳獨秀在上海創辦《青年雜誌》（即

---

[1]　以下內容出自周策縱：《五四運動史》（湖南：岳麓書社，1999 年 8 月），頁 517-524。

後來的《新青年》）；11 月 15 日，陳獨秀在《新青年》上建議發展基於現實主義和自然主義的新文學。1916 年 10 月 1 日，《新青年》發表胡適的信，提出開展一場中國文學革命。1917 年 1 月 1 日，《新青年》發表胡適的《文學改良芻議》；2 月 1 日，《新青年》發表陳獨秀的《文學革命論》。1918 年 1 月 15 日，《新青年》全部文章開始以白話文發表；5 月 15 日，《新青年》發表魯迅短篇小說《狂人日記》。1919 年 5 月 4 日，3000 多名大專學校學生在北京遊行示威，抗議巴黎和會的山東問題決議及政府外交政策。曹汝霖住所被焚，章宗祥被毆，三十二名學生被捕。各大城市遂成立學生聯合會，支持北京學生運動的遊行示威遍及各地。到 6 月 10 日止，學生罷課和騷動遍布二百多個城市。五四運動加速促成了新文學運動，1920 年北京政府命令小學講授白話文，上國語課，使用國語教科書。語文合一的時代來臨，1921 年 1 月 4 日，周作人、茅盾、魯迅、鄭振鐸等在北京成立文學研究會；12 月魯迅短篇小說《阿 Q 正傳》發表，將文學視為改變社會與人生的方法。周作人也發表〈人的文學〉、〈平民文學〉，提倡人道主義文學，在〈人的文學〉他說[2]：

> 我所說的人道主義…乃是一種個人主義的人間本位主義……用這人道主義為本，對於人生諸問題，加以記錄研究的文字，便謂之人的文學。

---

[2] 周作人著：《藝術與生活》（石家莊：河北教育出版社，2002 年 1 月），頁 11-12。

關注人間的個人，並研究人生、記錄人生即「人的文學」，是關於改革文學內容的重要宣言。胡適〈五十年來中國之文學〉說明白話文蓬勃發展的情形[3]：

> 這時代，各地的學生團體裡忽然發生了無數的小報紙，形式略仿《每週評論》，內容全用白話。此外又出了許多白話的新雜誌。有人估計，這一年（1919）之中，至少出了四百種白話報……民國九年以後，國內幾個持重的大雜誌……也都漸漸的白話化了。

1927 年以前，五四時期白話文學取得了相當的成績，原因是：理論具有建樹、純正白話創作成績果為可觀，影響及於識字、閱讀、教學等方面，都發生極大的變化。陳平原《中國現代學術之建立》[4]說：

> 一九二七以後的中國學界，新的學術範式已經確立，基本學科及重要命題已經勘定，本世紀影響深遠的眾多大學者也已登場。另一方面，隨著輿論一律、黨化教育的推行，晚清開創的眾聲喧譁、思想多元的局面也不復存在，取而代之的是立場堅定、旗幟鮮明的黨派與主義之爭，二十世紀中國學術從此進入了一個新時代。

文學革命讓中國文化面向現代，以開放的態度，吸收西方文學與文化思想。以下就豐子愷個人受到新文化運動影響的部分來分析。

---

[3] 胡適：〈五十年來中國之文學〉，《胡適文存》二集（台北：遠流出版社，1986年4月），頁145-146。

[4] 陳平原：《中國現代學術之建立──以章太炎、胡適之為中心》（台北：麥田出版社，2000年5月），頁15-16。

　　浙江近代小學起初是由私塾改良而成，後來清朝在光緒二十八年到二十九年（1902-1903），頒定《奏定學堂章程》後，興建小學蠭起，培養師資的師範學堂也趁勢興辦。光緒三十二年（1905），浙江設了大規模培育師資的機構－浙江兩級師範學堂，1912 年由經亨頤任校長，更名為「浙江省立第一師範學校」。當時，教師的形象是[5]：

> 大多數教師是現代知識分子，其中十之七八是短衣無辮的留日學生。

實則同一年，政府發出剪辮令後，豐子愷也馬上剪去辮子，證明他接受新思想的態度。浙一師的教師們不是著名的學者，就是知名的教育家、藝術家與社會改革者，如魯迅就曾於 1910 年在此教授化學與生理學；朱自清、俞平伯也在 1920 年在此擔任教師。

　　豐子愷於 1914 年 9 月進入浙江省立第一師範學校就讀，1919年畢業，此時尚未發生五四運動。教師中有李叔同教授圖畫、音樂課程，1916 年有夏丏尊上國文課。夏丏尊在浙江兩級師範學校（浙江第一師範的前身）時本是教育學科通譯助教。他早在 1913 年發表的文章〈學齋隨想錄〉裡就提到一般學生作文的怪現象[6]：

> 人之虛偽心竟到處跋扈，普通學生之作文亦全篇謊言。嘗見某小學學生之〈西湖遊記〉，大用攜酒賦詩等修飾，閱之幾

---

[5]　王利民：《平屋主人──夏丏尊傳》（杭州：浙江人民出版社，2005 年 7 月），頁 27。

[6]　夏丏尊：〈學齋隨想錄〉，《夏丏尊文集·平屋之輯》（浙一師，1913 年），頁 319。

> 欲噴飯。其師以雅馴，密密加圈。實則現在一般之文學，幾
> 無不用「白髮三千丈」的筆法，循此以往，文字將失信用，
> 在現世將不足徵信。矯此頹風者，舍吾輩而誰？

由此看出，夏丏尊希望以充實內容、真情實感矯治誇大不實之風，
就毛遂自薦擔任國文教師。豐子愷後來在 1946 年 5 月所寫〈悼丏
師〉文中提到：

> 他教國文的時候，正是五四將近。我們做慣了「太王留別父
> 老書」，「黃花主人致無腸公子書」之類的文題之後，他突然
> 叫我們做一篇「自述」。而且說，不准講空話，要老實寫。……
> 多數的學生，對夏先生這種從來未有的，大膽的革命的主
> 張，覺得驚奇與折服，好似長夢猛醒，恍悟今是昨非。這正
> 是五四運動的初步。(《文學卷二》，頁 157)

夏丏尊注意修辭立其誠，不作無病呻吟的破天荒思想讓學生驚訝佩
服，此時杭州尚未響應新文化運動，夏丏尊已經實施語文的改革，
可以說與後來胡適的《文學改良芻議》暗合。豐子愷親炙夏丏尊，
散文寫作啟蒙來自夏丏尊，對夏丏尊的教法直接領受，即使利用課
後時間教授豐子愷、朱文叔等學生日文，夏丏尊也樂此不疲。[7]豐子
愷〈悼丏師〉說：

> 我的寫文，是在夏先生的指導鼓勵之下學起來的。(〈悼丏
> 師〉，《文學卷二》，頁 160)

---

7 陳平原：《中國現代學術之建立──以章太炎、胡適之為中心》，頁 43-45。

夏丏尊鼓勵學生多投稿，造就不少具有創作興趣的學生。五四運動後，浙江第一師範學校校長經亨頤全面革新語文的教育，以白話文做為閱讀與書寫的工具，校園瀰漫思想啟蒙與新文藝風氣，成為杭州學界最熱衷新文化運動的龍頭。豐子愷正是其後卓立昂揚的一棵勁草，他一直堅守寫作的崗位，直到 1974 年為止，寫作時間長達五十二年，成書約一百五十餘種。

豐子愷對於五四新文化運動相關主張，除了以實際作品呼應當時的主張外，他是抱持什麼看法呢？關於這一部分，因資料並不多，有〈訪梅蘭芳〉一文：

> 因為「五四」時代，有許多人反對平劇，要打倒它，我讀了他們的文章，覺得有理，從此看不起平劇。不料留聲機上的平劇音樂，漸漸牽惹人情，使我終於不買西洋音樂片子而專買平劇唱片，尤其是梅蘭芳的唱片了。原來「五四」文人所反對的，是平劇的含有封建毒素的陳腐的內容，而我所愛好是平劇的誇張的象徵的明快的形式——音樂與扮演。(《文學卷二》，頁 209-210)

豐子愷寫於 1960 年給孫女菲君的信亦批評古代的思想意識：

> 做舊詩是好的，但我們只能學古人的文體「格式」，不可學古人的「思想」。(例如隱居、縱酒、頹廢、多愁、悲觀等，都不可學。)(《文學卷三》，頁 378-379)

由平劇再到古詩的言論，可以瞭解豐子愷對古代「陳腐思想」的反對態度。1945 年，豐子愷寫信給忘年之交夏宗禹說：

> 我一向主張白話文……白話文學注重內容思想，不重字面裝
> 飾。（反之，文言往往內容虛空，而字句琳瑯華麗。）這才
> 真是有骨子的文章。（《文學卷三》，頁 395）

1948 年，豐子愷在〈湖畔夜飲〉中，有一段批評現代詩的文字：

> 有些「專家」的詩，我不愛讀。因為他們往往愛用古典，蹈襲
> 傳統；咬文嚼字，賣弄玄虛；扭扭捏捏，裝腔作勢；甚至神經
> 過敏，出神見鬼，而非專家的詩，倒是直直落落，明明白白，
> 天真自然，純正樸茂，可愛得很。（《文學卷二》，頁 382）

雖然沒有明言批評現代詩人，但文中「古典」、「專家」等話，足以
明白豐子愷的初衷。豐子愷不欣賞新詩的態度，源自於他喜愛古典
詩的嗜好，在〈我作了四首詩〉說：

> 近來看報紙上發表的舊詩詞，有的不講平仄聲，只講字數，我
> 實在不要看。我希望不曾學會平仄聲的人不要作舊詩詞，免得
> 歪曲了我國詩文的格律。你們作新詩吧。（《文學卷二》，頁 630）

對新詩的輕視態度顯而易見。觀察豐子愷的文藝界好友，幾乎沒有
現代詩人（朱自清早年寫新詩），大多是出版界人士與散文作家，
他確做到言行一致了。

豐子愷在當時的文學界、藝術界的成績如何呢？就散文的範疇
來說，豐子愷發表作品最早的時間是 1914 年，時年十六歲[8]，而 1918

8　豐子愷的四篇寓言〈獵人〉、〈懷挾〉、〈藤與桂〉、〈捕雀〉發表於 1914 年 2
　　月《少年雜誌》第 4 卷第 2 期「兒童創作園地」，署名豐仁。收入《文學卷
　　一》，頁 1-4。

年可以視為中國新文學的發軔，白話文創作開始增多，這一年，豐
子愷二十歲。1920 年，文學研究會成立；1921 年，周作人提倡散
文的寫作[9]，散文的發展有別於其他文類，在初期即有繁花盛開、
蔚為可觀之貌。[10]1922 年，胡適在〈五十年來中國之文學〉談到白
話文學，也說「白話散文很進步了。……這幾年來，散文方面最可
注意的發展，乃是周作人等提倡的『小品散文』。」[11]1928 年，朱
自清在《背影》〈序〉中說：

> 最發達的，要算是小品散文。三四年來風起雲湧的種種刊
> 物，都有意或無意地發表了許多散文，近一年這種刊物更
> 多。各書店出的散文集也不少。《東方雜誌》從二十二卷（一
> 九二五）起，增闢「新語林」一欄，也載有許多小品散文。
> 夏丏尊，劉薰宇兩先生編的《文章作法》，於記事文，敘事
> 文，說明文，議論文而外，有小品文的專章。去年《小說月
> 報》的創作號（七號），也特闢小品一欄。小品散文，於是
> 乎極一時之盛。[12]

9　詳見周作人〈美文〉一文，收入俞樹森編：《現代作家談散文》（天津：百
　花文藝出版社，1986 年 7 月），頁 3-4。
10　李豐楙曾指出：「文學革命初期最受矚目的是新詩，而魯迅試作的新小說也
　早就出現；比較之下，有意創作的新散文卻誕生較遲；但一旦開始倡導，
　由於優厚的文學傳統，與易寫易為的散文本質，在短時期內就獲致可觀的
　成績；以新文學被讀者接受的程度言，散文較諸新詩、小說及新劇，確是
　成熟最早。」詳見李豐楙撰「緒論」文見李豐楙等編《中國現代散文選析》
　冊一，（台北：長安出版社，1992 年 3 月），頁 4。
11　胡適：《胡適文存》二集，頁 149-150。
12　見朱自清撰：《背影》（香港：三聯書店，1999 年 1 月），頁 2。

指出散文發展欣欣向榮之貌。值此舊新文學更替之際，豐子愷躬逢其盛，在散文的天地中馳騁探索，被列為「活躍於第一個十年的散文作家」[13]；《二十世紀中國新文學史》則譽他是興盛的二十家其中之一[14]：

> 五四文學革命之後，抗戰大動亂之前，新文學在擺脫了文言桎梏之後蓬勃開展，造成了後人嚮往懷念的「三十年代」的興盛。散文方面的作家，有魯迅、周作人、夏丏尊、許地山、林語堂、徐志摩、茅盾、郁達夫、朱自清、豐子愷、老舍、冰心、夏衍、廢名、沈從文、馮至、吳伯蕭、李廣田、麗尼、蕭乾等二十家。

豐子愷在新文學發展初期就在散文界嶄露頭角。值得一提的是，豐子愷一生從未放棄古典詩詞的創作，各別不同的工作，都和詩詞密切相關；撰寫詩詞也是逃難或文革時期重要的自我療慰的方式。豐華瞻《回憶父親豐子愷》說[15]：

> 以畫來說，父親畫漫畫，開始是要以畫來體現詩境，因此所作的畫以詩句、詞句為題……父親的散文，常引用古人的詩句、詞句。有的散文則是受詩詞的啟發而寫的，例如「舊地重遊」、「九日」、「午夜高樓」、「夢耶真耶」等…父親所編的

---

[13] 同前註，這是指豐子愷第一本散文集《緣緣堂隨筆》。

[14] 皮述民、邱燮友、馬森、楊昌年合撰：《二十世紀中國新文學史》（台北：駱駝出版社，1997 年 8 月），頁 138。

[15] 豐華瞻、戚志蓉合著：《回憶父親豐子愷》（台北：大雁書屋，1992 年），頁 69-70。

> 音樂課本……其中大部分歌曲是以詩詞配上樂曲的……父
> 親也從事翻譯，《源氏物語》其中有好多日本俳句……也與
> 詩詞結合。

此外，家中也組詩社，充滿濃郁詩詞氛圍，即便與人通信，豐子愷
也使用文言文。與許多京派文人一般，某些時刻裡，新思想、舊語
言，彷彿舊時斷片的重映，具有古典觀照的色彩。

　　就藝術界的情況來說，清末民初西洋畫廣泛傳播，青年畫家受
新文化運動的啟迪，亟欲自我定位。一批懷著改造傳統中國畫宏願
的學子－如陳衡恪、楊白民，李叔同、高奇峰、何香凝等人，赴日
本學習美術；李鐵夫、周湘、馮鋼百等人，則是首批赴歐美進修的
美術學生。[16]

　　1912 年，蔡元培任教育部長後就進行改革，宣示《對新教育
的意見》，首次在中國的教育史上確立藝術教育的地位。陳獨秀在
《新青年》第六卷一號〈美術革命——答呂澂〉文章，發表對中國
畫的看法，認為要打倒傳統複製的風氣，改良中國畫。陳獨秀言論
影響甚鉅，社會掀起反對一味臨摹，提倡寫生的風潮。五四運動後，
藝術教育風起雲湧，1912 年，劉海粟創辦上海圖畫美術院，培養
潘玉良、李可染、程十髮等知名畫家。1920 年，李叔同學生豐子
愷、吳夢非、劉質平三人，在上海創辦上海專科師範學校。豐子愷
並與姜丹書、歐陽予倩等發起成立「中華美育會」，並在會刊《美
育》發表藝術理論。七年之間，上海專科師範學校培養美術師資八

---

[16] 參阮榮春、胡光華合著：《中國近代美術史》（台北：臺灣商務印書館，1997
年 9 月），頁 10。

百人,私立學校中影響力僅次於上海圖畫美術院。[17]此後,藝術學校的設立如雨後春筍,愈來愈普遍。

辛亥革命後,東渡日本的學生有陳抱一、江新、關良等人;遠赴歐美的有徐悲鴻、李超士、林風眠、聞一多、張道藩等人。[18]一批批留學生回國後,如李叔同是傳播西洋美術的先行者,但後來遁入空門,有志於佛門;此外大多懷抱藝術救國的襟懷,積極從事美術教育運動。1921 年,豐子愷遊學日本返國,本來懷抱著畫家的夢想,由於偶然見到竹久夢二、蕗谷虹兒的漫畫,回國後便模仿類似筆法,轉向簡筆漫畫的創作。

其後畫壇的發展,據蘇立文《中國藝術史》說[19]:

> 1930 年代早期,當中日戰爭的危機高升,中國的藝術氣氛也有顯著的改變。……當時的藝術家與文藝作家曾展開幾場激烈的辯論,就是關於藝術家對於社會的責任問題。波希米亞派高喊「為藝術而藝術」的口號,左傾的寫實派主張「為生活而藝術」,主張藝術應滿足其社會功能。關於現代中國藝術家責任問題的爭辯,在 1937 年 7 月蘆溝橋事變發生時獲得了結論;因為後來藝術家與知識分子隨著政府西遷,他們深入中國內地。……不但能真正接觸到中國的老百姓,同時亦看到他們自己祖國大陸內地的情況,尤其是從未受到外來影響的西南部地區。漫長的中日戰爭,使得藝術家們對當

---

[17] 豐華瞻、戚志蓉合著:《回憶父親豐子愷》,頁 22-23。

[18] 同前註。

[19] 蘇立文著,曾堉、王寶連編譯:《中國藝術史》(台北:南天書局,1985 年 10 月),頁 297。

時混亂的政局與道德的淪落感到失望。他們開始抨擊社會。
魯迅最早在 1920 年代提倡以木刻作為批評社會的工具，有
許多藝術家響應這項活動。另外還有一些藝術家以漫畫來諷
刺社會，為了避免政府的審查，他們應用社會象徵主義，非
正面的方式來批評現實。

中國藝術界的創作與理論的發展，和文學界的情形相似，均受政治
情勢的改變而有不同的發展，在漫畫界尤其如此。

　　中國近代漫畫隨著政治革新的腳步，在清朝民間漫畫如義和團
漫畫、民間年畫，就有蓬勃的發展。後來，政治改革、印刷技術更
新、傳播媒體的擴張等，都使漫畫在五四時期前後即有良好滋生的
環境。沈伯塵、杜宇、馬星馳、錢病鶴、張光宇等人，用漫畫反映
對五四運動的看法、揭露日本侵略野心、群眾希望打倒軍閥等重要
社會議題。1919 年魯迅在《新青年》雜誌上，發表針對漫畫家需
要去除社會痼疾、具有進步思想與高尚的人格要求，為漫畫界指出
一個方向。1921 年中國共產黨成立，豐子愷為曾其宣傳刊物《中
國青年》繪製封面。1920 年開始，活躍的漫畫家有豐子愷、梁鼎
銘、黃文農、葉淺予、魯少飛等人。[20]

　　迴異於此時漫畫界的時事、政治、美人、露骨淺薄的題材表現，
豐子愷以詩意生活漫畫異軍突起。內容是現代人的所思所感，題材
卻是借了古典詩詞，的確新人耳目，一般漫畫史給他的定位是「抒
情漫畫這一畫派的開創者」。[21]

---

[20] 參畢克官、黃遠林編著：《中國漫畫史》（北京：文化藝術出版社，2006 年
　　 1 月），頁 72-74。

[21] 同前註，頁 89。

第二節　中國現代專業作家的興起

現代文學發展之初，正值中國政經社會情勢巨變，科舉廢除，接受新式教育的民眾日增，出版業也開始欣欣向榮。有一批青黃交接時期的青年，除早年在傳統私塾接受教育外，其後也接受新文化的洗禮。有的人遠渡重洋，留學後返國；有的人靠著自學，摸索出自己的文藝道路。專門靠投稿維生的作家，也趁時勢蠭起。

這些知識份子，如魯迅、張恨水、茅盾、豐子愷等人，雖然間歇地擔任教職或廁身出版界，有微薄的薪資支持基本生活開銷，但是若沒有稿酬奧援，勢必很難於文學領域再進一步，達成目前公認的成績，更遑論他們為現代文學界指出專業作家為可行的方向。

討論新文化運動的論述已汗牛充棟，可是，探討此一背景下專業作家產生的原因，多數草草帶過，仍然未有較細緻、全面的討論。筆者由此一重點出發，擬就「文化市場：出版事業」、「著作版權問題」、「作家心態」與「讀者群」的角度，探討中國現代專業作家興起的原因，闡釋其意義舉例說明。並解釋著作權的保障，對專業作家而言，是最根本的支持，甚或攸關作家筆耕生涯的短促或長久。

一、出版事業的興盛

豐子愷在 1914 年 2 月寫作四篇寓言，刊登在《少年雜誌》，這是他首次登場之作。四篇都使用文言文，這符合當時的文化出

版的生態。周策縱《五四運動史》說明五四事件前的出版刊物情形是[22]：

> 在「五四事件」之前，多數刊物內容上還是古板和千篇一律。一直到 1919 年 4 月為止，中國的期刊，除了幾家例外，多是文言文的。這些期刊可以分成四大類。其中最公式化的刊物是各種政府每月或每周出版一次的官方公報……第二類是中小學校、大學當局或學生出版的期刊……第三類包括適合大眾口味的雜誌……第四類是評論性的期刊。

出版業不發達的情形，原因可能與 1914 後，出版法規趨向嚴格有關，這種情況在 1919 年後渙渙大變。據周策縱估計，「1917 到 1921 年這五年間全國新出的報刊有 1000 種以上」。[23]這些新出版的刊物帶給文化業欣欣向榮的願景，雖然極大部分或因社會變動，或因欠缺持續的熱情與奧援，便無寂而終，但是不可否認它們確曾達到傳播新知識、鼓吹新風潮的作用。

　　豐子愷展開文學寫作生涯，與當時蓬勃興盛的寫作環境息息相關。如以《緣緣堂隨筆》1931 年初出版作為斷限，可以觀察到就出版界而言，為響應新文化運動，舊的刊物立即改頭換面，追隨《新青年》全部使用白話文，在語言上用白話文取代舊文言。例如《教育雜誌》、《小說月報》、《東方雜誌》、《婦女雜誌》等莫不如此，雖說是順應潮流，終歸是為求生存不得不然。

22　周策縱：《五四運動史》，頁 259-260。
23　周策縱：《五四運動史》，頁 261。

　　1919 年後到 1930 年間，就報刊而言，數量約達 1000 種。知名的報刊如《新青年》、《新潮》、《每周評論》、《少年中國》等，主編是接受新文化刺激的年輕知識分子，如《小說月報》主編茅盾、《學生雜誌》的楊賢江等。[24]

　　就報紙副刊而言，也因此得到很大的發展，成了新文化與新文學發聲的場域。由於文藝副刊的出現，使得新文學有了新的載體，傳播的管道也更多元。據馬永強研究一些具影響力的知名副刊例如[25]：

> 《申報》的「自由談」、《太平洋報》的「文藝」、《新聞報》的「快活林」、《時報》的「餘興」等。其中《申報》「自由談」副刊自 1911 年 8 月創刊，一直存在了 38 年之久，可見副刊在當時的興盛。

　　此外，文藝期刊與小報的數量也相當豐富，各報刊出版周期也是目不暇給，有日刊、周刊、旬刊、半月刊、月刊、季刊等；專門內容的刊物也是五花八門。運用新式機器與洋紙印製的報刊，還特別重視裝幀畫幅與版式，可說是文圖並茂。[26]

　　對豐子愷擅寫的隨筆這一文類來說，傅德岷認為蠭起的報刊提供「隨筆」發表的空間[27]：

---

[24] 參王建輝：《出版與近代文明》（開封：河南大學出版社，2006 年 4 月），頁 108。

[25] 馬永強：《文化傳播與中國現代文學》（合肥：安徽大學出版社，2003 年 1 月），頁 40。

[26] 同前註，頁 47。

[27] 傅德岷：《散文藝術論》（重慶：重慶出版社，2006 年 1 月第 2 版），頁 74。

「隨筆」的繁榮，是和近代新聞事業的興起分不開的。「隨筆」常常發表在報刊上，報刊內容龐雜，不可能提供更多的版面；「隨筆」又常常抒寫作家對一片流雲，一泓溪水，一幅斷箋，一片碎瓦的冥想和感慨，「短小」自然成了它形式上的特質。日本文藝批評家廚川白村在《Essay》一文裡說：「兩三樣就讀完的簡短的文章，於定期刊行物很便當，也就是流行起來的原因之一」。

凡此種種，皆為豐子愷提供適得其時的發表場域，終其一生，出版業是豐子愷發揮自我能力，駕輕就熟、如魚得水的空間。

豐子愷與出版界結緣，開始於向商務印書館出版的《少年雜誌》投稿；後來稿子散見於《一般》與《小說月報》兩雜誌，以《小說月報》為主。《一般》是立達的機關刊物，《小說月報》是商務印書館夙有的口碑，是當時的第一流刊物。他的第一本散文集《緣緣堂隨筆》結集時，收錄《一般》與《小說月報》兩雜誌的文章，交由開明書店出版。

商務印書館於 1897 年成立，是近代第一家民營出版社，也是最具規模的出版社。它最早施行股利制度與成立董事局，甚至後起的中華書局、世界書局、大東書局、開明書局的創始者，大部分也是出身商務，後來另起爐灶。這些後起的書局，幾乎深受商務的經營理念、方針影響。

開明書店的誕生，與章錫琛（1889～1969 年）擔任推手有關。1912 年章錫琛進入商務印書館任編輯、出版業務，1925 年被王雲五藉故辭退。1926 年 8 月就成立了開明書店。據章士敭回憶

開明書店承辦以下的業務，使得初創即能立定腳跟，站穩一席之地[28]：

> 立達學會於 1926 年 9 月創辦《一般》雜誌，交開明印行；
> 北京編印的《語絲》、《文學周報》、《國學門周報》委託開明
> 發行；文學研究會叢書也陸續交開明出版；此外還出版了不
> 少文藝書籍。有的書被學校采作課本或課外讀物，業務逐漸
> 發展。1927 年，先生邀請夏丏尊先生主持開明編務，開明
> 出版方向逐漸明確以中等學校學生為主要服務對象。1930
> 年 1 月創辦《中學生》雜誌，次年葉聖陶先生離開商務到開
> 明主編《中學生》並擔任編輯。

開明書店的創始者章錫琛，是立達學會與文學研究會的成員，由同仁力量擴散出去，業務量也逐漸聚沙成塔，日有可觀。章士敦說明開明書店的整體成績是：

> 開明書店是我國解放前六大書店之一。雖然它從上世紀 20
> 年代中期成立直到 50 年代初同青年出版社合併成立中國青
> 年出版社，只不過 27 年歷史，出版一千五百多種圖書百餘
> 種教科書和十多種期刊。[29]

---

[28] 章士敦：〈章錫琛先生傳略〉，宋應離、袁喜生、劉小敏合編：《二〇世紀中國著名編輯出版家研究資料匯輯》第二集，（開封：河南大學出版社，2005年 9 月），頁 467-468。

[29] 章士敦：〈章錫琛與開明書店〉，同前註，頁 474-475。

在中國現代出版史上，開明書店的出版經驗關係著新文學發展、傳播學史、教育學、知識分子的貢獻等等，洵為繼商務印書館、中華書局後，值得探討重視的書店。

　　觀察豐子愷 1930 年以前的投稿刊物，如前述集中在商務印書館的《小說月報》，但是開明書店創辦《中學生》雜誌後，豐子愷馬上改投稿《中學生》，支持開明書店的態度可謂不遺餘力。支持書店的同時，也是支持亦師亦友的夏丏尊；豐子愷投稿的這兩家書店相關刊物，也早就是夏丏尊投稿的對象。在文學界的起步階段，豐子愷還是一意地追隨夏丏尊的履痕。

　　前述豐子愷在《小說月報》刊出稿件時，正是商務印書館「小說月報社」，由鄭振鐸擔任主任、編輯的時間。筆者細察鄭振鐸的行蹤，「1927 年 5 月，鄭振鐸去歐洲遊歷，葉聖陶擔任主編……等到 1929 年上半年，鄭振鐸從歐洲回來」[30]，所以在後來出版的《緣緣堂隨筆》中，刊登在《小說月報》的文章，可能只有最後一篇〈秋〉是由鄭振鐸審閱，其餘應歸諸葉聖陶。

　　知識分子、文人在近代以前，可以憑藉學術專業來生存；到了清末民初，由於政治變動，以學術進入仕途不復暢通，正逢出版業勃興，學者文人可以投入擔任出版者、編輯或是出版對象。論者多謂章錫琛與夏丏尊、豐子愷創辦開明書店，但仔細查考，並沒有這樣的記載。根據錢歌川的記憶[31]，在 1923 年由上海黃涵秋牽線認

[30] 宋應離、袁喜生、劉小敏合編：《二〇世紀中國著名編輯出版家研究資料匯輯》第二集，頁 146。
[31] 參錢歌川：〈追憶豐子愷〉，《錢歌川文集》第 3 卷（瀋陽：遼寧大學出版社，1988 年 2 月），頁 1016。

識豐子愷，與朱光潛等人飯局聊天，被任編輯的豐子愷邀請加入籌備中的開明書店，所以並不代表豐子愷是開明書店的創辦者。再來章士敹也提到開明書店創設的情形：

> 書店雖然開了張，可是朋友們都是些窮知識分子，認了股卻拿不出錢來。章錫琛全家的生活費和印書刊的費用只好都用他離開商務時所得不多的退俸金支付……1928年開明書店第一次招股5萬元，改組為股份有限公司，股東絕大部分是文化人，他們把自己從開明得到的稿費積攢起來，支持這一新生事業。[32]

開明書店改組為股份有限公司，豐子愷應該是此時入股成股東，其他股東還有胡愈之、鄭振鐸、孫伏園、夏丏尊、匡互生、劉薰宇、劉叔琴、方光燾、朱光潛、葉聖陶、朱自清、王統照、許地山、沈雁冰、冰心、趙景深、徐調孚等人。[33]

二、出版業的生產結構

豐子愷首次投稿，是商務印書館發行的《少年雜誌》。現有的資料裡，沒有豐子愷對自己初試啼聲寫作的看法。筆者根據費孝通〈憶《少年》祝商務壽〉一文[34]，試著推測豐子愷當時的投稿心態：

---

[32] 宋應離、袁喜生、劉小敏合編：《二〇世紀中國著名編輯出版家研究資料匯輯》第二集，頁477。

[33] 王知伊：《開明書店紀事》（太原：山西人民出版社，1991年9月），頁1。

[34] 費孝通：〈憶《少年》祝商務壽〉，《商務印書館九十年》（上海：商務印書館，1987年1月），頁375-376。

我還在初中讀書時⋯⋯我就成了這個雜誌的愛讀者。每
期都要從頭讀到底。讀了幾期之後，就開始投稿，把聽到
的故事寫下來寄給少年雜誌。⋯⋯當時我是收到報酬
的，是書券，可以憑券向商務印書館買書。這似乎不能
說是有力的物質刺激，只是一種獎勵。要問動機，也許是
出於兒童或少年的創作欲，要求有所表現，這種行為取得
了結果，可以給人以安慰和滿足。日久也就養成了習慣和
愛好。這種心理活動裡外界的積極反應是必要的。《少年雜
誌》提供的誘導和鼓勵，是養成我這種習慣和愛好的重要
因素。

對寫作者來說，第一次看到草稿印成鉛字，心中激動難以言
宣，雖然僅有書券（圖書禮券）作為獎勵，但已足夠激發青澀少年
的筆耕動力。費孝通年紀小於豐子愷，面對當時的環境應該相距不
遠，豐子愷應該也有相似的心態表現。

不過，就出版者的立場言，學生雜誌的刊稿，背後有一套商業
機制在運作。據茅盾親身接觸商務印書館，《少年雜誌》與《學生
雜誌》的編輯朱元善告訴他：

朱元善說，不管他真是學生寫的，還是教師改的，只要做得
好，我們就錄取；一則登了出來，學校當局、教師、學生，
都覺得光彩，就會逢人夸耀，這就成了我們這個雜誌的義務
推銷員；二則，學生來稿錄取了，不付現金報酬，只送書券，
臨時填寫價目，從二元至十元不等，用這書券可買商務出版

　　的書，這又為商務的書籍推廣了銷路。這些很精明的辦法，
　　都是朱元善「發明」的。[35]

兩相對照，寫稿者與出版者兩方不同心理可以作一比較瞭解。

　　出版市場取向不同，各個出版社都會嚴選書籍，藉以維持出版路線與品質。豐子愷最早的四篇寓言，很難引人注意，真正讓人眼睛一亮的是 1924 年 7 月，朱自清、俞平伯合編《我們的七月》雜誌，豐子愷不但繪製封面，並且第一幅公開發表的漫畫〈人散後，一鉤新月天如水〉，引起《文學周報》主編鄭振鐸的高度注意。鄭振鐸是出名、挖掘寫作能手的編輯，茅盾曾說：「當時我不但不認識他，並且不知道有這樣一位搞文學而活動能力又很大的人」[36]，說明鄭振鐸欲成立「文學研究會」的企圖心很強。1925 年 5 月起，豐子愷便常以漫畫登上《文學周報》，11 月鄭振鐸《子愷漫畫‧序》在《文學周報》刊出，12 月「文學周報社」出版《子愷漫畫》，這是豐子愷漫畫廣為人矚目的處女作。

　　《文學周報》於 1921 年創刊，本來是「文學周報社」出版，後來一個月內又改由開明書店接手出版（仍標明為「文學周報叢書」），由此點就不難看出「文學周報社」與章錫琛關係深厚之處，也可以解釋陳星的公案：

　　　　為什麼《子愷漫畫》會在開明書店成立之前的半年多就以該
　　　　書店的名義出版了呢？此問題目前還沒有確鑿的證據說

---

[35] 茅盾：〈商務印書館編譯所和革新《小說月報》的前後〉，《商務印書館九十年》（北京：商務印書館，1987 年 1 月），頁 162。

[36] 同前註，頁 191。

明，只能認為開明書店在籌備階段就已經在出書了。……由於「另起爐灶」的原因，文學周報社的版本實際上很少流入書市，甚至可能沒有廣泛發行。[37]

《文學周報》208 期曾刊出一則廣告：

> 子愷漫畫已經出版。但為印刷裝訂所誤，致形式不得精美。現經同仁議定，以為子愷君這樣純美的作品，卻給她穿了一件不很像樣的外衣，這就對不起藝術，應該重印才對。印刷局方面也表同意，所以要另起爐灶了。[38]

對一個出版社來說，重印作品是代表品質未達水準，因為要對讀者負責，所作的不得不然決定。一方面對商譽有所降低，一方面又有消極的提振效果。《文學周報》說：「形式不得精美」、「給她穿了一件不很像樣的外衣」，推測是裝幀裝訂出了問題，變得不精美。鄭振鐸雖然取得豐子愷所有的漫畫，但是葉聖陶在旁邊一直參與了整個拜訪、欣賞過程，後來鄭振鐸太忙碌，遂將《文學周報》交給葉聖陶來負責。[39]所以面對這棘手情況的應該是葉聖陶，或許是葉聖陶請章錫琛接手印刷。

---

[37] 陳星指出很重要的問題：為何開明書店在籌備階段就承印《文學周報》的案子？這對一般的出版界來說並不常見。陳星：《豐子愷漫畫研究》（杭州：西泠印社，2004 年 3 月），頁 31。

[38] 《文學周報》1926 年 1 月 17 日 208 期刊出。

[39] 陳福康：「至 1923 年底，因為工作太忙，他在 102 期上發表《鄭振鐸特別啟事》，將主編責任轉交葉聖陶。」〈鄭振鐸編輯的報刊〉，宋應離、袁喜生、劉小敏合編：《二○世紀中國著名編輯出版家研究資料匯輯》第四集，（開封：河南大學出版社，2005 年 9 月），頁 571。

　　章錫琛 1925 年 8 月離開商務印書館後，便於 1926 年 1 月自創了《新女性》月刊，銷路口碑甚佳，可見他對印刷出版業務駕輕就熟，胡愈之、鄭振鐸等友人此時一直鼓吹他成立開明書店（孫伏園定名）。章錫琛回應好友的建議，他說：

> 我們起初計劃開書店的時候，本來只想集兩千塊的資本，專印朋友裡面比較好一點的書，對於排印、紙張、裝訂等，都竭力考究精緻，希望一方面可以維持自己生活，一方面可以有一點興趣，同時並且可以使讀者不致失望。[40]

章錫琛馬上接手承印《子愷漫畫》。據章士敟說：

> 豐子愷的第一本漫畫集《子愷漫畫》是開明早期出版物之一。他的漫畫饒有情趣，別具風格，章錫琛決定幫他出版，而且要求印得精美，開始用普通的紙張印，總覺得不夠理想，於是堅決把已印好的書頁全部報廢，換了好紙重印。這樣做雖然使書店受了損失，但豐子愷的漫畫從此聞名，他和章錫琛的友誼也由此更進一步。以後豐子愷不但為開明設計封面，繪製插圖，使開明的圖書面目一新，而且他的散文和其他美術、音樂等著作，也都交由開明出版。[41]

豐子愷對書籍裝幀的要求很高，十分滿意重印的結果，他由此一過程認識到章錫琛的出版理念：

40　章錫琛：〈從商人到商人〉，宋應離、袁喜生、劉小敏合編：《二〇世紀中國著名編輯出版家研究資料匯輯》第二集，頁 464。

41　章錫琛：〈從商人到商人〉，宋應離、袁喜生、劉小敏合編：《二〇世紀中國著名編輯出版家研究資料匯輯》第二集，頁 478-479。

　　出版物是精神食糧，負有傳播知識，教育群眾的使命，內
　　容應是健康的，對讀者和社會應是有益的；同時，出版物
　　作為一種商品，應該物美價廉，既要質量精美，在排印、
　　裝幀各方面盡可能達到高水平，又要照顧到讀者的承受能
　　力。[42]

這是豐子愷與章錫琛雙贏的結果：豐子愷贏得漫畫界一炮而紅的榮
譽，進而帶動他在散文寫作的名氣，將《緣緣堂隨筆》也交由開明
書店出版。章錫琛則奠下商譽，銷路擴大，資本增加。1926 年 8
月開明書店正式成立，夏丏尊、豐子愷任編輯一職。葉聖陶回憶：

　　1930 年初，開明書店創辦《中學生》雜誌，到了年底，夏
　　丏尊先生和章錫琛先生要我去幫忙，我就離開了商務。[43]

豐子愷身為開明書店的股東、編輯、裝幀設計、繪製插畫等工作，
其後將隨筆發表在開明書店的《中學生》、《一般》上也是很自然的
事了。身兼開明的編輯，也需作個活廣告，來推銷書籍，促進銷售
量。在 1928 年 7 月《開明》宣傳小冊子：

　　如果那位先生或太太嫌你的小孩子在家裡胡鬧，我們介紹你
　　買一本《木偶奇遇記》給他。他看了這本書，就不會再吵了。
　　你不信嗎？我們來報告你一件新聞：豐子愷先生曾把這本書
　　的故事講給他的三個小孩子聽，他們聽得出神了，連飯都不

---

[42] 同前註，頁 478。
[43] 葉聖陶：〈我和商務印書館〉，同註 34，頁 300。

要吃，肚子餓都忘了。難道這是我們編造出來的嗎？你們有
機會去問問豐先生看。[44]

這是徐調孚寫的廣告，取豐子愷作賣點，文辭趣味橫生，足見豐子
愷憑《子愷漫畫》及單篇散文在當時已經有相當知名度。

開明書店從小而大，成為具有影響力、穩定的私人組織，規模
雖不是最大，但是旗下網羅聲譽著稱的名作家，對文壇有舉足輕重
的影響力。它的生產結構具有穩定性與新風格的創造性。《聞一多
全集》、《朱自清全集》、巴金、茅盾作品等都發揮了相當大的影響
力。它的穩定性最大一部分靠教科書市場。《木偶奇遇記》、《愛的
世界》是小學輔助教材，豐子愷編《音樂入門》[45]、《中文名歌五
十曲》等是中學音樂課本。最暢銷的當屬林語堂編的《英文讀本》、
另外還包括《國語課本》、《開明活頁文選》、《中學生》雜誌等。當
一般學校還沒有現代的音樂課本時，豐子愷著手編選弘一法師的歌
曲成《中文名歌五十曲》[46]，他說：

現在中國還沒有為少男少女們備一冊較好的唱歌書……我
們自己的心靈曾被滋潤過，所以至今還時時因了諷詠而受到
深遠的憧憬的啟示。

---

[44] 王知伊：《開明書店紀事》，頁 4。

[45] 豐子愷有關音樂入門的書，文字淺顯易懂，舉例生動有趣。據大陸當代音
樂家賀元元說：「有關音樂入門的書籍又給予我們藝術啟蒙的養分」，見豐
子愷著：《豐子愷音樂講堂》（台北：三言社，2005 年 11 月）。記憶中據臺
灣大學音樂學研究所沈冬教授告知筆者：「臺灣作曲家前輩黃友棣曾言自己
因讀豐子愷的音樂教科書，才會走上音樂之路。」

[46] 秦啟明編：《弘一大師李叔同音樂集》（台北：慧炬出版社，1991 年 12 月），
頁 108。

推出之後，廣為學校採用。至於《開明國語課本》據豐一吟〈豐子愷與開明書店〉說[47]：

> 我在老家緣緣堂……那時家裡有一套小學國語課本，圖文並茂。文字是手寫的楷體，字很大。……文字通俗而又意味深長。每頁都配有相應的插圖。我聽姐姐說，這是葉聖陶先生編的文字，由父親手書並加插圖。這也是開明書店出版的，時間大約在三十年代。

關於豐子愷與葉聖陶對教科書的貢獻，徐根榮〈表現何培育兒童的探索精神〉說得好[48]：

> 圖畫與文字融為一體，相得益彰，使教材錦上添花。一個是大作家，一個是大畫家，他們能為小學教材傾注這麼大的精力，這在中外教材編寫史上不說絕無僅有，也恐怕是很少見的。

圖文搭配得宜的課本，能激發初年級兒童的閱讀興味，自 1932 年出版後印行四十多版，可見普及的程度。由此得知，開明書店章錫琛與豐子愷的市場敏感度實不讓商務、中華專美於前。

開明書店大家庭式的溫馨相處，也成了豐子愷與開明書店的關係，如同風箏的線頭，倚靠一生不斷。最明顯的例子是，豐子愷抗戰「藝術的逃難」，無論是對外聯繫或租屋借住上，得到開明書店各地分店（抗戰前，開明共八家分店）很多的奧援。

---

[47] 桐鄉市豐子愷紀念館、桐鄉市豐子愷研究會編：《緣緣堂的故事》，頁 30。
[48] 葉聖陶編、豐子愷繪：《開明國語課本》上冊（上海：上海科學技術文獻出版社，2005 年 1 月），頁 6。

三、專業作家報酬與作家心態

　　豐子愷於 1919 年 7 月自學校畢業，此後雖投入教育界，但時間均不長，還是靠著天資聰穎與刻苦勤奮，走上藝術獨學之路。雖然與教師工作貌合神離，但是對出版業戮力從事。一則當然是經濟的因素；二則是他頗有經營的頭腦。豐子愷文藝著作得力於開明書店以高品質的態度出版，同時又雙管齊下，走上編寫教科書之路，不但出版社有穩定經濟來源，豐子愷也有穩當的收入。除此之外，設計繪圖工作也沒有間斷，這些都讓豐子愷逐漸走上「在家工作」這條路，得到相當自信與鼓勵。

　　開明書店的生產結構具有穩定性，因此在酬賞結構上，能給予作家合理穩定的報酬。豐子愷《緣緣堂隨筆》1931 年在開明書店出版，正逢對作家有利的情況出現：

> 在開明店初年，那時書業中剛開始推行對作者較為有利的版稅制稿酬辦法。開明即大力實施。據 1931 年統計，那一年開明版圖書中已有三分之二是以版稅制來計酬的。[49]

根據《百年冷暖：二〇世紀中國知識分子生活狀況》說：「開明書店一般給名家的版稅是初版抽 15%，再版抽 20%」[50]，豐子愷不但

---

[49] 王知伊：《開明書店紀事》，頁 2。又李明山：「30 年代的中國，著作權保護儘管比較廢弛，但還是實行了建章立制的保護。上海出版界在這一短暫的出版繁榮期間，文化作品有較多的出路」，《中國近代版權史》（開封：河南大學出版社，2003 年 5 月），頁 290。

[50] 馬嘶：《百年冷暖：二〇世紀中國知識分子生活狀況》（北京：北京圖書館出版社，2003 年 6 月），頁 140。

出版漫畫、散文集、譯著、教科書，還有繪圖等另外的工作，對已經成名的他來說，不但可以預支版稅，還可以取得較高報酬。就投稿來說，上海作家稿酬有四種等級：

> 第 4 等稿酬是每千字 1～2 元，這都是剛剛登上文壇的文學青年。第 3 等千字 2～3 元，這些都是小有名氣的作家。第 2 等是成名了的作家，千字 3～5 元。第 1 等作家每月收入可達 400 元或者更多。[51]

豐子愷應該至少是「小有名氣的作家」。但是教師的工作，除了在知名大學的知名教授外，收入其實並不多。就立達中學來說，「立達教師都是義務職」[52]，收入寒薄可以想像，於是四處趕場兼課成了家常便飯。夏丏尊也在離開白馬湖春暉中學時說過：

> 在現制度之下，教師生活真不是一件有趣味的事。同業某友近撰了一副聯句，叫做：命苦不如趁早死，家貧無奈做先生。憤激滑稽，令人同感。[53]

為什麼做教師會苦呢？夏丏尊〈你須知道自己〉說[54]：

> 在下也是中產階級出身，而且是一個做過二十年的中等學校教師的人。產是早已沒有了，依了自己的勞動，現在總算還

---

[51] 同前註，頁 128。

[52] 夏丏尊：〈白采〉，張堂錡編：《夏丏尊》（台北：三民書局，2006 年 5 月），頁 7。實則教師與職工取一樣的酬勞約二十元。

[53] 夏丏尊：〈無奈〉，同前註，頁 3。

[54] 同前註，頁 21。

> 著起長衫，在社會上支撐著中流人物的地位，可是對於兒女，卻無力令其盡受完全的中等教育……作了二十年中學教師卻無力使自己的兒女受中等教育，每想到「裁縫衣破無人補，木匠家裡沒凳坐」的俗語，自己也不禁要苦笑起來。

將中產階級家中經濟困難，崩潰與掙扎化為辛酸苦楚文字，苦中帶淚，令人鼻酸。

1922 年秋天到 1924 年冬天，豐子愷是在浙江上虞春暉中學教書，此外大多在上海。二〇年代，在上海地區的生活薪資水平是：

> 月薪 15 元……是兩口之家的普通市民生活消費線……社會各類高級、中級、低級與普通職員的月薪，大體在 200～400 元，50～100 元，10～50 元之間。如小學教師，市公職的 50 元左右，私立的 20～30 元。[55]

由二〇年代豐子愷開始投稿量大增的情形看來，經濟需求是主要原因。1922 年初，豐子愷身兼上海專科師範學校、吳淞中國公學教師；自浙江回上海創立達中學，在立達度過 1925 年到 1933 年，二十八歲到三十六歲的黃金時間。1926 年開明書店成立，豐子愷擔任編輯一職，《中學生》於 1930 年創刊，他擔任藝術編輯。這一段時間短暫兼任上海藝術師範大學教師、松江女子中學教師。作為主業的教師工作，並不能滿足家庭開支，因此版稅、編輯工作挹注了經濟收入。

---

55 王建輝：《文化的商務：王雲五專題研究》（北京：商務印書館，2000 年 7 月），頁 256。

　　豐子愷從 1930 年初因母親去世，屢致函大江書鋪汪馥泉借款；後守孝期滿，全家搬到嘉興楊柳灣，辭去一切教職，專事創作生涯，經濟即有好轉。1932 年遷居上海法租界，1933 年春天搬入石門灣「緣緣堂」（花費六千元），一直到 1937 年 11 月不得不開始逃難，躲避日寇炮火為止。自 1930 年到 1937 年，這段時間，生活較為安穩，得以專心寫作，實現自己作為專業作家的夢想。

　　豐子愷經過積密的思考後，才有這個決定。由於眼疾，不堪再到開明書店繼續擔任繪畫工作，潛心養病後，又有開明書店與夏丏尊作最大的支持[56]，在供稿處不虞匱乏後，走上專業作家之路是很順當的。好友調侃他：

> 你不用人間造孽錢，筆耕墨稼，自食其力。（〈沙坪的酒〉，《文學卷二》，頁 180）

讓豐子愷一笑。豐子愷最嚮往專業作家的「工作」，他不只一次陳述，例如〈沙坪小屋的鵝〉就說：

> 每日只是讀書作畫，飲酒閒談而已。我的時間全部是我自己的。這是我的性格的要求。（《文學卷二》、頁 165）

　　就一名專業藝文工作者，豐子愷同一題材不同的處理方式，正好一手為文、一手畫畫，就時間、經濟效益來說，確實頗有效，如〈白象及其五子〉、〈白象的遺孤〉。〈野外理髮處〉、〈三娘娘〉、〈看

---

[56] 〈悼丏師〉一文，敘述夏丏尊是自校到出校門後，自己人世的導師等。《文學卷二》，頁 158。

燈〉、〈鼓樂〉等篇，豐子愷敘述一邊尋找畫材，一邊紀錄所聞所見，這也是豐子愷兼擅二者才有的成績。

夏丏尊有〈致文學青年〉一文，直陳作為一名專業作家，古來未曾有過。現代雖然出現，但仍屬少數，他說[57]：

> 這種人一壁從事職業，或在學校教書，或入書店、報館為編輯人，一壁則鑽研文學，翻譯或寫作。他們時常發表，等到在文學方面因了稿費或版稅可以維持生活了，這纔辭去職業，來專門從事文學。舉例說吧，魯迅氏最初教書，後來一壁教書一壁在教育部做事，數年前才脫去其他職務，他的創作，大半在教書與做事時成就的。

當時的魯迅就是專業作家最成功的知名例子，像周作人、朱自清、胡適等都還是需要一邊在大學教書，一邊寫文章、出書維持生活。

當然，作為一個異於他人的在家工作者，豐子愷得承受一些蜚短流長。例如報紙刊載抗戰勝利後，變成是「三不先生」：不教書、不演講、不宴會。為此，豐子愷還得撰文辯護，解釋自己只承認是「一不先生」：不宴會，而不教書、不演講的原因是：

> 實在是為了流亡十年之後，身體不好，學殖荒蕪，不得已而如此。或有人以為我已發國難財或勝利財，看不起薪水，所以不屑教書，那更不然。我有子女七人，四人已經獨立，我的負擔較輕；而版稅畫潤所入，暫時足以維持簡樸的生活，

---

[57] 夏丏尊：〈致文學青年〉，《平屋雜文》（天津：百花文藝出版社，2005 年 5 月），頁 179。

不必再用薪水，所以暫不教書，這是真的。(〈宴會之苦〉,《文學卷二》,頁 204）

為了釋疑，作家還得為文曲折地解釋自家經濟狀況，可見當時在 1947 年豐子愷是特別引人另眼相看。豐子愷〈古稀之賀〉曾寫出解放前後的出版狀況，頗多憤慨之辭：

> 在解放前，出版事業大都是私營的。書店老闆剝削作者的勞動力，克扣稿費；他們大都不顧文化，唯利是圖。譯著者雖然有心從事富有文化價值的巨著的譯作，卻不容易獲得出版的機會。因此我壯年期的工作，只是些零星的短文和漫畫，談不上什麼成果。其次：更重要的原因是解放前作家生活沒有保障，全靠稿費糊口，因此不得不遷就書店老闆的需要，不能如意稱心地從事富有文化價值的工作。我回想解放前，對每種譯著工作，都不得不先計算一下稿費收入；有時還不得不和書店老闆討價還價，以防遭受剝削。但在解放後的今日，「稿費」兩字我幾乎已經忘記；我對每種譯著工作，只是考慮它的文化價值，全不想起它的物質報酬。因為我的生活早有終身的保障（我是受國家月俸的），絕不貪圖稿費；即使沒有稿費也不妨，何況付稿費的不是剝削圖利的書店老闆，而是公正賢明的國營出版社呢！因此最近十幾年來，我能夠專心一致地從事譯著和繪畫；能夠隨心所欲地表現我的思想感情。因此在短短的十幾年的老年期中，我的工作反而獲得了成果。(《文學卷二》,頁 494-495）

抗戰爆發後，全國國勢不穩，通貨膨脹、物價飛漲，生活艱辛可以想像。豐子愷讚揚解放後的作家保障，是可以理解的。〈「專業作家」在臺灣的可能性？──陳雨航座談〉文中說：

> 至於大陸的專業作家則很不同，他們可以不用上班，有國家給予固定的薪水。……他們可以從雜誌社賺取稿費，也可以一稿數投。……另外，作協的會員作家還能享有一些特權，例如在某些地方可以得到部長級的待遇。[58]

文中比較臺灣與大陸寫作環境的差異，直接影響專業作家的寫作成果。

四、讀者群

朱光潛曾經分析作者與讀者的關係，〈談報章文學〉說：

> 作者需要讀者，這是人情。文學的功用原來就在作者有所見，有所感，借語文的傳達，在讀者心中引起同見同感……真正偉大的作者，必須了解現實人生，因此他就必須接近民眾，就多對於人生起深刻的同情的了解，多吸收文學的生命力……作者的成就愈大，讀者的趣味也就愈提高；讀者的趣味愈提高，作者的成就也愈大。[59]

---

[58] 孫梓評、羅志強整理：〈「專業作家」在臺灣的可能性？──陳雨航座談〉，《明道文藝》第 313 期（2002 年 4 月），頁 137。

[59] 朱光潛：《朱光潛全集》第九卷（合肥：安徽教育出版社，1993 年 2 月），頁 352-353。

讀者反應直接而熱烈，顯示豐子愷普遍受歡迎的程度，如〈貪污的貓〉說：

> 就因為我在《自由談》上寫了那篇悼白象的文章，讀者以為我喜歡貓，便你一只、我一只地送來。（《文學卷二》、頁 249）

又如〈窮小孩的蹺蹺板〉、〈嫁給小提琴的少女〉等文皆是。豐子愷愛惜與讀者知音的相會之情，可以從〈會場感興〉看得出來：

> 他們都是我的讀者，他們都從我的文集畫冊中詳知我的生活，見過我的照片，知道我的家庭，以及我的兒女……每個人都是我的同志，我的好友，我的知音……因為經過精神生活（文與畫）的介紹，是根本上志趣投合的朋友。（《文學卷二》、頁 100-101）

善待讀者，引讀者為知音，是豐子愷的特色。令人更為佩服的是，他對於「讀者仿作」投稿的寬容態度。〈教師日記・四月二十五日（星期二）〉：「知次愷君乃一青年，受《護生畫集》感化而學吾畫者」（《文學卷三》，頁 133），署名次愷者連續投稿，引起文藝界相當的注意，然而豐子愷並不縈懷。

豐子愷還曾面對盜版一事，雖然憤慨，卻也無可奈何：

> 錢君匋寄來香港英商不列顛公司出版《戰地漫畫》，下署「豐子愷著」。內刊畫數十幅，皆吾抗戰後發表於各誌報者。此人擅自收集出版，吾全不得知。倘編選適當，則掠奪吾版稅而已，猶或可原。但此書編選，十分惡劣……故凡知我者，皆能一望

而知其假冒。受其愚者，恐只小孩及香港之外國人耳。本應追究，但在此時期，吾實無閒心情對付此種宵小，則姑置之。(〈教師日記‧六月十六日（星期五）〉，《文學卷三》，頁149)

以臺灣為例，現在在舊書攤中，猶可見豐子愷漫畫文集（不著撰人、出版社）在出售，這種盜版事例，屢見不鮮，確實令作者權益受損、出版商頭痛。

第三節　文人團體的互動

　　新文化運動讓文學界各種主張蠭起，各個文人團體成立，各種互動方式引人矚目。論戰有之，人身攻擊有之，政治力介入有之，不一而足的表達方法可說是令人眼花撩亂，其中共同點就是必須藉由傳播管道來發抒意見，文化傳播場域遂沸沸揚揚。如北京成立的「文學研究會」，文學觀念受自然主義與俄國現實主義的影響甚大，傳達「為人生而藝術」的文學主張。與其相對的是以郭沫若、郁達夫為主的「創造社」，傳達浪漫主義色彩的「為藝術而藝術」。又有周作人的「語絲社」、魯迅的雜文體。其餘諸如徐志摩、聞一多、梁實秋的「新月社」，深受西方思潮的影響。

　　仔細尋找豐子愷的身影，卻發覺非常隱微。豐子愷在文章裡，屢次傳達對言辭咄咄文人的敬而遠之的態度，也對某些流派（如：海派）的表現不以為然，但是他的態度，還是溫和、保持距離的。

到了解放後，豐子愷積極參與會議團體，與解放前自是判若兩人，這是整個時局文化風潮所致，豐子愷不是其中唯一的一位，許多文人知識分子皆如此，這些則不在我們討論的範圍。

一、文藝團體的影響

「文學研究會」在北京中央公園今雨軒成立，共二十一人與會，推舉鄭振鐸為書記幹事，文學研究會是新文學運動中最早成立的社團。

1925 年，「立達學會」成立，匡互生、夏丏尊、豐子愷為常務委員，會員有劉大白、朱光潛、陳望道、胡愈之、朱自清、方光燾、葉聖陶、鄭振鐸等人，豐子愷擔任立達學會出版的刊物《一般》的裝幀工作。

豐子愷對社會的活動，是採取不但離世卻又與世俗保持一定的距離。他幾乎沒有公開談論過文學社團的紀錄，諸如〈談百家爭鳴〉也僅是一筆帶過：

> 在解放前的混亂時代，我們的文化界是多樣而不統一的；在初解放的時期，我們的文化界是統一而不多樣的。（《文學卷二》，頁 423）

豐子愷的作品產量維持一定的出版速度，作品內容平易親切，題材也沒有腥羶色，很少引起評論界的爭議，基本上，他和文壇中心距離較遠，而且也沒有和大眾媒體打交道的紀錄。

明顯的例子是豐子愷雖然景仰魯迅，二〇年代與魯迅同住上海時，卻僅由自己學生陶元慶帶往相見，禮貌解釋譯書雷同的問題，亦

無結納之意。若說有爭議的話，也僅僅是某某讀者指摘古詩新畫的漫畫，古代人衣冠當如何如何等問題，爭議中既無路線主張之辯，也無黨派事務之爭，有一點局外人的味道。論者主張豐子愷的藝術理論是沿襲「文學研究會」中「為人生而藝術」的論述而來，但是仔細尋繹，豐子愷是主張調合兩者，並沒有為「文學研究會」大張旗鼓。

早期參加這兩個文學社團，對豐子愷最直接的影響是深化文友友誼的部分。

幫忙寫《子愷漫畫》序跋文章的有：鄭振鐸、夏丏尊、朱自清等人，對一個初步藝文界的新手來說，名家作序是富有宣傳、保證、推薦的效果，這樣的起步就遠比一般人幸運。而這些文人，當然也成為畫筆下的主角。[60]值得深究的是，豐子愷以漫畫揚名，卻幾乎很少與上海漫畫社團組織有往來紀錄。漫畫一門在中國繪畫中「是雕蟲小技，自來不登大雅之堂」[61]，自三〇年代起漫畫家們開始辦展覽，才突破報刊方寸之地、漫畫雜誌，將漫畫的領域擴展加深。這些漫畫界的活動裡，豐子愷似乎又是缺席狀態，幾乎與漫畫界無關。

二、白馬湖──豐子愷蓄勢待發處

1922 年初秋，豐子愷由夏丏尊介紹到浙江上虞白馬湖春暉中學教音樂、英文、圖畫。同事中有夏丏尊、匡互生、劉熏宇、朱光

---

[60] 例如描繪方光燾、劉心如等人，見朱自清：〈《子愷畫集·跋》〉，《豐子愷研究資料》（寧夏：寧夏人民出版社，1985 年 5 月），頁 255。
[61] 見葉淺予：《葉淺予自傳：細敘滄桑記流年》（北京：中國社會科學出版社，2006 年 2 月），頁 276。

潛等人。此時，教師幾乎都到寧波省立第四中學兼課。1924 年冬天，匡互生、夏丏尊、劉薰宇、豐子愷等人出走到上海籌設立達中學，實施愛的教育。

豐子愷對生命有豐富體驗，清靜之處，反而是清風明月、處處生機，充滿生命的鬧趣。人們為什麼會覺得繁華喧囂的歲月才適意？閒散的踱步反而給豐子愷某種明白。山光雲影中，他以白馬湖為對象，僅僅寫了〈山水間的生活〉一篇散文。

最早出現「白馬湖風格」的說法是楊牧〈中國近代散文〉[62]：

> 小品，周作人奠定其基礎。……周作人的小品上承晚明遺風，平淡中見其醇厚的一面……五十歲以上的作家如豐子愷，梁實秋，思果等人都屬於這一派：他的基本風格也見於莊因，顏元叔，亮軒，也斯、舒國治。夏丏尊（一八八六─一九四六）作品不多，但一篇「白馬湖之冬」樹立了白話記敘文的模範，清澈通明，樸實無華，不做作矯揉，也不諱言傷感，是為其特徵；朱自清承其遺緒，稱一代散文大家，其源出於上虞。郁達夫，俞平伯，方令孺，朱湘，徐訏，琦君，林海音，張拓蕪都可歸入這一派；除外，如林文月，叢甦，許達然，王孝廉等人的作品也多多少少流露出白馬湖風格。

照楊牧的說法是：夏丏尊、朱自清、郁達夫、俞平伯、方令孺、朱湘、徐訏、琦君、林海音、張拓蕪等人，俱是白馬湖風格的展現者，而這風格創造者雖是夏丏尊，但其實更可上推到周作人。

---

[62] 楊牧：《現代中國散文選 I・前言》（台北：洪範書店，1981 年 8 月），頁 5-6。

這一段的敘述有指點迷津、重點提示之用，對於白馬湖風格的欣賞有相當助益。

白馬湖風格是：清澈通明，樸實無華，不做作矯揉，也不諱言傷感。夏丏尊、朱自清奠基於上虞白馬湖的作品，為其中的代表。夏丏尊在白馬湖的文學活動是翻譯義大利亞米契斯的《愛的教育》一書，〈白馬湖之冬〉是後來才寫的。朱自清於 1924 年 3 月來到白馬湖，12 月第一本詩文集《蹤跡》由上海亞東圖書館出版，豐子愷繪製封面。出版後，1928 年朱自清《背影‧序》說「我不能做詩。我自己也有些覺得如此，便越發懶怠起來」，果然轉而耕耘散文園地。以作詩抒情之筆投向散文領域，創作許多膾炙人口的名篇，可以說得到很好的成績。專以描摹白馬湖之美的兩篇散文：〈春暉的一月〉、〈白馬湖〉（寫於離開後），傳達詩意的抒情。豐子愷在白馬湖，有〈山水間的生活〉一篇散文，其餘則是翻譯藝術理論文章與創作漫畫。

正由於因緣際會聚於此，才有夏丏尊鼓勵繼續作畫、朱自清編輯《我們的七月》刊登漫畫，繼而被鄭振鐸發現，將豐子愷漫畫帶往知名的《文學周報》露臉，畫名才得以迅速傳播。因此，從出版的角度省察豐子愷的位置：他身邊圍繞的不是老師就是文壇有名的作家，對他來說，敬謹、從容地相處，樸厚的個性在此一群體中並沒有被忽略。

派別的形成，通常不出風格的標榜、地域的特性，陳星《教改先鋒──白馬湖作家群‧引言》說明「白馬湖作家群」一詞：

> 所謂「白馬湖作家群」即是二十年代初在浙江省上虞縣白馬湖畔春暉中學任教、生活的以稟性溫厚樸實、仁慈善良的夏

> 丏尊為首的一群可愛的作家。這群作家如朱自清、豐子愷、
> 朱光潛（當然也包括夏丏尊）等固然都是文學研究會會員，
> 在散文史上亦屬周作人為代表的沖淡平和的一派，也或多或
> 少與寧波有關係，但他們卻有著獨特而鮮明的「個性」，即
> 在彼此間的友情中領取樂趣，在相互的藝術熏染中領取樂
> 趣；他們有相近的文學風格，更有共同的理想－張揚藝術、
> 提倡美育，在教育上做一些實際的工作。[63]

認為白馬湖作家群個性表現一致，且有相近的文學風格，並在教育
領域張皇藝術與提倡美育。

　　就社會學的概念來說，有所謂「信念結社」的說法。[64]白馬湖
作家初始的群聚行為，是因經亨頤設校，1922 年夏丏尊即邀豐子
愷來任教。1924 年夏丏尊任訓育主任，同年夏丏尊又如磁鐵般，
邀請朱光潛到校；1924 年經亨頤邀朱自清來校。當時，在春暉任
教的還有劉薰宇、王任叔、張同光等人。就信念集聚來說，這信念
就需要被教師們所認同。基本上，不被政治干擾治學是其一，純正
教育是其二。[65]當信念被破壞，則團體星散是可以預期的。豐子愷

---

[63] 陳星：《教改先鋒——白馬湖作家群》（台北：幼獅文化事業公司，1996 年
12 月），頁 4。

[64] 韋伯（Maximilian Weber）說：「信念結社（Gesinnungsverein），例如「理
性的」教派，假若其不計及情感上和情緒上的利益，完全只是為了服務一
件「事」（Sache）而存在（可以肯定的是，這種例子只有發生在相當純粹
的類型中）。」韋伯著，顧忠華譯：《社會學的基本概念》（Basic Concepts in
Sociology）（台北：遠流出版公司，1993 年 10 月），頁 74。

[65] 相關教育理念，據陳星〈白馬湖作家的教育、教學理念與實踐〉總結成四
點：「理想化的新村意識」、「德、智、體、美、群、勞六育並重」、「摯誠、

等人因黨歌、氈帽事件[66]，隨著匡互生、朱光潛離開春暉中學，周為群、劉薰宇、夏丏尊等人也先後離開。

若就社會關係來說，「持續一段時間讓同樣一群人來往，而且不是一開始便限定只在技術性的範圍之內結合，多少會出現共同體的連帶關係」[67]，出現在白馬湖的作家身上，程度很高的結合關係，是來自於用類似的語言作溝通工具（浙江話），促發了團體內所關心的事之溝通（教育與藝術），溝通即「導致彼此行為的相互指向時」[68]，新的結合體關係因此發展。對他們來說，並不排斥任何想加入者的參與，所以呈「開放」狀態，這是後來者（如朱自清）可以持續加入團體的原因。歷來的白馬湖作家群的研究，或者側重於地緣關係，或者重視文藝性格與教育理念，或者關注成員的組成人數，亦有類比為文學史上著名文學團體等等，不一而足，各擅勝場。筆者以為：這種結合體關係的發展，與成員間的溝通方式有很大的關係。以豐子愷為例，他的內斂人格在團體間的適應有某種困難[69]，可是經由他最喜愛的「飲酒閒談」的溝通方式，得到很大的舒

摯愛與『人格感化』」、「多樣活潑的教學手段」，同註60，頁154-174。

[66] 見豐一吟：《瀟灑風神‧我的父親豐子愷》（上海：華東師範大學，1998年10月），頁89。

[67] 陳星：《教改先鋒——白馬湖作家群》，頁75。

[68] 同前註，頁76。

[69] 內斂性的表現，許多與豐子愷共事或往來的友人都有程度不一的描述。如鄭振鐸初見豐子愷：「他的態度很謙恭，卻不會說什麼客套話，常常吶吶的，言若不能出諸口。我問他一句，他才樸質的答一句」（《子愷漫畫‧序》）。又如豐子愷的文章〈寄宿舍生活的回憶〉、〈宴會之苦〉多篇描述團體生活的困難，與言不由衷的痛苦。在〈教師日記‧五月三日（星期三）〉：「文藝方面之人，往往言語曲折，態度拘謹，或神經過敏，探求言外之言，觀察行外之行。若是初處，甚難暢敘。與之同桌吃飯，其苦不可名狀。」對文藝人士相處之難，頗引為苦。

展，成員間的文藝表現，也可以見出自我坦露的程度很高。朱光潛〈豐子愷的人品與畫品－為嘉定豐子愷畫展作〉：

> 那時候他和我都在上虞白馬湖春暉中學教書。他在湖邊蓋了
> 一座極簡單而亦極整潔的平屋。同事夏丏尊朱佩弦劉薰宇諸
> 人和我都和子愷是吃酒談天的朋友，常在一塊聚會。我們吃
> 酒如吃茶，慢斟細酌，不慌不鬧，各人到量盡為止，止則談
> 的談，笑的笑，靜聽的靜聽。酒後見真情，諸人各有勝概，
> 我最喜歡子愷那一副面紅耳熱，雍容恬靜，一團和氣的風
> 度。……酒後有時子愷高興起來了，就拈一張紙作幾筆漫
> 畫，畫後自己木刻，畫和刻都在片段中完成，我們傳看，心
> 中各自歡喜，也不多加評語。有時我們中間有人寫成一篇文
> 章，也是如此。[70]

回憶和豐子愷諸友人曾經共聚飲酒的場面。也被視為白馬湖作家群
一員的葉聖陶，回憶曾帶著賀昌群到重慶沙坪小屋找豐子愷，他在
1944 年 9 月 12 日的日記記錄著：

> 小徑泥濘，頗不易走。望見一小屋，一樹芭蕉，鴿箱懸於屋檐，
> 知此是矣。入門，子愷方偃臥看書，其子女見客至，皆歡然。
> 閒談之頃，陽光微露，晚晴之際訪舊，似別有情趣。傍晚飲酒，
> 子愷意興奮，斟酒甚勤。余聞子愷所藏留聲機片有一昆曲
> 片，……開機而共聽之。……自昆曲轉而談宗教，談藝術，談

---

[70] 朱光潛：《朱光潛全集》第 9 卷（合肥：安徽教育出版社，1993 年 2 月），
頁 153。

人生，意興颻舉，語各如泉，酒亦屢增。三人竟盡四瓶，子愷
有醉意矣。共謂如此良會不易得，一夕暢飲，如獲十年之聚首。
余知子愷有寂寞之感矣。（《文學卷一》，頁 2）

此時豐子愷四十七歲，距與葉聖陶於 1925 年相交已經十九年，飲
酒歡談成了回憶斷片的鑰匙。葉聖陶與豐子愷結識於春暉中學任教
時期，鄭振鐸偕葉聖陶、沈雁冰共同欣賞豐子愷漫畫，進而出版畫
集，後來又在開明書店成為同事。

　　從白馬湖文人群的相從，演變成豐子愷新書序跋的要角，鄭振
鐸、夏丏尊、朱自清等人登場為《子愷漫畫》介紹作者促銷新書。此
後，各人又為彼此新書作序或撰寫推介文字，文學活動往來熱絡，歸
納是由白馬湖畔涵蘊的友誼發展而來，這樣的交往也延伸到開明書店。

　　進一步觀察豐子愷在此時期，除了無心插柳的漫畫為文壇人士
推舉外，他的藝術教育的觀念植基於此時此地[71]，所以說這一時期
是豐子愷於文壇蓄勢待發的暖身期，在畫界嶄露頭角的發光期。

三、開明書店的書籍裝幀工作

　　據章士敳〈章錫琛先生傳略〉，文中指出開明書店是一所嚴謹
著稱的出版社，在章錫琛個人風格的薰染下，對錯字、排印、裝訂、

---

[71] 豐子愷藉由翻譯與寫作，吸收傳播其藝術觀念，重要的翻譯文章如〈使藝
術偉大的真的性質〉，發表在《東方雜誌》第二十卷第四期，可以延伸反省
現今中國藝術界的病根；又有〈藝術底創作與鑑賞〉，收入《藝術卷一》，
對藝術鑑賞的心理過程有細緻的分析。

校正原稿誤差等等，都非常注意。「開明人」之說不脛而走，〈章錫琛先生傳略〉說[72]：

> 樸質、篤實、孜孜不倦從事學問的研究，他們研究所得的點點滴滴，都貢獻給社會，替下一代青年開了先鋒。

所謂「開明人」就是樸質、篤實的出版人，「開明風」是開明人創造形塑的風格。葉聖陶在開明書店成立二十周年的時候，曾經賦詩一首：

> 書林張一軍，及今二十歲。欣茲初度辰，鑄金聯同輩。開明鳳有風，思不出其位。樸實而無華，求進弗欲銳。惟願文教敷，遑顧心力瘁。此風永發揚，厥績宜炳蔚。以是交勉焉，各致功一簀。堂堂開明人，俯仰兩無愧。

是一位開明人的真實寫照，由此引申出後來所謂「開明派文人」的說法。[73]

　　對出版社來說，印書首要營利。即使出版商是學術色彩濃厚的人也不例外，其他又如籌措資本、慎重選書與同業競爭等等，都繫於書店之成敗。章錫琛所以異於商務印書館的王雲五有濃厚資方色

---

[72] 宋應離、袁喜生、劉小敏合編：《二〇世紀中國著名編輯出版家研究資料匯輯》第二集，頁471。

[73] 張堂錡〈開明鳳有風──開明派文人的文化理念及其出版實踐〉述之甚詳：「所謂『開明派文人』，是指三、四〇年代以開明書店為中心，實際從事文化啟蒙、文學教育、藝術推廣之教材編寫、文藝創作的一批學者、作家和教師，主要核心人物有夏丏尊、葉聖陶、顧均正、趙景深、豐子愷、錢君匋、傅彬然、賈祖璋等人，其中又以夏、葉二氏為骨幹。這批文人多為思想開明，作風樸實，文化涵養深厚，教學經驗豐富，關懷社會現實，不務玄虛空談，但求點滴有成，兼具理想與務實的知識分子。」《中國現代文學季刊》第五期（2005年3月），頁64。

彩,首先是商請弟弟章錫珊佐助,成為一所家庭式溫馨風格的出版社。有志創業的章錫琛,還向美成印刷所租賃印刷機設備,減免購置的花費,也免除印刷機必需持續運作的龐大壓力。

　　購紙的成本佔出版總成本的比率是居高不下的,前述《文學周報》社印刷《子愷漫畫》失敗或緣於此。豐子愷的畫集能一炮而紅,也繫於章錫琛不計成本換好紙重印的緣故,因為利潤微薄,當時書商採用廉價紙質印書是一般的現象,但章錫琛肯如此做,也是因為開明一貫稟持的高品質要求。試看一例就能瞭解書籍裝幀的重要性。夏丏尊〈憶白采〉[74]:

> 白采……詩集,雖曾也在書肆店頭見到,可是一見了那慘綠色的封面和喪訃似的粗輪廓線,就使我不快,終於未曾取讀。

可見夏丏尊對書籍包裝極為重視。1923 年起,豐子愷就為夏丏尊繪製《愛的教育》在《東方雜誌》連載的插圖,1926 年《愛的教育》在開明書店出版時,豐子愷為其繪製封面,有濃縮名字「TK」在封面。《愛的教育》風行數十年,再版數十次,豐子愷清新的繪圖功不可沒。

　　豐子愷在開明書店的角色,既是股東也是出版對象與編輯,還有書籍裝幀的工作。據知名的裝幀大師錢君匋闡釋「書籍裝幀」的意義是:

> 這個名詞是外來語,含義包括一本書的從裡到外的各方面的設計,即書的字體、版式、扉頁、目次、插圖、襯頁、封面、

---

[74] 張堂錡編:《夏丏尊》,頁 7-8。

封底、書脊、紙張、印刷、裝訂，以及書的本身以外的附件，如書函、書箱之類等等。[75]

錢君匋特別強調書籍裝幀的重要性：

> 書籍裝幀絕不是什麼雕蟲小技。書籍裝幀不但要求形式美觀，而且要求能夠烘托和表達作品的思想內容。它給一部作品裝上了「擴音喇叭」，以形象、色彩等造型手段，向廣大讀者揭示作品內容的精髓，擴大了社會效果。優良的書籍裝幀，可以提高讀者的讀書興趣。[76]

書籍外觀的美感，是觸動讀者心靈的第一眼，很多時候，它關係著讀者是否願意邁入該書的第一步。早期的開明書店書籍，就是交由豐子愷與錢君匋處理。王知伊說：

> 因著重注意封面裝幀和圖書內容的和諧統一，所以新穎美觀，極受好評，以後開明在這方面儘量維護了這一好的傳統。[77]

豐子愷的圖書設計隨著開明書店店務擴大，變得時人皆知。1928年，林語堂就曾請托章錫琛，特別邀請豐子愷為《開明英文讀本》繪圖，開明書店出版後，全國初中學生人手一冊，一舉打破周越然編、商務出版的《英語模範讀本》壟斷的局面，成為全國最暢銷的中學英文教科書。林太乙《林語堂傳》回憶[78]：

---

[75] 錢君匋：〈錢君匋談藝錄〉，章桂征主編：《中國當代裝幀藝術文集》（長春：吉林美術出版社，1998年10月），頁15。

[76] 同前註。

[77] 同註33，頁104。

[78] 林太乙：《林語堂傳》（台北：聯經出版公司，1989年11月），頁77。

由於《開明英文讀本》的成功，語堂有「版稅大王」之稱。
能靠寫作收入，舒舒服服生活的文人，實在沒有幾個。

由此可知豐子愷的知名度也水漲船高。豐子愷設計的封面風格，據
錢君匋說：

豐子愷的封面設計，和他所作的漫畫相結合，充滿了詩情，
有幽默感，另外走了一條路，也是非常傑出的。

莫志恒〈一個老裝幀藝術家的回憶〉指出早期開明書店的書籍裝幀
地位：

上海市是當年全國的出版中心，照相製版術由日本傳入已經
多年，製版方便，印刷又精良，所以出版物的藝術性、外形
美是全國之冠。出版業中出書最美的是開明書店、生活書
店、北新書店和上海雜誌公司等等。商務印書館和中華書局
的出版物的裝潢，比較保守。[79]

所以，豐子愷對開明書店書籍裝幀有相當的貢獻，也因為他對書店
另一位美術編輯，也是他的學生－錢君匋的一席話，讓錢君匋痛下
決心：

如果沒有一定的學識，愛好的藝術形式太多，會什麼都弄不
好。你家境貧苦，讀書時跳了幾級，底子差，要迎頭趕上。[80]

---

[79] 章桂征主編：《中國當代裝幀藝術文集》，頁 27。

[80] 柯文輝：〈我所認識的錢君匋〉，同註 39，頁 148-149。

從此錢君匋發憤讀書，多年後打下了很好的基礎，成為現代著名的書籍裝幀大師、篆刻大師、文物鑒賞家。以上可知，豐子愷對中國現代書籍裝幀藝術，有深遠的影響力。

小結

　　本章以出版為中心，探討豐子愷的成名因素。第一節新文化運動中，豐子愷剛剛於 1919 年自浙一師畢業，在學期間未受正面衝擊。但是由於夏丏尊於 1916 年開始擔任豐子愷的國文教師，遂將「不准講空話」、「老實寫」的觀念灌輸給學生，讓豐子愷好似長夢猛醒，對古代陳腐思想也有反省的態度。他聽從夏丏尊的話，多方投稿的成績斐然，成為著名的散文家。在漫畫界，豐子愷以「詩意漫畫」異軍突起，開創抒情漫畫路向，獲得廣大讀者的喜愛。

　　第二節分成「出版事業的興盛」、「出版業的生產結構」、「專業作家的報酬與作家心態」、「讀者群」四點，來說明新文化運動後，出版市場欣欣向榮，達到傳播新知識，鼓吹新風潮的作用。豐子愷擅長的隨筆，在出版的刊物中是流行的體式；他投稿的刊物如《小說月報》是當時夙有口碑的刊物，這些作品是步入文藝界的先聲。真正讓豐子愷普遍為人所知、留下深刻印象的是《文學周報》持續刊載漫畫，後來在 1925 年底出版《子愷漫畫》，旋即委託未真正成立的開明書店重新印刷，章錫琛秉持品質嚴格的要求，印刷精美，在市場推出後，使豐子愷因漫畫集成名。成名後，

由於政經情勢不穩，家庭人口眾多，經濟的需求迫使作家得另闢途徑增加收入，豐子愷也因開明書店成立，開始在開明書店的《中學生》、《一般》投稿，同時擔任編輯一職，為書店出版音樂美術的教科書與《緣緣堂隨筆》。生活較穩定後，他在 1930 年到 1937 年間，成了專業作家。

第三節論述新文化運動影響所及，許多社團、文學流派成立，豐子愷雖然列名其中，但是他一直保持距離，甚至上海漫畫界他也是絕跡的狀態。由於夏丏尊的提攜與引介，豐子愷來到白馬湖春暉中學教書，與朱自清成為同事，再結識鄭振鐸，促成《子愷漫畫》的出版。這些文壇已有名聲的文人紛紛為漫畫寫序跋文字，推介豐子愷的新書，彼此往來交流十分熱絡。豐子愷在白馬湖，除了漫畫外，也蓄積藝術理論寫作的能量，作為下一個階段─文壇的綻放光芒做準備。另外補充豐子愷在開明書店的重要貢獻─書籍裝幀工作，是豐子愷藝術才華發揮的又一例證，對中國現代的裝幀藝術，有深遠的影響。

第三章　豐子愷的文學觀、藝術觀的形成與融匯

　　豐子愷是中國現代散文發展初期即廣受人們喜愛的作家，其散文寫作時間橫亙 1914 年至 1972 年，近六十年寫作不輟。然而豐子愷散文的創作觀念，卻星散於其論藝術的文字當中，偶有論述者取之，卻未見集中的整理，殊為可惜。本章首先試圖整理鉤稽其關於文學的看法，觀察他雖然重視散文創作，然卻甚少論及散文創作的相關概念。因此，只有從談論藝術為主的文章裡，抽取出相關說明，使其文學觀顯現較清晰的輪廓。

　　豐子愷的藝術評論作品相當豐富，論述藝術技巧、作法的著作也頗多，可說卓成體系。藝術觀是作者對一種藝術形式的整體看法，包括作者對藝術的涵義、藝術功能與價值，藝術的創作方法等。豐子愷橫跨繪畫、文學範疇的創作形式，當兩者合觀並置，呈現其觀念整合、交集的部分，正有助我們對豐子愷的繪畫、文學進一步的理解。以下第一節先敘述其創作觀的部分，第二節概括其藝術觀念為「反映論」，第三節接著再綜合說明豐子愷「文學即藝術」的觀念，來說明其作品充滿文學藝術觀念交錯、創作手法得以左右逢源的特色。本論文並非藝術專論，

故不會蒐求其所有藝術觀念，只期突顯重要的，特別是與文學相關的部分。

第一節　創作觀

　　所謂藝術，向有廣義狹義之分，曾對藝術研究下過十五年工夫，托爾斯泰在著名的《藝術論》說：「真藝術裡如詩、戲劇、畫、歌、和聲樂」[1]，豐子愷區分藝術的種類共有十二種：「1 繪畫，2 書法，3 金石，4 雕塑，5 建築，6 工藝，7 照相，8 音樂，9 文學，10 演劇，11 舞蹈，12 電影」（〈藝術的種類〉，《藝術卷四》，頁 81），而文學也屬藝術的範疇。豐子愷創作散文，有隨興而寫的一個特點，他用作品展示情感與心靈的世界，卻幾乎未曾專門述說：他認為散文寫作的要點是什麼、對他來說又有什麼特別的意義。幸好豐子愷另著有龐大的藝術理論，我們仍然可以透過《繪畫與文學》一書（收入《藝術卷二》，頁 453-514），或是其他篇章的蛛絲馬跡，細心體察瞭解。所以在創作觀的部分，所敘述的份量很難超過藝術觀，這是應該首先說明的，如此一來，也更顯得文學觀部分的可貴。

　　創作觀是作者對於創作的原則與看法，古往今來，每一位寫作者都有千彙萬狀的創作觀念，它並非是一絕對的觀念，也沒有放諸四海皆準的原則。白先勇說：「感情人人都有，人的感情也是相通

---

[1]　托爾斯泰（Leo Tolstoy）著，耿濟之譯：《藝術論》（Chto takoye iskusstvo）（台北：遠流出版公司，1989 年 1 月），頁 177。

的，就看你如何表現。題材嘛，從古到今，實在很有限，生老病死，戰爭愛情，八個字，講人事嘛，太陽底下無新事」[2]，如何從平常翻出新意，運用不同的技巧來表達文章，端看每人的腕底功力。隨著每位作家創作歷程的不同，天生稟賦、觀察力、表達能力的殊異，也各自形成不同的寫作觀念。基於此，瞭解作家的寫作觀念，應當有助於理解作家的作品。

豐子愷藝術創作的承軸，主要來自傳統文化的薰陶、知識的充實與生活的歷練。他認為藝術應該反映人生，散文的創作也是探索人生為核心的思想底蘊。以下即為豐子愷的對文學內容的理念、目的的追求，對文學創作的動機說明，實際寫作過程、表達方式的把握。

一、創作內容

豐子愷認為文章的內容應反映生活，生活的涵蓋面很廣闊，可以說是無所不包。散文作者不避諱書寫自我生活體驗，散文文類也最適宜描繪生活的片段。這些生活面的抒懷，容易引發讀者共鳴，產生移情作用。豐子愷說：

> 自然人生的一切，皆可為文學的內容。故在一件作品中含有
> 最廣泛最複雜內容的，只有文學。如小說戲曲等便是。短形
> 的詩歌，寫生文，也有以自然為內容的。但最大的詩文，大
> 都以人生為主要的內容，而以自然為附屬的內容。（〈藝術的
> 內容〉，《藝術卷四》，頁 100）

---

[2] 胡菊人：《小說技巧》（台北：遠景出版社，1978 年 7 月），頁 185。

此處，「人生」與「自然」是構成這個世界的全部內容，從中又區
分主要與次要部分：「最大的詩文，大都以人生為主要的內容，而
以自然為附屬的內容」。「人生」則是「可分為個人，家庭，和社會」
（〈藝術的內容〉，《藝術卷四》，頁 97），即以社會、人性的關係加
以描寫。至於「自然」所指的是什麼呢？他說：

> 藝術的題材，不外自然，人生，及超自然三種。藝術是表現
> 美的，故藝術的題材，可說是自然美，人生美，及超自然美。
> 自然分植物，動物，礦物三類。（〈藝術的內容〉，《藝術卷四》，
> 頁 96）

「自然」除指客觀外在的大自然界的描繪外，作家也藉著自然之
景，作為摹畫人物生活的背景，成為比喻襯託情感與思想的工具。
對作家來說，還深受土地環境與時代風氣影響：

> 一個人生在一個地方，一定受這地方環境的影響；一個人生
> 在一個時代，也一定受這時代思想的影響。（〈藝術的性狀〉，
> 《藝術卷四》，頁 90）

綜合以上看來，豐子愷還是重視文學的內容脫離不了生活的經歷與
感受，應該去挖掘人生豐富的無盡藏與世界深邃的意義。

豐子愷非常重視作品中灌注的思想感情。所以他又說：

> 我希望畫中含有意義──人生情味或社會問題。我希望一幅
> 畫可以看看，又可以想想。（〈作畫好比寫文章〉，《藝術卷
> 二》，頁 497-498）

此處雖然自作畫處來談，但是可以概括豐氏的藝術創作內容旨趣，強調「人生情味」與「社會問題」，使讀者明其意並同鳴共感。從關懷人生面來立意，自然言之有物，杜牧〈答莊充書〉中也說：「凡為文，以意為主，氣為輔，以辭采章句為之兵衛。……苟意不先立，止以文采辭句繞前捧後，是言愈多而理愈亂」[3]，立意的重要性可見一斑。

現代散文發展初期，使用白話文寫作是基本的要求。豐子愷說：

> 我一向主張白話文，惟寫信時仍舊用文言，常常覺得不該，而始終不改，請從今改。……你原是新文學時代的青年，……我希望你更加用功文學，而用功的必須是白話文學，（古書當然要多讀，但須拿研究的態度去讀，不可死板模仿古人，開倒車。）白話文學注重內容思想，不重字面裝飾。（反之，文言往往內容空虛，而字句琳瑯華麗。）這才真是有骨子的文章。（〈致夏宗禹信〉，《文學卷三》，頁 395）

豐子愷的這段話勉勵夏宗禹用功於白話文學，並以為白話文學「注重內容思想，不重字面裝飾」是「有骨子的文章」，而「文言往往內容空虛，而字句琳瑯華麗」。這裡固然指出豐氏重視內容情感的表現甚於字句裝飾華麗的文章，但是對於白話與文言對內容形式判然二分說明，不免失之於粗略。而對於文字的自我要求是「不重字面裝飾」，接近樸素簡單的語言狀態，而以研究態度來讀文言文，

---

[3] 見杜牧：《樊川文集》卷十三〈答莊充書〉，收《四部叢刊初編集部》（上海：上海商務印書館縮印），頁 112-113。

是對傳統文化採兼容並蓄的態度。在白話散文創作的初期，大部分的作家也是深富古典學養，鍛鍊文字的表達力。

《教師日記》收錄豐子愷 1938 年 10 月 24 日到 1939 年 6 月 24 日的日記（中間偶爾中斷）。[4]開始教授桂林師範國文課，使用規定的師範國文讀本（中華版），第二篇就是豐子愷的文章－〈我的苦學經驗〉，朗讀使學生熟悉浙江口音的普通話。接著又陸續實驗：廚川白村小品文（魯迅譯，推測應為 1924 年出版的《苦悶的象徵》）、標點符號用法、選讀《孟子》、白居易詩十二首、詞二十首、作文。

由於批改國文卷，使豐子愷掌握學生的錯誤根源，便與約定「作文暫不能用文言、直到文法通順為止」、「作文需朗誦一遍，寫到朋友聽得懂」、「標點不能亂用」等。綜合以上，豐子愷認為：「中國文化遺產若山陵」（〈一月十七日〉），在教學中應有相當份量。他強調白話文學的重要性，〈致夏宗禹〉信中說過文言文的弊端，但這弊端得先除去，否則很難突破陳陳相因的舊習：

> 新文化一次輸入因襲舊惡的社會裡，彷彿注些花露水在糞裡，氣味更難當。（《文學卷三》，頁 395）

豐子愷剖析不能夠閉門造車，才能進步。以上可見豐子愷強調白話文寫作的重要性。

4　筆者以為，豐子愷向無寫日記的習慣，突然寫起日記，應有發表之意，似乎預計將來出版，因此，日記恐非完全自然。但其中日常記錄、友人往還、家居上課之事，仍是貼近作家的參考資訊。

二、創作方法

豐子愷的文學創作十分豐富，他自述創作的動機是：

> 文學創作是盲進的，不期然而然的。……我只是愛這麼寫就這
> 麼寫而已。(〈讀《緣緣堂隨筆》〉讀後感，《文學卷二》，頁 107)

又說：

> 我一向喜歡自動，興到落筆，毫無外力強迫，為作畫而作畫，
> 這才是藝術品。(〈藝術的逃難〉，《文學卷二》，頁 173)

以上所說符合他愛好自然且痛恨外界束縛的性情是一致的。

在實際的寫作過程中，靈感是散文進入創作過程的發端，豐子愷也是由靈感(Inspiration 即煙士比里純)開始整體創作過程，他說：

> 須得先有一個「煙士比里純」，然後考慮適於表達這「煙士比
> 里純」的材料，然後經營這些材料的布置，計劃這篇文章的段
> 落和起訖。這準備工作需要相當的時間。準備完成之後，方才
> 可以動筆。動筆的時候提心吊膽，思前想後，腦筋裡彷彿有一
> 根線盤旋著。直到脫稿之後，直到推敲完畢之後，這根線方才
> 從腦筋裡取出。(〈隨筆漫畫〉，《文學卷二》，頁 561-562)

靈感產生後，再擇取恰當的材料來推闡主旨，而各個段落之間當如何聯絡照應，這個構思的歷程就是動筆前的準備工作，需要不少時

間。實際下筆時,「腦筋裡彷彿有一根線盤旋著」,又是另一場費力經營的開始,直到脫稿之後才能真正放鬆,將構思經營的線從腦筋裡取出。

中國古代文論家已經注意到「興會」(即靈感)的問題,興會一來,作者會將平日艱苦鍛煉蘊含的能量,迅速噴發,產生動人篇什,因此,興會這種需要靈感捕捉的思維,對寫作實有決定成敗的影響。

作者在實際創作時會選擇恰當順手的工具,豐子愷就此發揮生花妙筆,他描述:

> 我們不要那種經過許多人工或者裝著許多機關的筆,我們可以拿農人種在堤旁的柳枝,或者木匠劈下來的木條來,教它受過火的洗禮,造成一種極真率,自然,而便利的筆。用這種筆,歡喜寫的時候便寫,應該寫的時候便寫,沒有筆頭乾結的阻礙,也沒有潤筆的需要,寫稿是何等爽快的事!(〈熱天寫稿〉,《文學卷二》,頁 228)

豐子愷將「實筆」虛寫成「一種極真率,自然,而便利的筆」,這種筆來自大自然,可以任心游憩、隨順我意的寫稿,使得創作「何等爽快」!

從上述得知,豐子愷對於創作要「表現什麼」明確說明「人生自然」外,對於「如何表現」這個令藝術家們費盡心思的課題,看似僅有「自動、興到落筆」的回應,實際的表現方式卻含藏在藝術理論中,在第三節會說明。

第二節　反映論

　　藝術除了形式之外，還有觀念。豐子愷的藝術理論中映現出與「生活」、「人格」、「鑑賞」的關係，這些看法如魚水般自然地融入他的作品。以下分三點說明：

一、藝術與生活

　　托爾斯泰說：

> 藝術行為是引出自己所受的情感，而藉著行動、線、顏色、聲音及言語所顯出的樣子來傳達其情感於他人。藝術是一種人類行為，其中一人以一定的外部標準傳所受的情感於他人，人便染得這種情感，也同樣的感受起來。……藝術不是快樂，卻是為人類生命及趨向幸福而有的一種交際方法，使人類得以相聯於同樣情感之下。……所以藝術行為和言語行為一樣，全是很重要的，很普通的。[5]

托爾斯泰強調藝術是將創作者的情感傳達給他人，使人同享作者一樣的感情。藝術並非作者或少數人的專利，而是人生共同的體驗。藝術從廣義來說，與全體人類生活相關。而在狹義的文學與藝術創作，豐子愷認為應是以現實生活做基礎的。豐子愷說：「藝術不是孤獨的，必須與人生相關聯」（〈教師日記〉，《文學卷三》，頁97）。

---

[5]　托爾斯泰著、耿濟之譯：《藝術論》，頁64-65。

豐子愷的說法，看似排除了形而上神祕思想與上帝神祇的表現，但是運用他的「人生三層樓」說，還是包括著宗教的，如同何懷碩也說：「藝術是包容了宗教的虔誠，科學的真與道德的善，以及哲學的睿智，而在人格的映現中，表現為藝術的美」。[6]

　　一位真正的藝術家，是在生活的土壤上滋長茁壯起來的。作為藝術的表達形式─文學─是從生活來，傳播情感的，但文學不等於真實全部人生。文學與藝術都是生活的再現，然而此一再現固然植基於生活本身，但是已經經過作者有意的擷取與加工，並有天才學力的限制，絕不可能表達生活的真實或全部。朱光潛曾說：「藝術本來是彌補人生和自然缺陷的。如果藝術的最高目的僅在妙肖人生和自然，我們既已有人生和自然了，又何乎藝術呢？」[7]藝術創作源於觀察自然，體驗人生，創作的作品又會同時間幫助作者對生活生命體會更深，滋生更多創作的動力。

　　豐子愷自小就對人生問題感興趣，〈談自己的畫〉說道：

> 歡喜讀與人生根本問題有關的書，歡喜談與人生根本問題有關的話，可說是我的一種習性。（《文學卷一》，頁468）

繪畫和文章，都體現了以人生為關懷中心的特點，表現對人生的悲憫情懷。事實上，凡是具有良知、同情心的創作者，都有此一傾向。豐子愷〈版畫與兒童畫〉強調藝術與生活相關聯：

---

[6]　何懷碩：《創造的狂狷》（台北：立緒文化事業公司，1998年10月），頁215。

[7]　朱光潛〈當局者迷旁觀者清〉，見《談美》（台北，漢京文化事業有限公司，1982年12月），頁16。

> 文藝之事，無論繪畫，無論文學，無論音樂，都要與生活相
> 關聯，都要是生活的反映，都要具有藝術的形式，表現的技
> 巧，與最重要的思想感情。藝術缺乏了這一點，就都變成機
> 械的、無聊的雕蟲小技。(《藝術卷三》，頁375)

藝術與人生意義息息相關，它含藏人生多樣風景，訴說時空變異下種種人文背景與生活經驗。豐子愷是從人（主體）的角度出發，突出人的主導位置，點出對人生的關懷。大體上看來，這也符合中國傳統「憂生」主題。〈我與手頭字〉說明藝術必須與人生密切聯繫起來：

> 美術是為人生的。人生走到哪裡，美術跟到哪裡……(《文
> 學卷一》，頁323)

〈圖畫與人生〉則說明藝術的效用，以圖畫與生活相關聯為例：

> 欣賞是美的，實用是真的，故圖畫練習必須兼顧「真」和「美」
> 這兩個條件……圖畫的精神，可以陶冶我們的心……這真和
> 美來應用在人的物質生活上，使衣食住行都美化起來；應用
> 在人的精神生活上，使人的趣味豐富起來。這就是所謂「藝
> 術的陶冶」。(《藝術卷三》，頁298-300)

雖然真、善、美這「三位一體」在現實中很難出現，但豐子愷界定藝術的內涵是真、善、美，是追求前進的方向，所以豐子愷極為肯定米勒在繪畫成就：

> 米葉「米勒」(Jean Francois Millet，1814-1875) ……提高了
> 繪畫的地位，使成為一種大眾化的與人生密切關聯的藝

術……米葉的藝術的偉大，在於這兩點：第一，是藝術的「大眾化」，第二，是藝術的「生活化」……廣大的客觀性，和人生的真味，是一切偉大藝術的必要的兩個條件。(〈米葉藝術頌〉，《文學卷一》，頁 403-405)

藝術與廣大的客觀現實相關聯，因此藝術作品取材自現實人生，若自古代取材，也必需反映現代思想。〈教師日記〉寫道：

就藝術教育而言，過去之繪畫音樂教育，生吞活剝，刻劃模仿，游離人生。教育者徒以死工作相授受，而不知反本。此直可稱之為「畫八股」，「樂八股」。(《文學卷三》，頁 73)

真正的藝術家是從生活中來，那些假藝術只會刻劃模仿，脫離人生現實。豐子愷早在 1934 年〈談中國畫〉中針對時弊提出擲地有聲的看法：

中國畫真有些古怪：現代人所作的，現代家庭裡所掛的，中堂，立幅，屏條，尺頁，而所畫的老是古代的狀態，不是綸巾道服，便是紅袖翠帶。從來沒有見過現代的衣冠器物，現代的生活狀態出現在宣紙上……目前的現象，應該都可入畫。為什麼現代的中國畫專寫古代社會的現象，而不寫現代社會的現象呢？(《藝術卷二》，頁 613)

豐子愷的藝術觀隨著個人學思歷程的演進，有著不同的看法。早期如 1927 年所撰〈西洋畫的看法〉說：

藝術不是技巧的事業，而是心靈的事業；不是世間事業的一部分，而是超然於世界之表的一種最高等人類的活動。……

用藝術鑑賞的態度來看畫，就是請解除畫中物對於世間的一切關係，而認識其物的本身的姿態。（《藝術卷一》，頁 84）

另有 1929 年〈繪畫之用〉等文也說：「真的繪畫……沒有別的實際的目的」（《藝術卷二》），將不同的藝術形式視為自身內在的美感，與現實無涉，具有本身的獨立性等，這說明豐子愷藝術觀前後期的變化。[8]

語言能傳達人類的經驗，成為結合與溝通的法則，藉由文學形式，我們得以從中領略作者對人生社會的看法，淺者見其淺、深者見其深。進一步言，作者的態度是冷眼寫熱腸，是別具隻眼去探看人生的。豐子愷說：『「藝術」的根本原則，是「關切人生」，「近於人情」』（〈評中國的畫風〉，《藝術卷四》，頁 245），正因人生人情是文學的底蘊，當作家說出「關切」與「近」（接近）語時，其實較為接近的說法是指當下現實人生。因此，他批評道：

　　而今日有許多的中國畫，陳陳相因，流弊百出，太不關切人生，太不近於人情了。……文人的愛用文言，古典，陳話，爛調，與畫家的愛寫古裝，古風，奇景，異相，可謂「同病」，應該相憐。他們的作品，大都不關人生，不近人情。……藝術與人生密切關聯。（〈評中國的畫風〉，《藝術卷四》，頁 245-249）

---

[8]　豐子愷 1932 年〈我的學畫〉也意識到繪畫觀念應有所轉變，他說：「因為我回顧以前逐次所認為『今是昨非』的畫法，統統是『非』的。我所最後確信的『師自然』的忠實寫生畫法，其實與我十一二歲時所熱中的「印」《芥子園畫譜》，相去不過五十步」，《藝術卷二》，頁 597-598。

現實人生並非事事皆美，包含著平凡、缺憾、愉悅與空疏等種種情境，而藝術的創造情感，可以讓人們交融共通。若偏執地禮讚傳統國畫中一成不變的技法、構圖，泥於古而不通今，豐子愷期期不以為然。我們相信豐子愷是針對藝壇風氣來發言的，當時雖有西方藝術潮流的衝擊，但是復古學古一脈還是不為所動，無所反省，還是因襲前人，失去個人的獨創性與時代性。

中國自古以來，即有「言志」與「載道」的兩派說法，在現代文壇上，1921 年由鄭振鐸、沈雁冰等人組成的「文學研究會」是文學革命後第一個新文學社團，強調為人生的文學主張；與郭沫若、郁達夫等人的「創造社」注意內心情感流露、為藝術而藝術的文學主張，兩者很不相同。

豐子愷則認為，藝術與人生應兩者調和。他說：

> 故把藝術分為「為藝術的藝術」與「為人生的藝術」不是妥善的說法。及格的藝術，都是為人生的。且在我們這世間，能欣賞純粹美的藝術的人少，能欣賞含有實用分子的藝術的人多。……所以多數的藝術品，兼有藝術味與人生味。對於這種藝術，我們所要求的，是最好兩者調和適可，不要偏重一方。……我們不歡迎「為藝術的藝術」，也不歡迎「為人生的藝術」。我們要求「藝術的人生」與「人生的藝術」。(〈評中國的畫風〉，《藝術卷四》，頁 399-400)

事實上，任何一種藝術均可以用人生界、自然界或思想感受為描摹的對象，兩者沒有高低之分，若是以美、實用觀點來區分「純粹美的藝術」與「實用的藝術」，界線十分模糊，很難予以區分。豐子

愷以為「及格的藝術，都是為人生的」，所謂「及格的藝術」是有創見、有意義的作品。但是他並未堅持主張「為人生的藝術」，而是調和兩者，說「藝術的人生」與「人生的藝術」。

即使如此，落實的談，豐子愷仍然著重「人生的反映」，他說：

> 藝術傾向客觀的時候，藝術家的人與其作品關係較少。反之，藝術注重主觀表現的時候，作品與人就有密切的關係，作品就是其人生的反映了。在作品中，我歡喜神韻的後者，而不歡喜機械的前者；在人中，我也讚仰以藝術為生活的後者，而不讚仰匠人氣的前者。(〈《谷訶生活》序〉，《豐子愷文集‧藝術卷一》，頁 298-299)

他主張藝術的表現應以人生為重心，以為具有神韻。「神韻」是形神皆俱，是通過情境的創造而達到的一種境界，這種境界是在創作過程中所得到的風采韻味，豐子愷在此以「神韻」一詞與機械般了無創意，工匠氣的陳陳相因、追求酷似為目的相對，表達他愛好神韻流貫的作品。豐子愷以谷訶（即梵谷，Vincent van Gogh，1853～1890）為例，說「他的各時代的作品完全就是各時代的生活的記錄」，又是「以藝術為生活」的藝術家（〈《谷訶生活》序〉，頁 299），說明其兼有兩者的藝術成就。梵谷屬後印象主義，重視個人感興與自我探索色彩，具強烈主觀傾向，又有時代精神，豐子愷給予相當高的評價，也反映他內心的企慕。上述為豐子愷的一切藝術指導原則。

二、藝術與人格

　　有相當的襟懷才有一流作品的產生，思想可說是文藝作品充分且必要的條件。豐子愷主張創作者應先注意人格修養，即器度與鑑識的培養，待根柢堅固後，才能有堅實的創作內容。他說：

> 先器識後文藝（〈先器識後文藝－李叔同先生的文藝觀〉，《文學卷二》，頁 533）

「先器識後文藝」的說法受弘一大師的影響很大，弘一大師與豐子愷為師生關係，又同是佛學、文學與藝術齊治一身的作者，內在修為既深且厚，形於外的學養更是燦然。有廣博深厚的人格修養，可以說是創作思想內涵的重要根柢。

　　豐子愷又強調說：

> 詩不可有專家，因為做詩就是做人。人做得好的，詩也做得好。倘說做詩有專家，非專家不能做詩，就好比說做人有專家，非專家不能做人，豈不可笑？（〈湖畔夜飲〉，《文學卷二》，頁 382）

「人做得好的，詩也做得好」，閱讀豐子愷的文章，篇幅大多小巧玲瓏，卻每有見人所未見的思考，閃耀智慧的光采。他談到藝術家本身的修養：

> 藝術以人格為先，技術為次。倘其人沒有芬芳悱惻之懷，而具有人類的弱點（傲慢、淺薄、殘忍等），則雖開過一千次

　　個人作品展覽會，也只是⋯⋯「形式的藝術家」。反之，其
　　人向不作畫，而具足藝術的心。便是「真藝術家」。(〈藝術
　　與藝術家〉，《藝術卷四》，頁 403)

豐子愷認為，藝術品的價值來自真情實感，具有芬芳悱惻之懷的人
格，即使不為畫家，也是「真藝術家」。這些都是西方中世紀廣義的
美學思想。如阿奎那（St.Thomas Aquinas）《神學大全》十三世紀提
出：「精神之美，是一個人的操持與行為依照理性之光而比例良好」。[9]
在人格的養成部分，他強調「藝術的心」極為重要，〈新藝術〉闡釋：

　　青年欲研究藝術，必先培養其「藝術的心」⋯⋯用心用眼的
　　工夫⋯⋯在藝術創作上，靈感為主⋯⋯觀察為主⋯⋯眼為主
　　而手為從⋯⋯多觀自然⋯⋯多讀書籍。胸襟既廣，眼力既
　　高，手筆自然會進步而超越起來。⋯⋯可知藝術完全是心靈
　　的事業⋯⋯（《藝術卷二》，頁 575）

這藝術的心可以增進藝術的素養，讀書多也是藝術人格養成的重
點。在〈從梅花說到美〉文中引德國美學家包姆加敦「鮑姆加登」
（A.G. Baumgarten，1714～1762）圓滿的說法提到：

　　圓滿就是「複雜的統一」。做人也是如此的：無論何等善良
　　的人，倘過於率直或過於曲折，決不能有圓滿的人格。必須
　　有豐富的知識與感情，而又有統一的見解的人，方能具有圓
　　滿的人格。我們用意志來力求這圓滿，就是「善」；用理知

---

[9]　參安伯托‧艾可（Umberto Eco）編著，彭淮棟譯：《美的歷史》（History of
　　Beauty）（台北：聯經出版公司，2006 年 5 月），頁 89。

來認識這圓滿，就是「真」；用感情來感到這圓滿，就是「美」。故真、善、美，是同一物。（《藝術卷二》，頁 561）

說明圓滿人格是「複雜的統一」，渾然圓融地結合真、善、美為一體。在〈桂林藝術講話之二〉也申說：

所謂「美德」，就是愛美之心，就是芬芳的胸懷，就是圓滿的人格。所謂「技術」，就是聲色，就是巧妙的心手。先有了愛美的心，芬芳的胸懷，圓滿的人格，然後用巧妙的心手，借巧妙的聲色來表示，方才成為「藝術」。（《藝術卷四》，頁 19）

接著文中又強調：「欲為藝術家者，必須先修美德，後習技術」，反覆扣緊培養圓滿人格先於一切的主張。豐子愷於實際授課時，也以此深化學生思維，《教師日記》載：

我教藝術科，主張不求直接效果，而注重間接效果。不求學生能作直接有用之圖，但求涵養其愛美之心。能用作畫一般的心來處理生活，對付人世，則生活美化，人世和平。此為藝術的最大效用。（〈十一月二十六日〉，《文學卷三》，頁 41）

藝術可以涵養愛美之心，若能推及於日常生活，生活得以藝術化；若每個人能有美學素養，就可以建立社會普遍的美。

三、藝術與鑑賞

　　深刻而富有價值的藝術品，在傾向功利與經濟掛帥下，慢慢趨向少數人玩賞的娛樂品，藝術家也成了少數人的專利。豐子愷則持不同的看法，他認為民間民眾之作有可觀之處，〈讀書〉寫西湖的文字：

> 壁上的炭條文字中，塗鴉固然多，但真率自然之筆亦復不少。有的似出於天真爛漫的兒童之手，有的似出於略識之無的工人之手。然而一種真率簡勁的美，為金碧輝煌的作品中所不能見。（《文學卷一》，頁 240）

家中兒童常常使用炭條、黃泥塊、粉筆頭為畫具，〈兒童畫〉中歌頌著：

> 幅幅皆是小小的感興所寄託……往往比學校裡的美術科的圖畫成績更富於藝術的價值。（《藝術卷二》，頁 593）

評價藝術作品尊重平凡純樸之作。在〈深入民間的藝術〉文中，豐子愷區分「藝術」，一為狹義的「少數人的藝術」；一為廣義的「多數人的技巧的東西」。民眾最接近的藝術是「花紙兒」、「戲文」，是美的加味，是含有實用價值的藝術。這種藝術可以獲得實用得價值：

> 灌輸知識，宣傳教化，改良生活，鼓勵民族精神，皆可利用藝術為推進的助力。（《藝術卷三》，頁 384）

對於藝術，他懷抱熱情，意圖將嚴格的藝術普遍化，與生活相聯繫。〈深入民間的藝術〉裡曾經大力疾呼：

> 能欣賞高深的音樂，高深的文學的人，世間之大，有幾人歟？
> （《藝術卷三》，頁 377）

連「小小的一首進行曲」、「短短的一篇白話文」也無法普及於大眾。所以，豐子愷認為藝術家應該創造「曲高和眾」的作品。〈曲高和眾〉文中說道：

> 俄羅斯大文豪托爾斯泰曾經說：「凡最偉大的音樂、最有價值的傑作，一定廣泛地被民眾所理解，普遍地受民眾的讚賞。」……艱深的樂曲不一定良好，良好的樂曲不一定艱深。我認為曲的「高下」，不在乎「難易」，而在乎和者的「眾寡」。因此我贊成托爾斯泰的話。（《文學卷二》，頁 568～569）

所以「曲高」是優美，不是艱難之意；「和眾」是淺易，不是低俗。豐子愷在〈將來的繪畫〉中又說：

> 今後世界的藝術，顯然是趨向著「大眾藝術」之路。文學上早已有「大眾文學」的運動出現了。……大眾繪畫的重要條件，第一是「明顯」，第二是「易解」。（《藝術卷三》，頁 20）

西洋繪畫重視如實表現，東洋繪畫重視特點誇張描寫的「表現明顯」，將來的發展是兩者合一。合一的表現就是大眾藝術，是曲高和眾的藝術。

對於中國藝術教育的發展，他自許地說：

> 乘此抗戰建國之期，我欲使中國藝術教育開闢一新紀元：掃除從前一切幼稚，生硬，空虛，孤立等流弊，務使與中國人

生活密切關聯，而在中國全般教育中為一有機體。(〈教師日記・一月十二日〉，《文學卷三》，頁 68-69)

藝術品的價格大眾化，是豐子愷一直強調的。1936 年他曾重訂潤畫例，以為今日畫家的義務是賤賣藝術品。藝術要能讓未受文化素養教育者，都能欣賞、理解作品，所以藝術價格自不應高高在上。藝術價值不能與標示的價格劃上等號，所以豐子愷常常主動贈畫、同一畫題也不斷重繪贈人，正是他一貫抱持主張的具體實踐。藝術的現實化，也因表達這類內容的現實性與普遍性，這類作品也容易為一般平民接受，能引起普遍的共鳴。如果創作完全是為了獲得報酬，豐子愷批評說：

> 倘畫家描畫，完全為了想賣畫得錢；文人作文，完全為了想賣文得稿費，就不是淨行，他們的作品一定不會很好。(〈藝術的性狀〉，《藝術卷四》，頁 88)

創作如果是商業掛帥，盲從於流行的式樣，造成作品迎合市場的口味，嗜欲日深，不但創造力下滑，而且作品藝術性會扭曲，其弊大矣。

第三節　文學即藝術

豐子愷沒有對文學作出深入、嚴肅的探究，他常常在藝術文章中偶然加以描述，甚至在《繪畫與文學》裡談論的份量也不如繪畫，

因此，文學的探究相比於藝術較為模糊。不過，就豐子愷的說法「漫畫與文章只是使用工具的不同」，並仔細辨析談論藝術的文章，仍可以尋找出脈絡，大體上包含以下內容：文學與繪畫的互通、文學與繪畫結構類似、文學與繪畫的語言表現。以下分述：

一、互通論

豐子愷自從 1925 年 12 月出版《子愷漫畫》以來，一生出版約五十本漫畫集[10]，至於藝術論著則集結有四卷，共「計 158 萬字」[11]，可以說是洋洋大觀，卓成體系。豐子愷在藝術領域中，並非專門學校畢業，因此這些都是閱讀涉獵而來。主要理論層面有三：一是中國繪畫、西洋繪畫的異同和貫通，二是中國繪畫的新態度、新觀點，三則是藝術教育理論。可以說對藝術領域煞費苦心，並有豐碩收穫。本文並非專論藝術，僅撮舉與文學相關處，分成「豐子愷對藝術的看法」、「文學與繪畫的互通」說明：

（一）豐子愷對藝術的看法

豐子愷在〈深入民間的藝術〉認為藝術是：

---

[10] 從來沒有人能正確統計豐子愷漫畫的數量，至於漫畫集，也因重複出版、與他人合輯（如《漫文漫畫》）與身後多家具名或未具名出版社等出版因素，無法精確計算。此處採取「弘一大師・豐子愷研究中心」主持者陳星：《豐子愷漫畫研究》一書〈自序〉說法，註 67 書，頁 1。

[11] 潘文彥〈略論豐子愷先生在中國當代美術界的地位〉文中的說法，收入《豐子愷論》（杭州：西泠印社，2000 年 2 月），頁 106。

> 藝術是人心所特有的一種美的感情的發現。(《藝術卷三》，
> 頁 376)

在〈藝術的性狀〉則說：

> 必須是多數人共感的美，方能成為藝術。同感的人愈多，其
> 藝術愈偉大。(《藝術卷四》，頁 89)

〈藝術與藝術家〉豐子愷說明藝術真、善、美三者合一的呈現：

> 「真、善、美」好比鼎的三足。缺了一足，鼎就站不住，
> 而三者之中，相互的關係又如下：「真」、「善」為「美」的
> 基礎。「美」是「真」、「善」的完成。……真善生美，美生
> 藝術。故藝術必具足真善美，而真善必須受美的調節。……
> 在藝術上，真善加了節制便成為美。(《藝術卷四》，頁
> 401-402)

接著，豐子愷舉構圖說明，「多樣統一」是有變化而又安定妥帖，
就是好構圖，是好藝術。「藝術」字眼，因為時間地點的不同，而
有不同的差異，而不同藝術內涵的認定，也導致藝術內容取材方向
的不同，顯然豐子愷具有一套理論基礎的判斷。〈從梅花說到美〉
一文對「美」有系統的介紹西方說法，並特別認同德國席勒爾「席
勒」(Friedrich Schiller，1759～1805) 的「美的主觀融合說」：

> 美不能用主觀或但用客觀感得。二者同時共動，美感方始成
> 立。這是最充分圓滿的學說，世間贊同的人很多。席勒爾以
> 後的德國學者，例如海格爾「黑格爾」(Hegel)，叔本華

（Schopenhauer），哈特曼（Hartmann）等，都是信從這融
合說的。（《藝術卷二》，頁 565）

藝術品在他看來是「因了材料而把美具體化的」（〈從梅花說到藝
術〉，《藝術卷二》，頁 568），藝術品是具體美的呈現。

　　豐子愷說：「我沒有學過中國畫」[12]，但是對於中國繪畫在人
生與現實的寫實基礎方面，相較藝壇健將徐悲鴻的見地，也頗有類
似之處。對西方東方的藝術，豐子愷多所批評，有取捨也有判斷，
對青年學子啟發尤多。但奇怪的是，當時畫壇、藝術評論界幾乎遺
忘豐子愷應有的位置。[13]這是因為豐子愷繪畫種類是漫畫，頻頻為
中國畫發言，被視為跨界，所以視而不見嗎？這樣的情形，夏丏尊
似乎已經察覺，並且寫信誠懇期許豐子愷能夠改變：

　　第三種人物畫，是有背景之人物，人物與背景功力相等，背
　　景情形頗複雜，山水，竹石，房屋，樹木，因了畫題一切都
　　有。大致以自然風景為主要。由此出發，則背景與人物雙方
　　並重，將來發展為山水，為人物，都極便當。君於漫畫已有
　　素養，作風稍變（改外國畫風），即可成像樣之作品。暫時
　　試以此種畫為目標如何？……由漫畫初改圖畫，純粹人物和

---

[12] 參〈中國美術的優勝〉，《藝術卷二》，頁 545。在桂林師範短暫的一學期教
　　學生涯裡，自己以為只能教授藝術理論而不能教實技，是耽誤學生，見《教
　　師日記》〈二月二十八日〉，收《文學卷三》，頁 97。

[13] 如何懷碩〈「五四」以來中國美術的回顧與前瞻〉：「黃賓虹、傅抱石、齊白
　　石、陳衡恪、潘天壽、呂鳳子、賀天健、高劍父、高奇峰、關良等等」，皆
　　是活躍在新文化運動的畫家。文收何懷碩《創造的狂狷》（台北：立緒文化
　　事業公司，1998 年 10 月），頁 305。

> 純粹山水，一時恐難成就（大幅更廣），如作人物背景並重
> 之畫，雖大幅當亦不難。且出路亦大，可懸諸廳堂，不比漫
> 畫之僅能作小幅，十九以鋅版印刷在書報中也。（〈讀丏師遺
> 札・其二〉，《文學卷二》，頁 85）

寫信時間是 1940 年 11 月，此時豐子愷在浙大教書，住在貴州遵義
「星漢樓」，雖因逃難，兩人間少有聯繫，這是其中少數的一封信，
文末豐子愷說：「我也想遵照夏先生的遺囑，而勉力學習」，這或許
就是 1942 年畫風轉變的初心。[14]

　　豐子愷〈讀丏師遺札・其二〉解釋夏丏尊的「第三種人物畫」，
闡述藝術最高境地由此處得來：

> 歸併起來，成為一元的，便是人物風景並重的第三種畫。……
> 二者並重時，畫家就把人物當作風景看，或把風景當作人物
> 看。把人物當作風景看，叫做「藝術的絕緣（isolation）」。
> 就是屏除一切傳統習慣，而用全新的直覺的眼光來觀看世
> 間，便不分這是人，這是山，這是水，即所謂物我無間，一
> 視同仁的境界了。把風景當作人物看，叫做「藝術的有情化

---

[14] 1942 年 11 月下旬豐子愷四十五歲 於重慶夫子池舉行個人親臨的畫展〈畫
展自序〉一文顯示豐子愷的欣慰之情，並時時隱現對夏丏尊建議的呼應：
「我生長在江南……抗戰以前，我的畫以人物描寫為主，而且為抒發感興，
大都只是寥寥數筆的小幅，這些畫都用毛筆寫成，都可照縮小鑄版刊印。
那時朋友辦報紙，都刊登我的畫……抗戰軍興，我暫別江南，率眷西行……
從此，我的眼光漸由人物移注到山水上……我的畫以抗戰軍興為轉機，已
由人物主變為山水主，由小幅變為較大幅，由簡筆變為較繁筆，由單色變
為彩色了…現在較繁的色彩山水畫，在戰時卻無法複製。只有裱起來，掛
起來，才可展覽」，《藝術卷四》，頁 256-257。

（personification）」。就是把感情移入於萬象中，視山川草木為自己的同類，於是萬物皆有生命，皆有情感了。絕緣與有情化，都是藝術的最高境地。……（〈讀丏師遺札・其二〉，《文學卷二》，頁88）

「絕緣」、「有情化」是豐子愷認為最高的藝術境界，它在說明作者創作時對物我態度與處理方式的不同。關於「絕緣」說法，頗類於王國維（1877～1927）說，作者創作時能「出乎其外」、「輕視外物」，才能超然於世俗之外，用純粹的審美態度看待外物。[15]中國傳統觀念有萬物與我一體的說法，而「全新、直覺」眼光觀看世間，拋卻利害價值觀等先入為主的看法，就會消融「人、山」（主、客）的區別，這樣，物（山、客體）即是美的顯現。

至於「有情化」說法在〈藝術的效果〉裡也有提到，其中「物我平等」、「感情移入」、「遷想妙得」、「活物主義」均是同樣的意思。如王國維有著作的「移情作用」說法，如「以我觀物，物皆著我之色彩」[16]，也是同樣的意義。

以上豐子愷的說法，都可以在中國傳統美學與西方近代美學中，找到相仿的看法。除此之外，1925年豐子愷翻譯廚川白村《苦悶的象徵》由商務出版，這是他的第一本譯著，廚川白村（1880～1923）在書中即有相同的見解[17]：

---

[15] 馬自毅注釋《新譯人間詞話・導讀》（台北：三民書局，1994年3月），頁32-33。

[16] 馬自毅注釋：《新譯人間詞話・導讀》，頁5。

[17] 見廚川白村著，林文瑞譯：《苦悶的象徵》（台北：志文出版社，1999年8月再版），頁53。

進入完全脫離日常生活中的理論、法則、利害、道德等壓抑的「夢」境，而用純粹的自由創造生活態度來對待一切萬物時，我們纔能真正意識到自己的生命，同時也能在宇宙的大生命躍動裡洗淨自己的耳朵，…直到自我根柢中的真實生命與宇宙的大生命相交感、相交流時，真正的藝術鑑賞始告成立。

豐子愷說法幾乎與他雷同，廚川白村的接著說[18]：

這不只是認識事物，而是把一切納入自己的體驗中去玩味。這時候所得的不是知識，而是智慧，不是事實，而是真理，也就是在有限中看出無限，在「物」中看出「心」……律帕斯派的美學家所認為的「感情移入」為美感根柢的學說，也就是指這心境。

也像為豐子愷的說法註解一樣，推測豐子愷應該受到廚川白村的影響。
　　特別需要補充的，是豐子愷在〈我與弘一法師〉中將藝術與宗教用「三層樓」說明，並認為「藝術的最高點與宗教相通」：

藝術家看見花笑，聽見鳥語，舉杯邀明月，開門迎白雲，能把自然當作人看，能化無情為有情，這便是「物我一體」的境界。更進一步，便是「萬法從心」、「諸相非相」的佛教真諦了。故藝術的最高點與宗教相通……藝術的精神，正是宗教的。（《文學卷二》，頁401）

---

[18] 廚川白村也在同書中再次闡發同一論點，同前註，頁77。

佛教與藝術合一，這是豐子愷創作的基調，也是重要的特色。

（二）文學與繪畫的互通

　　雖然廣義的藝術是包括文學與繪畫，但是文學與繪畫在藝術範圍中是兩種獨立的類別的。關於文學與繪畫所運用的兩種不同媒介在符號本質上的差別，何懷碩說[19]：

> 文學是在時間中敘述動作；繪畫是在空間中描寫物體。一動一靜；一敘述一描寫。……繪畫是以視覺為對象，……文學尤其是詩有聽覺之因素（聲音美），但其需要視覺，卻不能說文學有造型之美（即訴諸視覺），因為視覺之於文學是對文字符號之辨認，非以視覺欣賞文學。

文學與繪畫本質雖然不同，但是兩者有著相通性，豐子愷指出它們的共通性與兩者轉化的可能性。他在 1934 年出版《繪畫與文學》一書，這是他首次結合兩種跨領域學科的著作，豐子愷的〈序言〉就揭示繪畫與文學的互通性：

> 各種藝術都有通似性。而繪畫與文學的通似狀態尤為微妙，探究時頗多興味。我曾以此類題材為《中學生》雜誌作美術講話。……當作《開明青年叢書》之一。（〈《繪畫與文學》‧序言〉，《藝術卷二》，頁 455）

---

[19] 何懷碩：《創造的狂狷》（台北：立緒文化事業有限公司，1998 年 10 月），頁 67-68。

關於繪畫與文學可以會通的觀點，當代著名畫家兼散文家吳冠中（1919～2010）也有相同看法，他說[20]：

> 文學……美術……文藝姐妹間有著很大的共同性，互相滲透是十分有益的。但，隔行如隔山，這是實踐者的經驗之談。要體會某一行當的甘苦，若不認真進去，不作認真艱苦的實踐，便只能停留在泛泛的理解上，而且往往由此得出錯誤的結論。

豐子愷就是一個「認真進去」繪畫、文學領域的實踐者，所以談論的觀念，較有可信度與參考性。

豐子愷擅長的漫畫亦屬於繪畫的表達，所以與文學也有相通性，他說：

> 只要不為無聊的筆墨遊戲，而含有一點「人生」的意味，都有存在的價值，都可以稱為「漫畫」的。……就當它是一種繪畫與文學的綜合藝術……（〈漫畫藝術的欣賞〉，《藝術卷三》，頁358）

他認為漫畫是體現繪畫與文學兩者，並且具有人生的意義。就漫畫與隨筆來看兩者只有表現工具的差別：

> 我作漫畫，感覺同寫隨筆一樣，不過或用線條，或用文字，表現工具不同而已。（〈漫畫創作二十年〉，《藝術卷四》，頁388）

---

[20] 吳冠中：《皓首學術隨筆‧吳冠中卷》（北京：中華書局，2006年10月），頁17。

他認為漫畫與文學的關係是：

> 我以為漫畫好比文學中的絕句，字數少而精，含義深而
> 長。……取材少而精，含義深而長，真可謂「言簡意繁」的
> 適例。……常常要借用詩的助力，侵佔文字的範圍。如漫畫
> 的借用畫題便是。(〈漫畫藝術的欣賞〉，《藝術卷三》，頁
> 358-359)

擅於空間展示的繪畫固然與敘述為主的文學不同，但是漫畫卻與文
學相關，因為漫畫的畫題需要借用詩詞。豐子愷漫畫喜歡藉古詩詞
的意境，表現現代生活樣貌。〈音樂與文學的握手〉說：

> 我近來的畫，形式是白紙上的墨畫，題材則多取平日所諷咏
> 的古人的詩句詞句。因而所作的畫，不專重畫面的形式的
> 美，而寧求題材的詩趣，即內容的美。……以後我就自稱我
> 的畫為「詩畫」。(《藝術卷三》，頁 52-53)

豐子愷的漫畫求詩趣，文章則求畫趣，同樣也不專重形式的美，而
求內容深刻意義的美，且其藝術觀多方鑿通，多所借鏡，給予讀者
相當不同的視野與啟發。〈文學的寫生〉：豐子愷認為「詩人眼力可
佩，習畫應該讀詩」，當畫筆有未盡之意時，詩詞往往能一語中的[21]，
鼓勵人們多讀詩。

---

[21] 豐子愷說：「我更留心詩詞的寫景。平日讀到這類的佳句，用紙抄寫出來，
貼在座右，隨時吟味。……故我從詩詞所受的銘感，比從畫所受的更深。」，
《藝術卷二》，頁 470。

二、結構

　　散文書寫的涵蓋面廣泛，表現的形式豐富，目之為「散」，卻如同人類的骨骼般重要，絕不散漫，反而是指它的結構比之於詩、小說可以更加靈活。關於結構的價值，鄭明娳說：「結構的價值乃是使創作的目的，例如作者所欲表達的思想、情感等，有最理想的、系統的表達次序。」[22]她又說：「散文的結構並沒有約定俗成或者它自己發展出來的規範可循」[23]，因此，散文的變異性隨著作家處理的不同而有異。

　　豐子愷有以下的文字，雖然以繪畫為主，亦可以視之為文章結構，他說：

> 構圖法中有一種叫作「多樣統一」。構圖就是布局，就是各種物象在畫面上的安置法。畫中物象盡管多，盡管大大小小，高高低低，遠遠近近，形形色色，各種都有，然而並非散漫無章地塞進畫面裡，……卻是按照一定的規律而布置，具有統一的中心點。……這就是說，又多樣，又統一。……所以物象盡管多，形色盡管各不相同，只要有一個共通的中心，就會顯出多樣統一的美。（〈談百家爭鳴〉，《文學卷二》，頁 423）

---

[22] 鄭明娳：第四章「現代散文的外觀」，《現代散文》（台北：三民書局，1999年 3 月），頁 326。

[23] 同前註，頁 327。

繪畫的構圖，最常用而保險的方法就是「將所想要描繪的主要對象放在畫面上所謂的『黃金交叉區域』上，…觀眾的視點很自然地會落在這個區域上」[24]，這個統一的中心點是靠有意識的布局成就的，畫面上的每一物都恰當地融入整個作品當中，此即「多樣的統一」。

一般的散文家，少用藝術的觀點來融匯創作的實質內涵，豐子愷的藝術涵養促使他更為注重散文創作的形式。他說的各種物象在畫面上的安置法就是布局，布局在散文中是指材料的組織安排的先後次序，豐子愷的布局方式「是按照一定的規律而布置，具有統一的中心點」，諸種物象皆此一排列呈顯主題，甚或顯出「多樣統一的美」。

豐子愷在〈文學中的遠近法〉文中談到中國畫不符合遠近法，這是中國畫的特色。豐子愷所謂「遠近法」即透視法，是把「眼前的立體形的景物看作平面形的方法」（《藝術卷二》，頁456）。我們知道，任何物體有其高度、寬度與深度，但是在繪畫時，只剩下高度與寬度。因此，可以運用透視的深度與幾何造形等方式，來表現三度空間。古人寫景詩詞中也有遠近法，豐子愷以岑參「曠野看人小」等詩句說明遠近法的應用。

豐子愷又說：「畫家用形狀色彩描寫，詩人用言語描寫，表現的工技不同而已」（《藝術卷二》，頁459）。中國詩人喜用繪畫法作詩，中國畫家喜用作詩方法作畫，所以豐子愷認為「詩畫交流」。何懷碩也說[25]：

---

[24] Mercede Braunstein 著，陳淑華譯：《素描》（台北：三民書局，2003 年 3 月），頁 4。

[25] 何懷碩：《創造的狂狷》，頁 73-75。

中國文學表現視覺的直接觀照，即在時間中表現空間的感覺，常利用空間意象在時間中的視覺次序的前後左右的延展來達成如同繪畫一般的功能。……如王荊公「春風又綠江南岸」之「綠」字，……無增加了色彩的視覺效果。……「大漠孤煙直，長河落日圓」（使至塞上）……它著意在展示畫面。

中國傳統文人畫在畫中含蘊豐富的詩畫面、文化氣息，看來的確與詩是相通的。

三、語言

豐子愷在〈繪畫與文學〉說：「在一切藝術中，文學是最易大眾化的藝術。因為文學所用的表現工具是言語，言語是人人天天用慣的東西」（《藝術卷二》，頁 495）。在漫畫中需要運用語言來作為畫題，例如竹久夢二的畫是：

簡潔的表現法，堅勁流利的筆致，變化而又穩妥的構圖，以及立意新奇，筆畫雅秀的題字……記得有一幅，……畫的下面用毛筆題著一行英文，To His Sweet Home（回可愛的家），筆致樸雅有如北魏體，成了畫面有機的一部分而融合於畫中。（〈繪畫與文學〉，《藝術卷二》，頁 488）

所以，「畫題非常重要，畫的效果大半為著畫題而發生」（《藝術卷二》，頁 491），兼有形象美與意義美的漫畫，能「兼有繪畫的

效果與文學的效果的原故」(《藝術卷二》,頁490),而漫畫畫題的形式,與中國文人畫的題畫詞,實有脈絡相通之處。

豐子愷〈繪畫與文學〉中特別強調漫畫畫題的重要,達到的效果是「以造形的美感動我的眼,又以詩的意味感動我的心」(《藝術卷二》,頁487),可說是強調漫畫畫題、繪畫藝術配合融匯一體極為重要的文章。關於中國畫的詞畫藝術特色,吳企明、史創新編著的《題畫詞與詞意畫》說明:

> 題寫在畫幅上的詩,實際上分為題畫詩和詩意畫兩大類型。題在畫上的詞,毫無例外地也分為題畫詞和詞意畫兩類。……詞人緊緊扣住畫面,描繪畫面具象和畫境,將繪畫美轉化為詞意美,詞與畫的對應關係非常緊密。
> ……有時,詞人並不拘泥於畫面具象,而是自畫面跳出,借題發揮,題外生情,寫自己的情志;遺貌取神,托物寓志,著重表現事物的本質特徵,寄託畫家自己的心靈。(頁7-9)

以題畫詞和詞意畫兩類說明了中國畫在題寫部分的不同,我們觀察豐子愷漫畫如「湖光都欲上樓來」(《豐子愷漫畫全集》,第六卷,頁86)具詞意美、「昔年歡宴處,樹高已三丈」(《豐子愷漫畫全集》,第六卷,頁200)寄託懷抱之意等畫題與上述說明有著異曲同工之妙。

以上為豐子愷在繪畫語言使用上強調畫題的重要。運用在創作中,「印象的描寫」、「有情化的描寫」、意義美這三點是繪畫與文學共通點,以下依次敘述。

就「印象的描寫」來說,是「文學者描寫自然的時候……故慣於捉取自然的特點而擴張之,而描寫其大體的印象」(《藝術卷二》,

頁 476）。就「形態」來說，是取其特點描寫，然後是「巧妙地想出一種東西來比方它」。豐子愷舉例說：「江南可採蓮，蓮葉何田田」（《藝術卷二》，頁 477），以田字寫蓮葉正是印象觀察出特點，而想出其它物來比擬。在漫畫中，畫家也會運用一點或一圈當成是口，這也是印象描寫的例子。就「色彩」來說，文學用誇大的語言來描寫，例如「紅顏」、「青鬢」等；繪畫則有色彩的「統調」──某一色彩分布於畫面各處，成為色彩的主調而統御全畫面，文學的色彩也同樣寫出融合一氣的光景，如「芭蕉分綠上紗窗」（《藝術卷二》，頁 485）。

　　文人對於自然的觀察，是取「有情化的描寫」這種態度。「有情化的描寫」對畫家來說是「能與自然對話，就是說畫家能把宇宙間的物象看作有生命的活物或有意識的人」（《藝術卷二》，頁 470），如中國傳統畫的松、竹、梅等有人格的暗示存在。進而「造化在我」，達到藝術最高境界的「氣韻生動」。對漫畫家來說，將描繪對象擬人化，也是有情化的描寫。「有情化的描寫」對作家來說是「聯想活物而鑑賞自然」，如「擬人化」手法，十九世紀德國美學家立普斯（Theodor Lipps）有「移情說」，西洋美學學者謂之「感情移入」，中國畫論稱之為「遷想」。

　　豐子愷在〈中國美術的優勝〉文中對「感情移入」的說法中更進一步，說明「氣韻生動」這種高妙的境地。這種作畫的心境－即「藝術的意識的根柢上最必要的心境」是：

　　　　感到世界正在造化出來，而自己參與著這造化之機的意識，
　　　　是藝術家的可矜的感覺。……董其昌也說這是脫卻胸中世俗

的，極純粹的心境……在真的藝術心看來，世界一定完全是
活物，自然都是具有靈氣的……創作的內在條件中最不可缺
的，不是「感情移入」，而必然是由感情移入展開而觸發絕對
精神的狀態。東洋藝術上早已發見的所謂「氣韻生動」，大約
就是這狀態了。(〈中國美術的優勝〉,《藝術卷二》,頁 533-535)

豐子愷強調，氣韻生動，是自然自己流動的，「氣韻生動」是藝術
家的世界觀，只有當藝術家經驗了「造化在我」，才能「吾胸中之
造化，時漏於筆尖」，創作出真的藝術。

　　綜合以上，我們知道豐子愷的看法「繪畫是訴於感覺的藝術」、
「文學與造型美術（繪畫、雕刻）不同」、「文學只是用一種符號
（文字）來使我們想起印象」(〈從梅花說到藝術〉,《藝術卷二》,
頁 568)。繪畫訴之於線條，文學訴之於文字；繪畫是感覺藝術，
文學是表象藝術。他強調藝術都是訴諸感覺的：

　　材料不同，有的用紙，有的用言語，有的用大理石，有的用
　　音。即成為繪畫、文學、雕刻、音樂等藝術。無論哪一種藝
　　術，都是借一種物質而表現，而訴於我們的感覺的。(〈從梅
　　花說到藝術〉,《藝術卷二》,頁 568)

接著他在文章中說明：文學這種表象藝術，又需要「理知的要素」
即認知文字符號讓從前的經驗浮現腦海成表象，需要觀念作為思
考。看畫則需看畫的題材（意義），而不是畫的主體（形狀、線條、
色彩、氣韻等形式）。文學與繪畫，其實都需要理智的活動，但豐
子愷認為文學以理智來利用認知為主，繪畫不以理智為主。因此，

兩者確有追求形式的共通點。筆者以為，不論是繪畫或文學，豐子愷都指出其中意義最為重要。

仔細分說，「有情化的描寫」、「印象的描寫」、意義美這三點是繪畫與文學共通點，也是豐子愷本人在繪畫、文學的藝術追求中，最重視並具體實踐的部份。

所以，豐子愷的繪畫，會「混入文學的意味」，如〈繪畫與文學〉說：

> 在形狀色彩中混入文學的意味的所謂「文學的繪畫」，能懂的人也較多。故為大眾藝術計，在藝術中屬入文學的加味，亦是利於普遍的一種方法。我之所以不能忘懷於那種小畫，也是為了自己是 amateur 或 dilettante 的原故。（《藝術卷二》，頁 495）

這裡的「小畫」指的是竹久夢二的畫集《春之卷》，是一種小小的毛筆畫。豐子愷認為造形美感與詩的意味兼具，因此使自己這業餘的藝術愛好者深受感動，也由模仿竹久夢二的小畫，走出自己的路。

至於豐子愷的文學作品，具有「有情化」、「印象描寫」，且大體上都有意義美。〈文學的寫生〉說有情化是：

> 具體地用言語說出，切實地指示讀者，教他聯想活物而鑒賞自然。（《藝術卷二》，頁 472）

〈文學的寫生〉說印象描寫是：

> 摘取其可以代表這物象性格的「特點」，夸張地描寫出來……（《藝術卷二》，頁 477）

例如豐子愷〈楊柳〉一文，以楊柳為抒懷對象，如此描寫：

> 楊柳的主要的美點，是其下垂……越長得高，越垂得低。千
> 萬條陌頭細柳，條條不忘記根本，常常俯首顧著下面，時時
> 借了春風之力，向處在泥土中的根本拜舞，或者和他親吻。
> 好像一群的活潑孩子環繞著他們的慈母而游戲，但時時依傍
> 到慈母的身旁去，或者撲進慈母的懷裡去，使人看了覺得非
> 常可愛。楊柳樹也有高出牆頭的，但我不嫌它高，為了它高
> 而能下，為了它高而不忘本。(《文學卷一》，頁 388)

將楊柳低垂形容成撲進母懷，栩栩如生地點出楊柳下垂的特色，進
而揭示其「不忘本」的意義，可以說描繪入神、淋漓盡致。

李霖燦針對中國繪畫與文學的關係曾說[26]：

> 中國的繪畫和文學，關係特別密切，非僅詩情畫意，境界相
> 通，而且二者之組成、貫通、虛實等，在章法氣勢和效果上
> 都十分相似。蘇東坡稱王維「詩中有畫，畫中有詩」，王維也
> 自稱「宿世謬詞客，前身應畫師」，都正是此中消息之透露。

點出繪畫與文學實有相通處，這些也是豐子愷談說的重點。筆者進
一步發現，豐子愷將文學與繪畫兩門類的藝術互相融匯，同時也尋
繹出兩者本質一致的內容[27]；更特別的是他集漫畫、文學集一身的

---

26 李霖燦〈序〉，吳道文：《藝術的興味》(台北：東大圖書公司，1988 年 7
　月)，頁 2。

27 例如「繪畫是獨立存在的美」、「形式美的獨立性」等觀念是現代繪畫的走
　向，如吳冠中有《皓首學術隨筆・吳冠中卷》、《吳冠中集》等書，惟最終

身分，有助文章中圖畫性功能的展現，與圖畫中文章（詩詞）的展現是為個人特色。

小結

豐子愷面對的時代，是一個文藝界改革呼聲群起的新時代。有人要面對西方、「全盤西化」；有人是抱殘守舊、以古為傳統。更有甚者是東西方並治，囫圇吞棗的結果反倒不中不西。豐子愷自幼接受舊私塾和新學堂教育，既遊學日本，又刻苦自勵，對藝術的看法融合中外新舊。一方面肯定傳統文化（文言文、中國畫）的重要，一方面大聲疾呼注入現實人生思想的重要。

本章由豐子愷豐富的藝術論著與日記中，抽繹如下的觀念：

一、在創作觀部分，豐子愷認為文學應該以自然人生作為基礎。他
　　自述創作時是「自動、興到落筆」，先有靈感再配合恰當的材
　　料才落筆為文。而藝術與人生，應該是沒有界限，調合一體的。
　　文章內容要貼近人生、反映人生。

二、反映論部分，在藝術映現的「生活」、「人格」、「鑑賞」三個部
　　分，豐子愷認為藝術最重要的是思想感情，是真、善、美的融

歸結為：「追求表達內心的感受與意境」（皓首學術隨筆‧吳冠中卷》，頁22）；何懷碩則以為「一切藝術之精神內蘊不管直接抑間接的必是詩的」（《創造的狂狷》，頁82）。

合；藝術是以人格為先，技術為次要。藝術品是呈現具體美，即使是民間藝術品也有其價值。

三、在文學即藝術部分，文學與繪畫兩門類的藝術互相融匯，同時也尋繹出兩者本質一致的內容。在結構上、語言上都有共通處，例如結構講「多樣統一的美」、「遠近法」的運用。語言上有「印象的描寫」即誇張的描寫；「有情化的描寫」即擬人化手法的運用，而詩畫也都可以達到氣韻生動境界。這些豐子愷文學觀、藝術觀融匯的觀點，可據以作為考察豐子愷文學作品的方法，筆者將在第六章、七章援引這些說法來分析、印證其作品。

豐子愷的散文觀數量並不多，可能是他將全幅的心力投注於散文與他種藝術的創作，因此藝術方面的論述反而洋洋大觀。特別的是他集漫畫、文學集一身的身分，有助文章中圖畫性功能的展現，與圖畫中文章（詩詞）的展現是為個人特色。豐子愷溝通文學與繪畫看似截然不同的兩種藝術的努力，讓後人體會思考，並可以幫助藝術學習者加以借鑑、深化，其用力用心之深，值得藝術界喝采。

第四章 「緣緣堂」在豐子愷散文中的意義

　　豐子愷有一系列以「緣緣堂」命名的散文集，最早於 1931 年出版的《緣緣堂隨筆》，1937 年出版《緣緣堂再筆》，1962 年自編的《緣緣堂新筆》（未出版），還有撰於文革時期（1974 年完成），生前未能出版的《緣緣堂續筆》等四書。

　　《緣緣堂隨筆》於《子愷漫畫》後出版，擅畫能文的豐子愷在藝壇取得一席之地，《緣緣堂再筆》面世後享譽更隆。雖然因政治因素，《緣緣堂新筆》與《緣緣堂續筆》未能在生前出版，但是由於《豐子愷文集》的收錄，可以窺知彼時豐子愷編著的用心。

　　本章第一節擬採用符號學的論述成果，先從「緣緣堂」這個創作符號出發，說明對豐子愷長達六十年散文寫作生涯的意義；進而藉此釐清一系列以「緣緣堂」命名文集，其中的變化與差異。藉由時間進行的排列，依序以《緣緣堂隨筆》、《緣緣堂再筆》、《緣緣堂新筆》、《緣緣堂續筆》為討論重點；要說明的是，石門灣「緣緣堂」居住時期尚有《隨筆二十篇》、《車廂社會》相關文集，也一併因地緣關係來說明，繼而以《緣緣堂再筆》為石門灣寫作時期的總結。藉剖析題材內容的變化，說明其與作家創作生涯的客觀環境，實有

密不可分的關係。第二節則分析石門灣「緣緣堂」的樂土象徵意義，是作家生命安頓自適之所。第三節將其隨筆創作區分為四期，藉以體察一系列以「緣緣堂」命名的文集，每一期作品題材內容的變化與不變處，見出豐子愷的創作歷程與第一本文集——《緣緣堂隨筆》——有緊密程度不同的關係。

第一節　「緣緣堂」的符號

　　「緣緣堂」可作為豐子愷的統一標誌，有人更以《緣緣堂隨筆》涵括豐氏所有的散文作品。因此，本文以符號學理論在文學中的運用，探討「緣緣堂」符號的產生、傳遞訊息的意義，並建立此一符號系統。由系統性的分析得知，「緣緣堂」的符號意義，隨著作家居住地的不同、居住功能性的要求、時間空間背景因素的影響等，有不同程度的指涉意義。瞭解這一個演變脈絡，可以釐清運用《緣緣堂隨筆》五個字來標識作家、判定作品的模糊地帶，對作家作品更能還返原貌，作為深入研究的基礎。

　　符號學在藝術上的應用，是以作品中個別符號作為參考對象。對作家來說，在作品中多次引用或複述某一符號，並非出自不經意或無意。相反地，在不同時間、空間點上引用，有其內在聯繫的意義，可以看出作者意欲傳遞的訊息[1]。

---

[1]　符號學（Semiotics）是研究符號與符號系統，以文化為研究範圍是現代符號學的特質。其中包括人類學、敘事學、神話分析與藝術符號學等。在藝

　　也就是說，當豐子愷在 1927 年 30 歲的成年期，在藝術與精神導師的弘一法師開示並題署「緣緣堂」三字後，雖然並無現實上的屋宇，卻有無形的「靈」已誕生存在[2]，這是「緣緣堂」精神家園符號的產生。此後，隨著豐子愷人生歷時性的遞變，無論是肉體受限制的窘迫或靈魂自由的舒張，「緣緣堂」符號的意義指涉也有不同，對作者而言，不同時期符號的意義，包含當時的心理狀態。

　　藉著「緣緣堂」的符號系統[3]，我們觀察到豐子愷想像、建構自己的意義世界，歷經時空背景的變異，從中「緣緣堂」也因此一度成為樂園的象徵，也轉化成讀者對作家的心理投射，直到暮年豐子愷才將它單純指涉成書名意義，後來經由身後的重建，綿延作家的精神風格。[4]

術作品中以某個符號為參考對象，可以得知作者意欲傳遞的訊息。最早研究文藝符號的是卡西爾（Ernst Cassirer），確立並深化的是蘇珊・朗格（Susanne K. Langer，1895-1985），她認為藝術是人類情感符號的創造，藝術符號是一種生命的形式，具有機統一性、運動性、生長性與節奏性等特徵。她認為要使藝術符號激發人們的美感，就必須使自己作為一個生命活動的投影或符號呈現出來，必須使自己成為一種與生命的基本形式相類似的邏輯形式。相關說明參見朗格：《情感與形式》（Feeling and Form），劉大基等譯（台北：商鼎文化出版社，1991 年 10 月）、《藝術問題》（Problems of Art）1957 年（北京：中國社會科學出版社，1983 年）。

[2] 見豐子愷，〈告緣緣堂在天之靈〉，收入豐陳寶、豐一吟編，《豐子愷文集・文學卷二》（杭州：浙江文藝出版社，1996 年），頁 56。

[3] 有關符號學的研究，均是用「語言符號」與「非語言符號」當做對象研究。本文運用「緣緣堂」為非語言符號，探討它以文學語言這個語言符號表達的運作情形。有關符號運作的情形，亞漢祥《文藝符號新論》說：「這種以表象符號代表事物本身，以部分特徵代表對象整體的行為被認為具有超越具體時空限制的魔力，它能夠對遠距離之外的對象施加遙控……創造者和參與者會伴隨某種真實的情感體驗」（廈門：廈門大學出版社，2002 年 10 月第 1 次印刷），頁 37。

[4] 例如余達祥言：「他一生的散文大都以『隨筆』相稱，且與『緣緣堂』結下了不解之緣。因此，我們不妨把豐子愷的所有散文都稱為『緣緣堂隨筆』。

　　下文首先說明豐子愷對於事物命名的原則，其次，敘述「緣緣堂」的命名過程與指涉的含意。接著釐清「緣緣堂」的概念在時空變遷中發生的種種變化，有助於作家作品的研究工作。

一、緣起

　　豐子愷祖孫三代住在醇德堂這「老屋」，感情甚深。惟歲月遞變，老屋也不敵時間的摧殘：

> 老屋覆育了我們三代，伴了我的母親數十年，這時候衰頹得很，門坍壁裂，漸漸表示無力再蔭庇我們這許多人了。（《文學卷二》，頁 124）

由於母親早年就在醇德堂後面買一塊地，作為後來蓋屋的準備。豐子愷在三十歲時也將全家遷回老家與母親同住，家裡人口漸多，他也有了造屋的想法，而母親對重新建屋的態度也有脈絡可循。[5]1930年豐子愷 33 歲，母親去世，無法得見 1933 年「緣緣堂」落成。[6]常

　　『緣緣堂隨筆』理應成為豐子愷散文的統一標識。」見《豐子愷的審美世界》（上海：學林出版社，2005），頁 95。

[5]　豐子愷〈辭緣緣堂〉文中說：「鄰家正在請木匠修窗，母親借了他的六尺杆，同我兩人到後面的空地裡去測量一會，計議一會……六尺杆還了木匠，造屋的念頭依舊沉澱在母親的心底裡。」收入《文學卷二》，頁 124。

[6]　豐子愷〈辭緣緣堂〉文中說：「只有最初置辦基地，發心建造，而首先用六尺杆測量地皮的人，獨自靜靜地安眠在五里外的長松衰草之下，不來參加我們的歡喜。似乎知道不久將有暴力來摧毀這幸福，所以不屑參加似的。」收入《文學卷二》，頁 125。另憶及父親說：「緣緣堂落成後，我常常想：倘得像緣緣堂的柴間或磨子間那樣的一個房間來供養我的父親，也許他不致中年病肺而早逝。」《文學卷二》，頁 123。字裡行間流露子欲養而親不在的憾恨。

常遷徙，終非長久之計；對剹將就學的子女們來說，也有安定的要求，因此，擁有自己的居住空間實刻不容緩。

二、「緣緣堂」命名

對於命名，豐子愷的自我認知是：

> 我一向不懂取名的方法，《康熙字典》裡有數萬個字，無頭無腦，教從何處取起？（《文學卷一》，頁 214）

所以，像豐家子女的取名，「其實都是他們的外公所決定」（《文學卷一》，頁 214）。其實自古以來人名大多由家長（家中領袖）來命名，由外公命名實屬平常。[7]以豐子愷為例，他原名豐仁，也因浙一師的國文教師單不厂為他取號「子愷」，因為師長命名的「號」頗能直寫他的心聲與人品，所以後來號成為一生正名，原名漸漸不用。

〈愛子之心〉文中，作者說：

> 世間可貴的東西往往容易喪失，而賤的東西偏生容易長養。故要寵兒或獨子長養，只要在名義上把他們假裝為賤的，死神便受他們的欺騙，不會來光顧了。（《文學卷一》，頁 284）

反映中國人命名的方式，有積極的期望，如文內提到的「福生，壽生，富生或貴生」（頁 284）；也有反向的偽裝，如「丫頭，小狗，

---

[7] 參蕭遙天，《中國人名的研究》（北京：國際文化出版公司，1987），文中歸納命名作者有六個單位：第一是親，第二是師，第三是君，第四是友，第五是群，第六是己，頁 97-98。

或和尚」（頁 285），希望收到故示卑賤，容易長養的效果。[8]無論是什麼方式命名，都反映中國文化重視名字的傳統是淵遠流長，豐子愷自然也深受影響。

在實現蓋屋的夢想前，豐子愷已經為這五六分土地上的屋宇構思名稱。對於名稱，他有「雅」的趨向，試看他將老屋後的巷子從「煤沙弄」更名為「梅紗弄」便可窺知一二。[9]

（一）過程

豐子愷於 1927 年 10 月 21 日 30 歲（虛歲）生日的這一天，在上海江灣鎮立達校舍永義里租屋處，與三姐豐滿皈依弘一法師。接著，他請求藝術與精神導師弘一法師，為自己將來的住宅命名。法師命他「在小方紙上寫了幾個自己喜歡而又可以互相搭配的字」[10]，他以抓鬮的方式抓取紙團兩次「緣」字，為自己將來的家創造一個虛幻的空間──「緣緣堂」，實際的過程是：

> 有一天我在小方紙上寫許多我所喜歡而可以互相搭配的文
> 字，團成許多小紙球，撒在釋迦牟尼畫像前的供桌上，拿兩

8　蕭遙天：「小名的特色是越鄙俗越粗野越好……其命名也可約為幾個公式的：有以產次命名……有以家畜命名……有以形貌命名……有以僧道命名……大多出於憐愛太甚，故示卑賤，希望容易養大成人。」參《中國人名的研究》，頁 91。

9　豐一吟說：「說起梅紗弄，原本名『煤沙弄』，豐子愷嫌其不雅，把它改為『梅紗弄』。當時對路名沒有什麼規定，說改就改了。緣緣堂的地址是梅沙弄 8 號。」見《瀟灑風神‧我的父親豐子愷》（上海：華東師範大學出版社，1998 年 10 月），頁 114。

10　豐一吟：《瀟灑風神‧我的父親豐子愷》，頁 100。

次鬮，拿起來的都是「緣」字，就給你命名曰「緣緣堂」。當即請弘一法師給你寫一橫額，付九華堂裝裱，掛在江灣的租屋裡。這是你的靈的存在的開始，後來我遷居嘉興，又遷居上海，你都跟著我走，猶似形影相隨，至於八年之久。(〈告緣緣堂在天之靈〉，《文學卷二》，頁 56)

事實上，不需八年的時間，六年後原本「靈」的存在即落實為「形」的形象。觀察整個命名過程，由恩師弘一法師指示取名的方式與觀看全體過程，崇敬的態度猶如侍奉自己的父親，將他當成自己的父親一般，所以當法師命他以傳統的「抓鬮」方式命名[11]，不用一般常見的命名方式，他也欣然照辦。這個租來的房子，不能算是真正的「緣緣堂」，只是暫時棲身之所，雖然如此，橫額還是高掛在屋裡。[12]後來在 1931 年 1 月，上海開明書店出版《緣緣堂隨筆》一書，共收 1925 年到 1930 年的散文隨筆 20 篇，引起社會大眾的矚目。雖然，他已經開始使用「緣緣堂」為題名，可是實質的「緣緣堂」還沒有出現，它在此處只能指涉特定的名詞意義，尚未有豐富的內涵層次。

---

[11] 「抓鬮」是從預先做好記號或字的紙卷中，隨意拈取一個，來決定難以解決的事情。如《三國演義》(台北：聯經出版公司，2002 年 11 月)第二十二回劉岱和王忠說：「與你拈鬮，拈著的便去」，頁 186。

[12] 這個暫寓之屋只是「一樓一底加上半樓的一個亭子間，談不上什麼廳堂」(見《瀟灑風神：我的父親豐子愷》，頁 101)，並非我們集中討論的石門灣「緣緣堂」，依據豐子愷每處居住即為屋命名的行事風格來看，他心目中的「緣緣堂」，自然是故鄉老屋後母親先行購置的預定地落地生根處。豐一吟稱：「以後，豐子愷還到哪裡，就把這幅橫披掛到哪裡，哪裡也就成了『緣緣堂』。」(同上書，頁 101)豐一吟另說「這裡是最初的緣緣堂」，為權充說法。〈豐子愷故居緣緣堂今昔〉，《新文學史料》，第 3 期，2002 年，頁 118。

（二）「緣」、「緣緣」的意義

1. 佛典意義

例如《大乘入楞伽經》卷二有因緣、緣緣：

> 所依因者，謂無始戲論虛妄習氣。所緣者，謂自心所見分別境界。[13]

> 諸計度人言以因緣所緣緣、無間緣、增上緣等。[14]

例如《大毘婆娑沙論》卷十六亦有因緣：

> 因緣非實有物。[15]

> 能緣所緣有差別故。[16]

「緣」是佛教重要的用語，指關係或條件，廣義來說是因、緣兩者之稱。舊曰緣緣，新曰所緣緣，所緣之緣也，是四緣之一。心識對於境界時（如眼之於色），心識為能緣，境界謂之所緣。因緣是指構成一切現象的原因，因為主因，緣為助緣。所以佛教說因緣聚散變化是對人生虛幻本質的揭示，一切有生滅的事物皆由眾緣（條件）和合而生，沒有固定不變的自性。

---

[13] 《大正藏》冊 16，頁 593b。
[14] 同前註，頁 600a。
[15] 《大正藏》冊 27，頁 79a。
[16] 同前註，頁 79c。

2. 作者文本意義

考察豐子愷的文章，出現「緣」字之處頗多，以下僅列出幾個例子。如 1945 年年底致夏宗禹信，談到「緣」、「緣緣」字：

> 然我始終相信「緣」的神秘。所以堂也取名「緣緣」。人生的事是複雜的，便是因為「緣」神秘之故。速成未必可喜，磨折未必可悲，也是因為有「緣」在當間活動之故。此語意味深長，倘一時不信，時間會證實它的可靠。(《文學卷三》，頁 408)

信中的「緣」之意，略指引起結果的直接原因（內因）外的間接原因（外緣），這是常見的意涵，最直接無分別的用法。佛經文字簡樸，常一字或一詞數義，就是不同的宗派中同一字詞也可能有不同的解釋[17]，就豐子愷的文章書信來看，他是取用常見的意涵，並無特別的義蘊。

同年致夏宗禹信，曾提及「隨緣」：

> 青木關預展是意外之事。可見世事隨緣。立達學員二十周紀念是六月二十四日。我返家當在七月初。但亦未能預訂。不知我與你誰先到渝？也只得隨緣了。(《文學卷三》，頁 400)

「緣」神秘不可知，因應世事也只有隨緣。

---

[17] 參馬鳴菩薩著、蕭振士譯，《大乘起信論》（台北：恩楷股份有限公司，2002年 6 月），頁 154。

（三）「堂」的意義

　　「堂」本來是指屋子正中的一間，後來變成整全一間房屋的稱謂。[18]據楊蔭深說：

> 古來的堂名，大約不外取義與取景兩種，取義如宋韓琦所作
> 的畫錦堂，即取富貴歸故鄉，如衣錦晝行之意。又如宋王旦
> 所作的三槐堂，即取堂前植有三槐的原故。[19]

「緣緣堂」顯然是取義。雖然是由傳統抓鬮方式進行，但是我們相信，以豐子愷對文字「雅」的要求與藝術的涵養[20]，紙團內的字應是優雅、具文化氣息（宗教文化）、表達作者思想感情的文字；恰巧的是他抓取的重疊字，還傳達音律調和的美感。「堂」字則是中國傳統住家稱謂，具有文化色彩；而「文字」在傳統建築上的應用，最明顯的就是招牌、匾額等題名文字，所以「緣緣堂」這個文化符號對使用者來說是有豐富記憶的，它對空間的特色具有「畫龍點睛」的效果[21]，能傳達建築材料本身之外的多重意義。

18　如（漢）劉熙《釋名》：「堂謂堂堂，高顯貌也」，（台北：藝文印書館，1967年，小學彙函本，《百部叢書集成》），卷五，頁六。楊蔭深《細說萬物由來》說：「古者為堂，自半以前虛之謂堂，自半以後實之謂室。堂者，當也，謂當正向陽之屋」（北京：九州出版社，2005年），頁246。

19　參楊蔭深，《細說萬物由來》，頁247。

20　觀察豐子愷的居處命名，如「小楊柳屋」標明對楊柳的癖好、「星漢樓」、「日月樓」創造悠邈的境界、「沙坪小屋」表明生活環境等，都匠心獨運，頗有寄意。

21　有關於文字在傳統建築上的運用，如伊東忠太《中國建築史》等書均曾提及，此處說明參考孫全文、王銘鴻，《中國建築空間與形式之符號意義》（台北：明文書局，1995年，7月），頁113-115。

三、整體構造

豐子愷對「緣緣堂」相關的建造始末，集中在〈還我緣緣堂〉（1938 年）、〈告緣緣堂在天之靈〉（1938 年）百日弔文、〈辭緣緣堂──避難五記之一〉（1939 年）等三篇文章；其它如豐一吟《瀟灑風神・我的父親豐子愷》、豐一吟〈豐子愷故居緣緣堂今昔〉二文誠屬詳細的補充材料。[22]茲敘述如下：

「緣緣堂」的設計，完全來自豐子愷的苦心孤詣。[23]確實的起造時間在豐子愷的文章中並沒有說明，根據豐一吟以豐子愷〈高陽台〉「千里故鄉，六年華屋」詞的推估，認為約「從 1932 年年底就動工建造了」[24]，落成時間是「民國二十二年春日落成」[25]，建築費用為六千元，為磚木結構。豐子愷的設計是：

> 緣緣堂構造用中國式，取其堅固坦白。形式用近世風，取其單純明快。一切因襲，奢侈，煩瑣，無謂的布置與裝飾，一概不入。全體正直，（為了這一點，工事中我曾費數百元拆造過，全鎮傳為奇談。）高大，軒敞，明爽，具有深沉樸素之美。正南向的三間，中央鋪大方磚，正中懸掛馬一浮先生

---

[22] 《文學卷二》收入〈還我緣緣堂〉、〈告緣緣堂在天之靈〉、〈辭緣緣堂──避難五記之一〉3 篇文章；豐一吟，《瀟灑風神・我的父親豐子愷》、〈豐子愷故居緣緣堂今昔〉等文。

[23] 豐一吟說：「平屋很小，但宅前宅後有不少空地，加起來足有五六分土地。豐子愷親自繪圖設計新緣緣堂。」見《瀟灑風神・我的父親豐子愷》，頁 115。

[24] 〈高陽台〉，詞見《文學卷三》，頁 741；豐一吟說法，見〈豐子愷故居緣緣堂今昔〉，頁 120。

[25] 〈辭緣緣堂〉文中說：「自民國二十二年春日落成，以至二十六年殘冬被毀，我們在緣緣堂的懷抱裡的日子約有五年」，《文學卷二》，頁 126。

寫的堂額……西室是我的書齋，堂前大天井中種著芭蕉、櫻
桃和薔薇。門外種著桃花。後堂三間小室……樓上設走廊，
廊內六扇門，通入六個獨立的房間，便是我們的寢室。秋千
院落的後面，是平屋、閣樓、廚房和工人的房間—所謂緣緣
堂者，如此而已矣。(〈辭緣緣堂〉，文學卷二，頁125)

呈現出來的概念是：

非常注意你全體的調和，因為你處在石門灣這個古風的小
鎮中，所以我不給你穿洋裝，而給你穿最合理的中國裝，
使你與環境調和。因為你不穿洋裝，所以我不給你配置摩
登家具，而親繪圖樣，請木工特製最合理的中國式家具，
使你內外完全調和。(〈告緣緣堂在天之靈〉，《文學卷二》，
頁58)

豐子愷在家具擺設與裝置的風格，是中國傳統式的（懸掛文人字
畫、屏風，具清供賞玩之雅），也是傾向簡約的狀態；這種簡約，
是經過繁複的篩選過程到極簡的呈現。可以說，呈現的完善、詩意
風格是豐子愷人格的代表。[26]

　　終於「賦形」的「緣緣堂」，由於弘一法師寫的橫額太小，另
請馬一浮題名，後面又有一偈，前四句是：「能緣所緣本一體，收

---

[26] 建築是人格的體現說法，如苟志效、陳創生說：「明清民間建築的人文關懷
是十分明顯的。據《園冶》、《魯班經》、《閒情偶寄》等書的記載，明清民
間建築普遍追求表達人的個性，追求人與自然的和諧，追求建築與自然的
和諧。」見《從符號的觀點看——一種關於社會文化現象的符號學闡釋》(廣
州：廣東人民出版社，2003年)，頁65。

入鴻蒙入雙眥。畫師觀此悟無生，架屋安名聊寄耳」[27]，被豐子愷讚揚「第一句把我給你的無意的命名加了很有意義的解釋，我很歡喜」。[28]其中「能緣所緣本一體」是說能緣與所緣俱是真如自體[29]，「緣緣堂」的宗教含義極濃厚。

豐子愷〈告緣緣堂在天之靈〉詳細描述「緣緣堂」中四季居住之樂，並說：

> 你是我的安息之所。你是我的歸宿之處。我正想在你的懷裡度我的晚年，我準備在你的正寢裡壽終。誰知你的年齡還不滿六歲，忽被暴政所摧殘，使我流離失所，從此不得與你再見！（《文學卷二》，頁 59）

通篇文字皆用「你」第二人稱稱呼「緣緣堂」，題目也將無生命的堂擬人化，並強調「緣緣堂」的重要性。豐子愷家人居住在「緣緣堂」的時間是：「自民國二十二年春日落成，以致二十六年殘冬被毀」（〈辭緣緣堂〉，《文學卷二》，頁 126），大約共有四年的時間。

1937 年 8 月 13 日「八一三」事變爆發，日軍進攻上海：

> 上海南市已成火海了，我們躲在石門灣裡自得其樂。今日思之，太不識時務。最初漢口的朋友寫信來，說浙江非安全之地，勸我早日率眷赴漢口。四川的朋友也寫信來，說戰事必致擴大，勸我早日攜眷入川。（〈辭緣緣堂〉，《文學卷二》，頁 128）

---

[27] 見〈告緣緣堂在天之靈〉，《文學卷二》，頁 57。

[28] 同前註。

[29] 見馬鳴菩薩《大乘起信論》：「此真如體，無有可遣，以一切法悉皆真故。亦無可立，以一切法皆同如故；當知一切法不可說、不可念，故名為真如。」頁 29。

但豐子愷猶在觀望，8 月 26 日他致函陶亢德：

> 石門灣幸未吃炸彈，惟飛機時過，緣緣堂屋頂，風鶴日夜不
> 絕耳，弟十三日以來，日日刻印作畫，惟準備轉乎溝壑而已。
> （文學卷三，頁 361）

不料，1937 年 11 月 6 日下午二時，日軍飛機轟炸石門灣：「因為
在這環境中，我們的房子最高大，最矚目，猶如鶴立雞群，劊子手
意欲毀壞它」[30]，「緣緣堂」成為敵機轟炸目標。於是豐家老幼十
人，就在這一天的傍晚細雨中和「緣緣堂」告別，全家到六里外的
南聖濱的妹夫家暫避難，心情複雜：

> 我們此行，大家以為是暫避。將來總有一日回緣緣堂的。誰
> 知其中只有四人再來取物一二次，其餘的人都在這瀟瀟暮雨
> 之中與堂永訣，而開始流離的生活了。（〈辭緣緣堂〉，《文學
> 卷二》，頁 135）

1937 年 11 月 15 日深夜回家取回「心愛的、版本較佳的、新買而
尚未讀過」的兩網籃書，睡了半夜後在黎明時起身離開：

> 我出門的時候，回頭一看，朱欄映著粉牆，櫻桃傍著芭蕉，
> 二十多扇玻璃窗緊緊地關閉著，在黎明中反射出慘淡的光
> 輝。我在心中對你告別：「緣緣堂，再會吧！我們將來再見！」

---

[30] 據豐一吟〈豐子愷故居緣緣堂今昔〉說：「這底樓的高度，即使堂主人的後
代也記不清，只覺得高大軒敞。監工的知情人豐桂為此特地與重建的師傅
到東市與緣緣堂同年落成而倖存的『魏家廳』現場察看。豐桂知道緣緣堂
比魏家廳高，所以察看後定為 3.8 米。」《新文學史料》第三期，頁 122。

誰知這一瞬間正是我們的永訣，我們永遠不得再見了！（〈告
緣緣堂在天之靈〉，《文學卷二》，頁 62）

黎明中發出幽光的緣緣堂，也反射作者無奈的心境。1938 年 2 月 9
日收到上海裘夢痕的明信片，得知「一月初上海新聞報載石門灣緣
緣堂已全部焚毀。」（《豐子愷年譜》，頁 297-298）後寫下〈還我緣
緣堂〉一文。〈還我緣緣堂〉說 1937 年 11 月 23 日，石門灣緣緣堂
被日軍炸毀：

吾鄉於中華民國二十六年十一月六日，吃敵人炸彈十二枚，
當場死三十二人，毀房屋數間。我家幸未死人，我屋幸未被
毀。后於十一　月二十三日失守。（〈還我緣緣堂〉，《文學卷
二》，頁 54-55）

牽強附會之說出現：

倘是我軍抗戰的炮火所毀，我很甘心！堂倘有知，一定也很
甘心，料想它被炸時必然毫無恐怖之色和悽慘之聲，應是蓋
地參天，蓋地成空，讓我神聖的抗戰軍安然通過，向前反攻
的。倘是暴敵侵略的炮火所毀，那我很不甘心，堂倘有知，
一定更不甘心。料想它被焚時，一定發出喑嗚叱咤之聲：「我
這裡是聖跡所在，麟鳳所居。爾等狗彘豺狼膽敢肆行焚毀，
褻瀆之罪，不容於誅！應著你等趕速重建，還我舊觀，再來
伏法！」（〈還我緣緣堂〉，《文學卷二》，頁 55）

豐子愷以擬人熱辣諧謔性語言顛覆書寫「緣緣堂」，真實寫出「堂即我」的心態，他衝破壓抑，呼號內心情感。1938 年他又寫下：

> 寇至余當去，非從屈賈趨。欲行焦土策，豈惜故園蕪？白骨齊山岳，朱殷染版圖。老夫家亦毀，慚赧庶幾無。(〈焦土抗戰的烈士〉見《漫文漫畫》,《文學卷一》, 頁 698)

雖然「豈惜故園蕪」，但痛惜之情溢於言表。

四、石門灣「緣緣堂」的寫作成果

　　論者常謂豐子愷居住在故鄉石門灣「緣緣堂」，不但親手設計建造，還在此生活四年，這四年是豐子愷創作的豐收期。[31] 茲將此時期的作品羅列如下：

（一）散文

　　1934 年 8 月豐子愷出版《隨筆二十篇》一書，上海開明書店初版，共收文二十篇（收入《文學卷一》）。

31　參李家平〈豐子愷和他的緣緣堂〉說：「石門灣緣緣堂時期，隨著人生閱歷的豐富加之生活上的安定，豐子愷的散文創作經過艱苦的藝術磨練，以其獨特風格大放光彩。石門灣緣緣堂時期豐子愷連續推出《隨筆二十篇》(1934年)、《車廂社會》(1935 年)、《緣緣堂再筆》三部力作。」《縱橫》, 第 7 期, 1998, 頁 61。《勞者自歌》為合集，李家平未列。又,《隨筆二十篇》中, 〈給我的孩子們〉(1926 年作) 與〈夢耶真耶〉(1932 年作) 兩篇為定居石門灣「緣緣堂」前的作品。

　　1934 年 9 月豐子愷出版《勞者自歌》一書，上海生活書店初版，共收文十一篇（收入《文學卷一》）。[32]

　　1935 年 7 月豐子愷出版《車廂社會》一書，上海良友圖書印刷公司初版，共收文三十篇（收入《文學卷一》）。

　　1937 年 1 月豐子愷出版《緣緣堂再筆》一書，上海開明書店初版，共收文二十篇（《文學卷一》）。

（二）文藝論著

　　1934 年 5 月豐子愷出版《繪畫與文學》一書，上海開明書店初版，共收文五篇（收入《藝術卷二》）。

　　1934 年 9 月豐子愷出版《近代藝術綱要》一書，上海中華書局初版。

　　1934 年 11 月豐子愷出版《藝術趣味》一書，上海開明書店初版，共收文二十篇（收入《藝術卷二》）。

　　1934 年 11 月豐子愷出版《開明音樂講義》一書，上海開明書店初版。

---

[32] 《勞者自歌》，據楊牧編《豐子愷文選 IV》（台北：洪範書店，1999 年）附錄「豐子愷著作年表」：「勞者自歌（合著）」，未見合著者姓名。又據《豐子愷研究資料》（寧夏：寧夏人民出版社，1985）中「豐子愷著譯書目」並未有《勞者自歌》著錄；陳星《豐子愷的藝術世界》（高雄：佛光出版社，1993）附錄「豐子愷著譯書目」亦未見。依《豐子愷年譜》編者說「該書為十六人合集」，有部分文章被豐子愷收入《車廂社會》一書，其餘收入《文學卷一》，是此書目前所見較詳盡的說明。盛興軍主編：《豐子愷年譜》（青島：青島出版社，2005 年），頁 232。

1934 年 11 月豐子愷出版《開明圖畫講義》一書，上海開明書店初版。

1935 年 8 月豐子愷出版《繪畫概說》一書，上海中國文化服務社初版，共分八章為藝術評論集（收入《藝術卷三》）。

1935 年 12 月豐子愷出版《西洋建築講話》一書，上海開明書店初版，共分六講（收入《藝術卷三》）。

1936 年 10 月豐子愷出版《藝術漫談》一書，人間書屋初版，共收文十八篇（收入《藝術卷三》）。

1937 年 3 月豐子愷出版《少年美術故事》一書，上海開明書店初版，共二十四篇（收入《藝術卷三》）。

（三）文章自選集

1935 年 4 月豐子愷出版《藝術叢話》一書，上海良友圖書印刷公司初版，共收文十三篇（其中五篇收入《藝術卷二》）。

（四）畫集

1935 年 4 月出版《雲霓》畫集，上海天馬書店（序文收入《文學卷一》）。

1935 年 9 月出版《人間相》畫集，上海開明書店初版（序文收入《藝術卷三》。

1935 年 9 月出版《都會之音》畫集，上海天馬書店初版。

（五）合編

1935 年與裘夢痕合編《開明音樂教本》，上海開明音樂書店初版。

以上書目統計如下：散文 4 冊、文藝論著 9 冊、文章自選集 1 冊、畫集 3 冊、合編 1 冊[33]，共 18 冊作品集，其中散文 4 冊佔豐子愷一生創作散文集約 1/2 的份量[34]，而《隨筆二十篇》、《車廂社會》、《緣緣堂再筆》三部文集允為創作顛峰（36 歲到 40 歲）的作品[35]。

五、後續

因為戰爭蠶起，豐子愷開始逃難的歷程：1937 年離開故鄉石門灣，經湖南進入江西。1938 年輾轉於湖南、湖北、廣西，1939 年在廣西桂州、貴州遵義。1942 年從貴州遵義到四川重慶沙坪壩。1943 年 6 月豐子愷自建的「沙坪小屋」落成，地點在沙坪壩正街以西廟灣，極目是荒郊，牆面單薄的四間小屋：「沙坪小屋與緣緣堂有天壤之別。」但是：

---

[33] 1936 年 10 月上海仿古書店出版《豐子愷創作選》一書，係陳筱梅編，非豐子愷自選，在此不計入。

[34] 豐子愷的散文集作品常有刪修、重複收文與更名再出版的情形，此為粗估。釐清作家作品完成時間才能獲得判定作品成績的基礎，《豐子愷年譜》有較詳細的考證，參考性極高。

[35] 1931 年《中學生小品》與 1933 年《子愷小品集》篇目皆同，所以此處保留《子愷小品集》不計入，與一般論者說法不盡相同。

> 在沙坪小屋的歲月是悠閒舒適的。在物質上雖遠遠比不上緣
> 緣堂時期，但經過多年流離，能有這麼一處安居之所，豐子
> 愷已很滿足了。[36]

1943 年 11 月 21 日致函正在桂林的黎丁，此時豐子愷已住沙坪小屋五個月，仍希望《教師日記》、《藝術叢話》能刊印成為《緣緣堂叢書》，認為「讀者必多」、「頗有流傳價值」。[37]三年後，廉價賣「沙坪小屋」，準備待返江南。1947 年 1 月 15 日赴杭州，函夏宗禹：「我走遍中國，覺得杭州住家最好，可惜房子難找。我已租得小屋五間，在西湖邊，開門見放鶴亭（即孤山林和靖放鶴處），地點很好，正在修理。」[38] 3 月 11 日遷入杭州靜江路 85 號小平屋內，稱為「湖畔小屋」，正好得一上聯「居臨葛嶺招賢寺」（章錫琛），下聯「門對孤山放鶴亭」（豐自擬）；住在此處一年半，賦閒生活讓身心休息。[39]

　　1946 年 11 月 10 日赴石門鎮，憑弔緣緣堂，過程紀錄在 1947 年的〈勝利還鄉記〉：

> 染坊店與緣緣堂已不知去向了。根據河邊石岸上一塊突出的
> 石頭，我確定了染坊店牆界。……這一帶地方的盛衰滄桑，
> 染坊店、緣緣堂的興廢，以及我童年時的事，這塊石頭一一
> 親眼看到，詳細知道。（《文學卷二》，頁 197）

---

[36] 豐一吟：《瀟灑風神·我的父親豐子愷》，頁 240。

[37] 〈致黎丁信〉，收入《文學卷三》，頁 384-385。

[38] 〈致夏宗禹信〉，收入《文學卷三》，頁 418。

[39] 1947 年 12 月 15 日〈致廣洽法師信〉：「弟復原後，故園家屋盡毀，在杭州租屋息足。十年流離，疲於奔命，體弱不能任事，一年來賴鬻畫為生耳。」《文學卷三》，頁 193-194。

一片荒煙蔓草中，豐子愷的兒子華瞻只找到一塊焦木頭，帶到北平
作紀念。站立片刻後，回到投宿處，豐子愷說：

> 他們買了無量的酒來慰勞我，我痛飲數十盅，酣然入睡，夢
> 也不做一個。次日就離開這銷魂的地方，到杭州去覓我的新
> 巢了。（〈勝利還鄉記〉，《文學卷二》，頁 197）

重回石門灣故鄉，舉目四望一片荒涼，只有茅屋與廢墟，時人大多
不識，豐子愷說：「我十年歸來，第一腳踏上故鄉的土地的時候，
感覺並不比上海親切。」（〈勝利還鄉記〉，《文學卷二》，頁 195）。
似乎因為九年漫長的逃難生活，讓當下的感受不如念茲在茲時的牽
繫遙想，是「緣緣堂」的消失早已得知，心理上已然接受這樣的狀
態？抑或「緣緣堂」在豐子愷心中早昇華為一恆久的形象，並不因
其崩毀而有減損之心？

離開故鄉後，豐子愷大多住在上海「日月樓」，與故鄉交集愈
來愈少，據 1947 年 4 月《劫餘漫畫》自序：「忽有親友，攜書物
一箱來晤，曰：『此緣緣堂被毀前一日僥倖代為攜出者，藏之十年
矣，今以歸還物主。』」（《藝術卷四》，頁 409）1971 年寫信給兒子
新枚，也談到相關的內容：

> 佛教中有一重要著作，叫做《大乘起信論》，是馬鳴王（印
> 度人）菩薩所著。日本人詳加注解，使人便於理解。我當
> 年讀此書受感動，因而信奉佛教。此書原存緣緣堂，火燒
> 前幾天，茂春姑父去抱出一網籃書，那《二十五史》及此
> 書皆在內。前年抄家，《二十五史》幸而被張逸心借去，沒

有被拿走。此書亦幸而存在。真乃兩次虎口餘生，彷彿有神佛保佑，有意要留給我翻譯的。(〈致新枚信〉，《文學卷三》，頁 630)

除此之外，豐子愷在出版書籍時，1957 年 60 歲北京人民文學出版社作者自編《緣緣堂隨筆》(新版)，共 59 篇文章，為出版過的隨筆集中舊作選入〈《緣緣堂隨筆》選後記〉，《文學卷二》，頁 431)。1962 年，豐子愷編成一冊《新緣緣堂隨筆》(後改名為《緣緣堂新筆》)，共 34 篇，但生前未出版。[40]

1970 年 6 月豐子愷寫信給新枚，說：

有時回想過去，有許多事深悔做錯了，但無法更正。此亦可以勉勵今後，勿再做後悔之事。例如說，當年我花了七八千元(合今三萬餘)造緣緣堂，實在多事。但五四年頂進這屋(出六千元)，並不後悔。……以後住處未定。要看人事而定。(〈致新枚信〉，《文學卷三》，頁 592)

時移事遷，世局不明，對多病的老人來說，久居的上海已是第二故鄉，「緣緣堂」此時僅是一建築實體，在花費上的確是不小的數目。1973 年 76 歲，豐子愷在杭州寫成《緣緣堂續筆》(1971 年至 1972 年於凌晨時分悄悄寫成)，共 33 篇，生前均未發表，去世後其中 17 篇被豐一吟收入《緣緣堂隨筆集》，1983 年 5 月由浙江文藝出版社出版。[41]

---

[40] 見《豐子愷年譜》，頁 476。
[41] 見《豐子愷年譜》，頁 548。

直到 1975 年，78 歲的豐子愷接獲石門鎮革委會來信，請他親臨會堂書寫大字，4 月 12 到 22 日終於回到久違的故鄉並探望親人，同年 9 月 15 日他在上海逝世。1979 年 10 月，香港明川編成一冊《緣緣堂集外遺文》由問學社出版。1985 年，由廣洽法師資助，在石門灣重現「緣緣堂」的原貌，並對外開放。[42]這個試圖通過重建保留一個作家的歷史記憶和特徵，到目前為止，由絡繹不絕的參訪人數看來，取得不錯的效果。

六、符號象徵意義

從 1927 年 10 月豐子愷 30 歲生日當天，弘一法師以抓鬮方式命名「緣緣堂」開始，豐子愷曾自稱「緣緣堂主人」，並曾於文章後面註記：「寫於緣緣堂」[43]、「記於江灣緣緣堂」[44]，此時，他居住的是上海北郊永義里立達學園的新教職員宿舍，是暫時安居之所，這個「緣緣堂」是一個「靈」，只是一個符號。他還沒有具體構築自己的家園，此時的遷徙過程，帶的是一個符號。這個符號雖然未與整個符號系統產生深刻的意義，卻顯示出豐子愷與「緣緣堂」有了初次的聯結——他在「遙望」、「遙想」理想的家，其中寄寓對未來的家某種程度的渴望。

---

[42] 見《豐子愷年譜》，「附錄一」，頁 3。

[43] 如 1929 年 6 月發表的〈幼兒故事〉，註記：「己巳（1929）年新春，寫於緣緣堂，軟軟的眠著⋯⋯的床旁邊。」見《文學卷一》，頁 59。

[44] 如〈《初戀》譯者序〉文末註記：「一九二九年端午節記於江灣緣緣堂。」見《文學卷一》，頁 64。

　　石門灣「緣緣堂」是一個保護身體心理安全的空間，它的背後有一個中國傳統文人文化在支持、規範，它實現了豐子愷以人為本的居住理想。實體空間落成後，「緣緣堂」的命名，一則增加建築物的豐富性與藝術性，再來是藉文字傳達豐子愷的心理情感狀態，彌補了建築本身無法表達的意義。

　　豐子愷的寫作與家居生活是安適、講究的，喝酒、抽煙、焚香是他很大的樂趣。案頭置放著香爐，望著裊裊香煙，嗅聞淡淡馨香，樂趣無限。這個建築是與生活融和的，它包容了一家族的人，促進家庭和諧的關係，因此它是具有安全性、私密性、文化上宗教性、社會家族性所構築的空間樂土。

　　這段時間在石門灣的寫作活動十分積極，僅以「緣緣堂」為名的就有：1935 年林語堂主編在上海創刊的《宇宙風》，豐子愷在此曾開闢「緣緣堂隨筆」專欄[45]。1937 年開明書店出版《緣緣堂再筆》，共收文章 20 篇。由此可以看出，豐子愷繼續以「緣緣堂」題名自己發表的創作，深化個人與「緣緣堂」的關係，並在創作內容裡展現居住的快慰與滿足感。因此，重疊空間就出現了，居住的私人空間演繹成非建築立場的空間，這個空間涵括豐子愷的精神與本人，甚至是一種幸福概念，它可以向世人無言地闡釋。

　　上海「緣緣堂」這個單純的指涉，在石門灣「緣緣堂」時期已經漸漸開展擴充，具有多種的內涵層次。所以社會大眾也將豐子愷與「緣緣堂」劃上等號：「緣緣堂」主人創作出如「緣緣堂」般清淡雋永的藝術風格作品。

---

[45] 見《豐子愷年譜》，頁 236。

七、符號象徵的意義轉變

　　蘇珊・朗格特別強調：一個表現形式就是一個符號形式，「符號的重要認識價值就在於它們能表現那些超越了創作者過去經驗的理念」[46]，「緣緣堂」是一個完整具足的符號象徵。其音「緣緣」令人聯想起「圓圓」，就如同一個圓，既完整飽滿，卻又如生命已逝的空無，故馬一浮有偈云：「能緣所緣本一體，收入鴻蒙入雙皆。畫師觀此悟無生，架屋安名聊寄耳。」(〈告緣緣堂在天之靈〉)對1933 年落成的「緣緣堂」有某種暗示效果，指萬物本為一體，不必強加區分，其內涵意義極為深邃。

　　1937 年 11 月，因日軍轟炸被迫離鄉，12 月「緣緣堂」被炸毀。逃難歲月中，豐子愷寫出〈告緣緣堂在天之靈〉(1938 年)、〈還我緣緣堂〉(1938 年)、〈辭緣緣堂〉(1940 年)等 3 篇文章，至 1943 年豐子愷仍肯定黎丁擬印的《緣緣堂叢書》，由此顯出「緣緣堂」的和平樂園、人間淨土的符號意義與作家心理的渴望。

　　但是，弘一法師 1942 年 10 月於泉州晚晴室去世，豐子愷的人生理念有了轉變；1946 年 11 月他回到故鄉，親眼目擊「緣緣堂」已成斷垣焦土，遂飲酒酣睡。至此，「緣緣堂」已非樂園夢土，它是一個逝去的家，也僅僅只是豐子愷的創作作品集的代稱了。後來，豐子愷雖然仍繼續出版《緣緣堂隨筆》(新版)與規劃出版但來不及印行的《緣緣堂新筆》，但是情思寥寥，石門灣時期創作風格已經轉變。

---

[46] 朗格：《情感與形式》，頁 452。

1936 年 11 月〈SWEET HOME〉刊《論語》一百期，他說：「世間越是 bitter，家庭越被顯襯得 sweet。」（《藝術卷二》，頁 548）後來豐子愷再將 1936 年舊稿〈家〉一文刊於 1947 年 8 月《文藝知識》，談及回到石門灣家的心境：

> 到了夜深人靜，我躺在床上回味上述的種種感想的時候，又不安心起來。我覺得這裡仍不是我的真的本宅，仍不是我的真的歸宿之處，仍不是我的真的家。四大的暫時結合而形成我這身體，無始以來種種因緣相湊合而使我誕生在這地方。偶然的呢？還是非偶然的？若是偶然的，我又何戀戀於這虛幻的身和地？若是非偶然的，誰是造物主呢？我須得尋著了他，向他那裡去找求我的真的本宅，真的歸宿之處，真的家。……既然無「家」可歸，就不妨到處為「家」。（《文學卷一》，頁 521-522）

人們苦心竭慮造了「人間處境」的家，以為這是「天上人間」，殊不知它是代替了自然，讓自己似乎洋溢著幸福感。佛教說「成住壞空」，世間萬物，俱是因緣聚攏此身的一切。豐子愷猶在追問，何者是造物主、何處是真的家，他的內心世界因此昇華成宗教世界，他知道自己的活著有更偉大的造物主支撐著。這並不是解構，而是一個宗教感強的作家呈現對「家」這個住宅符號在原始意義──安全、私秘、宗教與社會上的思考。

直到逃難到重慶，歷經困難輾轉於上海落腳，「沙坪小屋」與「日月樓」都沒有再冠上「緣緣堂」的稱謂。實體的「緣緣堂」已毀，精神的「緣緣堂」被重新定格在石門灣時期，就豐子愷本人來

說,「緣緣堂」的樂園符號意義消失,保留的是創作高峰的歷史性的意義。

老年時期,「改革開放」重新以另一種思維方式和語言系統來處理生活,其中也包括人與人的關係。每一個關係的轉變都對居住構成影響,而這個變換的速度愈來愈快。當豐子愷的年齡增長、生理狀況、心理狀態有不同要求時,他的心裡對空間的要求就會呈現出來,怎麼樣會使自己身心狀況最舒適?居住在這一個階段幾乎是唯一的功能,房子的功能性被彰顯出來,只考慮自己要住的問題。純粹居住的房屋也可以不再承擔更多的社會功能。所以,上海「日月樓」不是「緣緣堂」的再現,「緣緣堂」對暮年的豐子愷來說,只有指涉特定的名詞意義──1933 年起在故鄉石門灣居住四年的房子與曾經膾炙人口藝術家的隨筆散文集名稱。

綜合以上分析「緣緣堂」的符號意義,得到下面的結論:

(一) 命名時期:實體「緣緣堂」不存在,上海「緣緣堂」僅有精神家園名義,沒有豐富內涵意義;豐子愷將「緣緣堂」帶在身上,他處於「遙想」的美好狀態。

(二) 實體「緣緣堂」時期:石門灣「緣緣堂」有明示意義,也有豐富內涵意義。它滿足作家對「家」功能的願望和需求,在此安身立命的樂園中,他以「緣緣堂主人」自居,並開闢專欄,持續維持寫作能量,將清淡悠遠的「緣緣堂隨筆」精神發揚光大。

(三) 精神象徵時期:「緣緣堂」被毀,實體不存在,惟其內涵意義:對故鄉「緣緣堂」的思念與和平庇護所的渴求仍互動、保留著。

(四) 老年時期：由於時空環境改變，久居上海的作家已近耄齡，「緣緣堂」的內涵意義已經消失，只有保留「緣緣堂」的書名歷史性意義。

(五) 重建時期：豐子愷去世十年後，在石門灣原址重建「緣緣堂」。此時沒有居住的功能意義，轉換成是作家的歷史象徵符號，代表作家悠遠平淡的藝術風格獲得強化，可以不斷延伸擴大。

作家透過符號象徵來代表涵蓋面廣，忽而明顯忽而隱含的意義。就「緣緣堂」建築來說，這一連串的空間體驗，顯示它不只是居住的地方，且是實現豐子愷藝術理想的樂園，甚至是未來寄託希望之所。隨著人與時空背景不同變化，原本指示建築題名的符號，成為真實圖像與形象，進一步產生豐富的內涵意義，這些意義也在互動狀態下，有的意義消失、改變或轉換。「緣緣堂」符號語言變得有延續性具生命力，因為它再現或喚起現實世界的形象。

蘇珊‧朗格認為人們可以透過聯想情感來認識作品，作品情感「所表達的恰恰是『可感知的生命』中一個難以形容的片段，通過其在藝術符號中的再現，這個片段變得可以認知了」。[47]豐子愷在作品中屢稱「緣緣堂」，書名定為《緣緣堂隨筆》、《緣緣堂續筆》、《緣緣堂隨筆集》，又自稱「緣緣堂主人」等，以致讀者都可以「看到這個形式及其『感情的特質』」[48]，所以「緣緣堂」符號透過讀者被強化擴充成指代豐子愷意義的意象，任何人皆無法取代。透過以上的討論，呈現出清楚的「緣緣堂」符號意義脈絡，期望對豐子愷的文藝創作分析，提供研究的基礎。

---

[47] 《情感與形式》第二十章「表現力」，頁 433。
[48] 同前註，頁 440。

第二節 石門灣「緣緣堂」的樂土象徵意義

在上一節，釐清「緣緣堂」的象徵符號，在豐子愷的寫作歷程中有隱顯起伏不同程度象徵意義。本節將進一步處理石門灣「緣緣堂」的象徵意義，來揭示豐子愷終其一生的創作生涯中，不斷往復迴照這一段豐美生活歲月的原因。

首先，描述石門灣「緣緣堂」的家居生活情景，並指出其間審美方式的建構，與中國傳統文人的審美生活極為吻合。其後討論「緣緣堂」作為樂土的象徵意義，並說明豐子愷這種居住方式在當時知識份子圈來說，有什麼相同相異處。

一、「緣緣堂」起居生活

「緣緣堂」的地點位於「豐同裕」染坊店後，「惇德堂」老屋的裡面。中國式的建築，正南向有三間，中央鋪大方磚，豐子愷〈辭緣緣堂〉描述規劃與佈置情形：

> 正中懸掛馬一浮先生寫的堂額。壁間常懸的是弘一法師寫的
> 《大智度論‧十喻贊》，和「欲為諸法本，心如工畫師」的
> 對聯。西室是我的書齋，四壁陳列圖書數千卷，風琴上常掛
> 弘一法師寫的「真觀清淨觀，廣大智慧觀。梵音海潮音，勝
> 彼世間音」的長聯。東室為食堂，內連走廊，廚房，平屋。
> 四壁懸的都是沈寐叟的墨迹。堂前大天井中種著芭蕉、櫻桃
> 和薔薇。門外種著桃花。後堂三間小室，窗子臨著院落，院

內有葡萄棚、秋千架、冬青和桂樹。樓上設走廊，廊內六
扇門，通入六個獨立的房間，便是我們的寢室。秋千院落
的後面，是平屋、閣樓、廚房和工人的房間。(《文學卷二》，
頁 125)

根據豐華瞻、戚志蓉所撰「年譜」補充以下：

緣緣堂門額上刻豐氏自書「欣及舊棲」四字。正廳中……匾
額下對聯中間，掛吳昌碩所繪老梅中堂。正廳中……又掛豐
氏自己所書小對聯，用杜甫句：「暫止飛鳥纏數子，頻來語
燕走新巢」。西面書房中風琴上……對面掛豐氏自己所寫小
對，用王安石之妹長安縣君之詩句：「草草杯盤供語笑，昏
昏燈火話平生。」[49]

就外觀來看，它是一所傳統中國式建築，「緣緣堂」由弘一大師命
名，對豐子愷來說，給予心理上極大的慰藉與安全感。內堂裡則由
生命中後期私淑的馬一浮，揮毫寫就「緣緣堂」三字。深入空間體
驗，連續的畫面形象變化：門額上點出「欣及舊棲」四字，有著心
理定位的意義；繼而進入充滿文人味的空間，所懸對聯「欲為諸法
本，心如工畫師」、「真觀清淨觀，廣大智慧觀。梵音海潮音，勝彼
世間音」皆有內省意義。

中國傳統建築，向以廣泛運用文字著稱。「以建築是文化的一
整合體來看，將書法溶入建築增加建築的豐富性與藝術性是必然

---

49 豐華瞻、戚志蓉：《回憶父親豐子愷》(台北：吳氏圖書有限公司，1992 年
10 月)，頁 228-229。

的」[50]，因此室內裝飾的字幅，是直接運用中國特有的詩詞，直接轉用在空間裡，彌補建築本身冰冷的材料，傳遞更深更廣的意義。豐子愷自書「暫止飛烏繞數子，頻來語燕走新巢」、「草草杯盤供語笑，昏昏燈火話平生」，可說是家事底定後，心情快慰的註腳。而以國畫書法裝修壁面，展露對傳統文化的嚮往與心理投射，提昇家人審美的鑑賞力，直接表現主人學養、氣質之高，展示文學與生活的美好結合。

　　能擁有書房對創作者來說很重要，它不僅是閱讀創作的空間、精神的保護，而且是充滿意義的空間。豐子愷也曾因生活逼仄，如王冕牧牛讀書、陶宗儀耕田寫作般，沒有專門的書房。陶淵明〈讀山海經〉：「眾鳥欣有托，吾亦愛吾廬」，有了「緣緣堂」後，豐子愷將書房設於西室，四壁陳列圖書數千卷與風琴。四年多的日子，豐子愷屏擋外務，專事創作，成績斐然。書房是他智力運作的場域，因為創作是與自己深刻的對話，保持孤獨靜默的空間是必須的，豐子愷費盡唇舌，與妻子溝通：

> 三十多年前的生活情況：屋子小，沒有獨立的書房。睡覺、吃飯、工作，同在一室。我坐在書桌旁邊寫稿，我的太太坐在食桌旁邊做針線。我的寫稿倘是翻譯，我歡迎她坐在這裡，工作告段落的時候可以同她閒談一下，做為調劑。但倘是創作，我就討厭她。因為她看見我擱筆不動，就用談話來打斷我的思想線索……後來我就預先關照：「今天妳不要睬我。」（〈隨筆漫畫〉，《文學卷二》，頁 562）

---

[50] 孫全文、王銘鴻：《中國建築空間與形式之符號意義》（台北：明文書局，1995 年 2 月 3 版），頁 113。

書房是審美行動的空間，並且為排遣單調的寫作節奏，他會不斷變動房間擺設，一個月內要搬動好幾次，「把幾件家具像著棋一般調來調去，調出種種的景象來」，「室容一變，室中的主人的趣味一新，看書寫作都高興了」（〈房間藝術〉，《文學卷一》，頁 525）。文人對書房的細心設計，視為自我象徵、投射與延伸的天地。因此，讀書寫作、聽京劇彈琴的規律作息，得以順利進行。

豐子愷在書房內從「時鐘打九下。正是我們開始工作的時光了」（〈清晨〉，《文學卷一》，頁 638），所需設備有：

> 一毛大洋一兩的茶葉，聽頭的大美麗香煙，有人供給開水的熱水壺，隨手可取的牙籤，適體的藤椅，光度恰好的小窗。（〈家〉，《文學卷一》，頁 517）

此外，最不可或缺的是「燒香」，豐子愷在〈我的燒香癖〉說明燒香的重要性：

> 眼睛看不見篆縷，鼻子聞不到香氣，我的筆就提不起來。（《文學卷二》，頁 184）

說明燒香可以輔助書寫，激揚才思。對於燒香的用具，也有特別的癖好：

> 我燒的是「壽字香」。壽字香者，就是在一銅製的香爐中，用香末依壽字形的模型塑成的香。這模型普通是一篆文壽字。從頭至尾，一氣聯貫。也有不取壽字而取別種形式的……這種香爐，大都分兩層，上層底下盛香灰……下層

是盛香末以及工具的地方。……這種香爐我家共有八九只
之多……我每次到杭州上海，必赴舊貨店找尋此物，找到
了我家所未有的形式，便買回來。我的書案上，不斷地供
著這種香爐。看厭了，換一只。所點的香末，也分數種，
常常調換，有檀香末，降香末，麝香末，以及福建香末，
都是托藥店定制的。我當時生活很普羅，布衣，蔬食，不
慕奢侈；獨於點香一事，不惜費用。每月為香所費的，比
吃飯貴得多！（《文學卷二》，頁 185）

對香爐形式的追求，也承襲傳統文人賞玩器用的風氣。豐子愷還有
每日抽煙四十支以上，晚上必喝酒的嗜好，但是燒香的費用卻遠超
過這些花費，他還是捨不得放棄，原因有以下兩點：

第一是香的氣味的美。香氣使鼻子嗅覺發生快感。……我所
以歡喜點香，就是為了要利用中等感覺的快感來補充美欲的
不滿足。……我的愛點香，是為了香的煙繚的形象的美。……
香煙繚繞之形，象徵著人心的思想。……故靜看爐煙，可助
思想。……可以教人懷舊，引人回憶，促人反省，助人收回
失去的童心。（《文學卷二》，頁 187）

傳統文人生活美學，展現在琴棋書畫、參禪論道、益友清談、
魚鳥流連、觀戲度曲、品茗飲酒、閒居賦詩等不一而足，焚香也是
其中一種。文人藉由焚香動作，可轉化外界空間為香霧隱約、不復
人間世，且有清心悅神的效果。[51]筆者以為豐子愷的焚香癖應該是

---

[51] 相關說法參考羅中峰：《中國傳統文人審美方式之研究》（台北：洪葉文化

受佛教信仰影響，爐香乍熱，法界蒙薰，沉香遍薰十方，當與諸佛心相契，佛性立顯。所以讀書寫作前，點燃壽字香，與佛教徒課誦前燃香誦讚的儀式一樣，「為了調伏我們當下的心，藉香雲裊裊上升之際，虔誠觀想」[52]，達到澄澈俗慮，助增雅興的效果。

　　傳統文人擅於運用栽種植物，建立與大自然的關係，使人格與自然形象結合，達到審美觀照的境界。豐子愷不喜歡園藝[53]，仍在院中栽種芭蕉、櫻桃、薔薇、桃花、冬青和桂樹。這些都是傳統詠物詩詞中慣見的花樹類植物，也各具傳統文化的象徵意義[54]。日後逃難落腳在重慶沙坪小屋，喜愛芭蕉的豐子愷，仍勉力在薄薄泥層上面種一棵芭蕉樹。這些植物，都成為他寫作繪畫屢屢出現的素材。

二、「緣緣堂」為樂土的象徵

　　豐子愷受儒家思想影響很深[55]，他信奉孔孟。由於重視儒家思想中孝道觀念，因此家庭制度傾向傳統主義。豐子愷書面資料與家

　　事業有限公司，2001 年 2 月），頁 136。北宋陳與義〈焚香〉有：「明窗延靜書，默坐消塵緣；即將無限意，寓此一炷香」的詩句：鄭板橋〈墨竹圖軸〉亦有：「家僮掃地，侍女焚香」。

[52] 參考釋德憼編撰：〈焚香〉，《靜思之美》（台北：靜思文化志業有限公司，2003 年 4 月），頁 65。

[53] 豐子愷在〈楊柳〉說：「我生長窮鄉，只見桑麻，禾黍，煙片，棉花，小麥，大豆，不曾親近過萬花如繡的園林」，《文學卷一》，頁 387。又說：「平生既不愛種花養鳥，又不喜看戲聽書」，〈耳目一新〉，《文學卷二》，頁 632。

[54] 可參考黃永武：〈中國詩人眼中的植物世界〉，《中國詩學·思想篇》（台北：巨流圖書公司，1983 年 2 月）。

[55] 豐華瞻：「回憶在我十二、三歲時，父親就教我讀《論語》、《孟子》，而且

庭為題材的作品裡面，卻看不到權威教化模式，因此豐氏一家人相處關係十分緊密，以愛心與尊重為基礎，培養兒童健全的個性，家庭成員的情感也很親近。

1933 年，豐子愷同住在堂內的家人有：三姐豐滿、妻子徐力民、豐陳寶（長女，13 歲）、豐林先（次女，12 歲）、豐華瞻（長子，9 歲）、豐元草（次子，6 歲）、豐寧馨（豐滿女兒，小名軟軟，11 歲）、豐一吟（幼女，4 歲）。關於「緣緣堂」兒女歡聚的情形，豐子愷有如下的描寫：

> 垂簾外時見參差的人影，秋千架上常有和樂的笑語。……堂前喊一聲「西瓜來了！」霎時間樓上樓下走出來許多兄弟姐妹。……葡萄棚下的梯子上不斷地有孩子們爬上爬下。……星期六的晚上，孩子們陪我寫作到夜深，常在火爐裡煨些年糕，洋灶上煮些雞蛋來充冬夜的飢腸。這一種溫暖安逸的趣味，使我永遠不忘。（〈告緣緣堂在天之靈〉，《文學卷二》，頁 58-59）

豐一吟也寫道：

> 兒女圍爐讀書，有的看《紅樓夢》，有的欣賞畫譜，有的翻閱《少年百科全書》，有的讀新到的兒童刊物。緣緣堂主人則在爐旁桌邊作畫或寫稿。手指凍僵時，便在炭爐上烤烤火，把炭火撥弄一番。[56]

要求背誦。他信奉孔孟，常提到『達則兼善天下，窮則獨善其身。』」《回憶父親豐子愷》，頁 113。

[56] 豐一吟：《瀟灑風神・我的父親豐子愷》，頁 127。

在市鎮中的居所，是一個人造的自然天地。一方面隱於市有其生活機能的便利性，一方面又隔離塵囂，保有隱私。不但調合自我與社會的距離，也兼融主體性的突顯與家庭群聚的連繫。在此情形下，更深化「緣緣堂」實為豐子愷心靈依歸的樂土。位於富有「自然之美，最為豐富；詩趣畫意，俯拾即是」的石門灣「安樂之鄉」（〈辭緣緣堂〉語），「緣緣堂」處於其中是：

> 我認為這樣光明正大的環境，適合我的胸懷，可以涵養孩子們的好真，樂善，愛美的天性。我只費了六千金的建築費，但倘秦始皇要拿阿房宮來同我交換，石季倫願把金谷園來和我對調，我決不同意。（〈辭緣緣堂〉，《文學卷二》，頁 125-126）

傳統文人對於依據大自然四時調攝的養生原則十分重視，豐子愷家居的四時之樂無寧是令人羨慕的：

> 春天，兩株重瓣桃戴了滿頭的花，在門前站崗。門內朱樓映著粉牆。薔薇襯著綠葉。院中秋千亭亭地立著，檐下鐵馬丁東地響著。堂前燕子呢喃，窗內有「小語春風弄剪刀」的聲音。……夏天，紅了櫻桃，綠了芭蕉……葡萄棚上的新葉，把室中人物映成綠色的統調，添上一種畫意。……秋天……夜來明月照高樓，樓下的水門汀映成一片湖光。各處房櫳裡有人挑燈夜讀，伴著秋蟲的合奏，這清幽的情況又使我難忘。冬天，屋子裡一天到晚曬著太陽，炭爐上時聞普洱茶香。坐在太陽旁邊吃冬舂米飯，吃到後來都要出汗解衣裳。廊下

> 曬著一堆芋頭，屋角裡藏著兩甕新米酒，菜櫥裡還有自製的
> 臭豆腐干和霉千張。星期六的晚上，兒童們伴著坐到深夜，
> 大家在火爐上烘年糕，煨白果，直到北斗星轉向。（〈辭緣緣
> 堂〉，《文學卷二》，頁 126）

豐子愷依著時序，對應自然時令進行不同的欣賞活動。愜意的生活
讓他本有安居到老的念頭：

> 你是我安息之所。你是我的歸宿之處。我正想在你的懷裡度
> 我的晚年，我準備在你的正寢裡壽終。（〈告緣緣堂在天之
> 靈〉，《文學卷二》，頁 59）

卻沒想到，相處的時間連五年都不到，就被迫離家逃難，與樂園的
象徵時間也有點類似：即天上一日，等於人間百年，在樂園的時間
總是相對短暫得多。若一旦離開樂園，很難再度返回的特點，也與
豐子愷的遭遇相符[57]。無論豐子愷有意或無意將「緣緣堂」比擬為
樂土，豐子愷的確從其間獲得生命的安頓與自適，「緣緣堂」也具
有獨立完整、與世隔絕的和諧具有濃厚人文精神的特色。

---

[57] 小川環樹（Ogawa Tamaki，1910～）總結樂園八個特點，見小川環樹著，
　　張桐生譯，王孝廉編：〈中國魏晉以後（三世紀以降）的仙鄉故事〉，《哲學‧
　　文學‧藝術》（台北：時報文化出版有限公司，1986 年），頁 151-153。楊
　　牧也有類似說明，見〈失去的樂土〉，《文學知識》（台北：洪範書店，1986
　　年 5 月），頁 236-237。

第三節　《緣緣堂隨筆》的變化與不變

茲將豐子愷散文依寫作內容題材的演變區分為四期，其中
1949 年到 1956 年間作品數量不多，皆為散篇，未輯成書出版。四
期時間起迄如下：

1. 第一期（1927～1937 年）：上海江灣居住時撰《緣緣堂隨筆》
   （1931 年出版）、石門灣居住時撰《隨筆二十篇》、《車廂社
   會》、《緣緣堂再筆》
2. 第二期（1938～1949 年）：抗戰逃難時撰《子愷近作散文
   集》、《率真集》
3. 第三期（1956～1963 年）：上海居住時編《緣緣堂新筆》
4. 第四期（1971～1974 年）：上海日月樓居住時撰《緣緣堂
   續筆》

第一期上海江灣居住時的《緣緣堂隨筆》於 1931 年出版，寫
作時間為 1927 年至 1929 年，豐子愷當時是 30 歲左右。石門灣緣
緣堂三書時期（除了《隨筆二十篇》中兩篇：〈給我的孩子們〉上
海居所未命名時撰、〈夢耶真耶〉上海暫居法租界時撰）是 1933
至 1937 年寫作，作者 35 到 39 歲。第二期為抗戰逃難時的作品。
第三期《緣緣堂新筆》是豐子愷自編作品集，豐氏去世後，豐一吟
收入《文學卷》中。第四期上海日月樓《緣緣堂續筆》是豐氏去世
後 1983 年才出版，作者開始撰寫時已 69 歲。[58]以下就各期的題材

---

[58] 關於《緣緣堂續筆》的撰寫情形，《文學卷二》中《緣緣堂續筆》註 1 說明得
十分清楚：「本集中諸文皆作者在『十年浩劫』期間利用凌晨時分悄悄寫成。
1973 年修改。集名原作《往事瑣記》，後改為《續緣緣堂隨筆》，後又改名《緣

與內容統括在第一期「定調」、第二期「變化」、第三期「轉變」與第四期「不變」四階段來敘述。

一、第一期：《緣緣堂隨筆》的定調

將一系列的「緣緣堂」文集寫作的空間展開，從空間變化的角度觀察，觀察自由空間是否縮小、創造自我空間、空間範圍的活動三部分，來觀察作家作品的寫作情形。

1926 年 9 月，豐子愷全家遷往上海北郊江灣永義里的立達學園宿舍，身兼多所學校音樂、美術教師，因《子愷漫畫》名噪一時，也擔任甫新設立的開明書店編輯一職，與弘一大師密切交往等，展開多面向的文化事業。1927 年繼續大量創作漫畫與散文。雖然創作高峰已經漸漸開展，但是居住在上海的豐子愷卻是「素來難得全家出游的機會，素來少有坐汽車、游覽、參觀的機會」[59]，所以活動空間有限，很難出現遊記或大散文的出現。

在「題材」部分，上海生活片段、時間、坐火車、喝酒、沒沒無聞的小人物（立達學園校工郭志邦）、書籍序（謝頌羔《理想中人》）、兒女等。

緣堂續筆》。共 33 篇，作者生前未發表過」，頁 653。1975 年 1 月豐子愷手指漸麻木，4 月返鄉探親，7 月仍可握管寫信，8 月即因病住院，9 月 15 日去世。《緣緣堂續筆》各篇並未註明寫作時間，所以十年時間內完成三十三篇作品。
[59]〈從孩子得到的啟示〉，《文學卷一》，頁 122。

　　「內容」部分，藝術思想如〈剪網〉[60]、〈自然〉[61]、〈顏面〉[62]；宗教思想如〈漸〉、〈阿難〉、〈晨夢〉、〈藝術三昧〉[63]、〈大帳簿〉、〈緣〉、〈秋〉；教學階段感觸如〈立達五周年紀念感想〉、〈東京某晚的事〉；家庭生活如〈兒女〉、〈閒居〉、〈天的文學〉、〈樓板〉、〈姓〉、〈華瞻的日記〉；人物肖像如〈憶兒時〉。

　　從題材與內容來看，豐子愷創造藝術與宗教的自我空間，但實際空間範圍仍在屋中天地，偶爾與外界的交流活動也僅有弘一法師的探訪居住。豐子愷〈樓板〉曾說：

60　眾多的論文皆將〈剪網〉歸之於宗教思想的文章，筆者以為，這篇文章其實是豐子愷對藝術的實際存在現象的討論（雖然題目或「宗教」字眼易引人聯想）。意即：藝術作品本身是具體材料的存在，是客觀的物理存在，如果沒有觀照作品的觀眾，就沒有審美思維一切活動。因此，用剪刀剪去世俗實利之網，意欲呈現「真相」，這真相只是豐子愷的一種真善美的「真相」，無法彰顯藝術真正意義。惟二十世紀廣義的抽象藝術又重新肯定物質存在價值（但不做自然物象的描摹），這部分又與豐子愷現實主義思想扞格，此處不論。

61　此處「自然」並非客觀世界的大自然，其中涵括不造作的姿態，屬於西方模仿「自然」的傳統，重視真實與客觀，如比例、質量、空間等，即豐子愷的「多樣的統一」、「黃金比例」與「均衡」。參考何懷碩：《給未來的藝術家》（台北：立緒文化事業公司，2005 年 12 月），頁 82。

62　〈顏面〉談及顏面構造的本質問題，又以「孩子比大人，概念弱而直觀強，故所見更多擬人的印象，容易看見物象的真相」，認為「藝術家就是學習孩子們這種看法的……推廣其同情心，普及於一切自然」，這樣的推論有點太快（譬如孩子為何容易看見物象的真相？），而所持觀點易聯想起蘇軾的〈書鄢陵王主簿所畫折枝二首〉：「繪畫以形似，見與兒童鄰」句，蘇軾藉此比喻貶低模擬技法，與豐子愷說法相反，由此也可見到藝術論點的多元豐富性。

63　〈藝術三昧〉望題生義被歸於「藝術」文章，但文章內涵是以美學「多樣的統一」推及人生宇宙，仍屬宗教範疇為宜。

「隔重樓板隔重山」，上海的空間的經濟，住家的擁擠，隔
一重板，簡直可有交通斷絕而氣候不同的兩個世界，「板」
的力量竟比山還大。……朝夕相見，聲音相聞，而終於不相
往來，不相交語。（《文學卷一》，頁 130）

可說道盡都市生活的常態，換言之，作家就是在這個與人群交接有
限的空間，從事「每天早上九點鐘開始」、「每天晚上九點鐘開始」
的寫作活動。

　　《緣緣堂隨筆》早期撰成的時間是 1927 年、1928 年發表於《一
般》的〈剪網〉、〈漸〉；最晚撰成的時間是 1930 年〈立達五周年紀
念感想〉。除了這三篇以外，其餘諸篇都發表在《小說月報》。豐子
愷撰寫〈憶兒時〉年僅二十九歲，但書寫口吻早熟：

唉！兒時歡樂，何等使我神往！然而這一劇的題材，仍是生
靈的殺虐！因此這回憶一面使我永遠神往，一面又使我永遠
懺悔。（《文學卷一》，頁 139）

這種老成腔調在他的散文中時時可見，和自己的年輕熟成有關。另
一方面，關於發表的刊物《小說月報》的淵源發展，柳珊說：

1910 年 8 月（即宣統二年七月），《小說月報》在上海創刊，
主辦單位是商務印書館。這是商務印書館繼《外交報》、《綉像
小說》、《東方雜誌》、《教育雜誌》之後辦的第五份雜誌……[64]

---

[64] 柳珊：《在歷史縫隙間掙扎——1910-1920 年間的《小說月報》研究》（南昌：
百花洲文藝出版社，2004 年 12 月），頁 33。

因為時代思潮變遷，鴛鴦蝴蝶派小說夾殺，市場競爭更加白熱化的幾種因素，《小說月報》也於 1920 年 11 月，編輯群改組由新文學作家沈雁冰、鄭振鐸掌舵。商務印書館在張元濟的帶領下，在政治上維持較為超然的立場，言論上保持溫和的語調，具有民間性的展現。

《小說月報》於 1920 到 1931 年間，沈雁冰、鄭振鐸擔任編輯期間，在當時雜誌界富有極大的影響力。當時《小說月報》除在 1921 年全面使用白話稿件，刊登小說、游記、筆記、彈詞、詩詞等文類，內容包羅廣泛，屬於綜合性的文藝刊物，它的編輯原則在第一卷一號揭示：「雅馴而不艱深，淺顯而不俚俗」，常常發表的重要作家有魯迅、王統照等人。就讀者群來說，此時《小說月報》的讀者是大量的知識青年，並非一般小市民，而是「一批文學素養和趣味都較高的精英知識分子」[65]，具有相當文學思想的水準。

此時豐子愷居住在得風氣之先，出版業蓬勃發展的上海，將人生精華的隨筆作品，投向上海最具聲譽的《小說月報》，與周作人比肩，與許地山並馳，對一個初出文壇的年輕人來說，是重要的鼓舞。因此，文學風格完全與「雅馴而不艱深，淺顯而不俚俗」相符的情況下，嶄露頭角的機會當然增加，知名度也漸為人知。[66]

---

[65] 有關《小說月報》的說明，均參考前註書，此處引文見頁 97。

[66] 豐子愷的《子愷漫畫》1926 年出版先於《緣緣堂隨筆》，他的畫名一向勝於文名，並非一些論者所謂豐子愷的畫、文很早即天下皆知云云。張斌為何莫邪翻譯書序也說：「他承認自己和一般群眾少有接近的機會，不能真正理解他們的心理，因此自己的藝術也就難於被他們理解……一個令人沮喪的事實是，他的崇拜者是都市裡進步的知識青年，而不是鄉村的勞動人民」，何莫邪著，張斌譯：《豐子愷──一個有菩薩心腸的現實主義者》（濟南：山東畫報出版社，2005 年 5 月），頁 2。雖然談的是畫，但是文章所面對的情形也是如此。

　　鄭振鐸對豐子愷來說，尤其具有重要意義。1924 年 7 月，豐子愷在朱自清、俞平伯合辦的《我們的七月》雜誌發表漫畫「人散後，一鉤新月天如水」，受到當時《文學周報》主編鄭振鐸青眼相加，後來豐子愷到上海創辦立達學園時，鄭振鐸透過胡愈之向豐子愷索畫，自 1925 年 5 月起便開始在《文學周報》上發表漫畫，並有「漫畫」二字當題名，豐子愷才能打開知名度，日漸聞名，鄭振鐸對豐子愷的漫畫來說，有伯樂知遇之恩，所以，當鄭振鐸在 1923 年開始轉戰《小說月報》，豐子愷繼而附和這位「最擅於拉稿」的編輯也頗自然[67]。在豐子愷的文藝生命中，鄭振鐸獨具慧眼認識豐子愷漫畫的特殊性，並提供固定發表的空間；繼而在上海獨佔鰲頭的《小說月報》上，刊載他的隨筆散文，從此開啟豐子愷的文學藝術之門。

　　豐子愷這一時期已經使用一些固定的人文符號，如「小燕子」[68]、「楊柳」[69]、「具童心的兒童」、「芭蕉」。生活日誌也歷歷在目：自己遠眺「天的文學」，還有父親在「憶兒時」晚酌形象已經化為永恆。以楊柳與燕子為例，他在〈秋〉說：

---

[67] 鄭振鐸善識文擅拉稿，極有名氣，非常關心文壇青年，除了對豐子愷的提攜外，本來只是窮大學生蕭乾的三本書，也是託鄭振鐸交給商務印書館出版，才有錢解決學費與生活問題；還有老舍寫在練習本上的〈老張的哲學〉、巴金處女作〈滅亡〉也發表在《小說月報》，參見宋應離、袁喜生、劉小敏合編：《二〇世紀中國著名編輯出版家研究資料匯輯》（開封：河南大學出版社，2005 年 9 月），第四部，頁 563-566。

[68] 見〈兒女〉：「這小燕子似的一群兒女，是在人世間與我因緣最深的兒童，他們在我心中占有與神明、星辰、藝術同等的地位」，《文學卷一》，頁 116。

[69] 朱自清的〈匆匆〉未知有受其影響嗎？朱自清《子愷畫集‧跋》（再版），說俞平伯封豐子愷為「豐柳燕」稱號，見《豐子愷研究資料》，頁 254。

> 在往年，我只慕春天。我最歡喜楊柳與燕子。尤其歡喜初染
> 鵝黃的嫩柳。我曾經名自己的寓所為「小楊柳屋」，曾經畫
> 了許多楊柳燕子的畫……在青春的時候，看到柳條上掛了隱
> 隱的綠珠……（《文學卷一》，頁 162-163）

豐子愷常以楊柳作為描繪讚賞的對象，應該與弘一大師有若干聯
繫。弘一大師的父性形象，讓豐子愷潛意識有追隨的傾向。弘一大
師愛柳，每日以柳樹枝潔牙漱口，豐子愷亦有相同舉措（〈物語〉）。
1948 年 11 月豐子愷於廈門南普陀寺，和魚雁往返十七年從未見面
的廣洽法師，一起在弘一大師手植楊柳樹下憑弔恩師，並繪圖名為
「今日我來師已去，摩娑楊柳立多時」，贈送廣洽法師留念。

　　楊柳修長舞動，搖曳生姿；纖秀低垂，彷彿斂眉頷首，慈懷大
地。自古以來，燕子即有秋去春回，恩愛成雙的意象。楊柳燕子俱
有優美細長形象，在空中飛舞呈現生命力，兩者有相得益彰的效
果。中國傳統木刻版畫常出現楊柳燕子並列，豐子愷早年看木刻《千
家詩》，也常作木刻畫，應有受木刻版畫的報春題材影響。[70]

　　芭蕉同樣也受豐子愷喜愛，它從古代就已是詩詞繪畫的常客。
南宋詞人蔣捷《一剪梅·舟過吳江》：「流光容易把人拋，紅了櫻
桃，綠了芭蕉」，宋朝的文化趣味「紅了櫻桃，綠了芭蕉」，三十
歲的豐子愷竟也有先老的慨嘆。櫻桃芭蕉兀自成長開落，是對待

---

[70] 柳樹的一般意涵，詳見黃永武：〈古典詩中的桃與柳〉，指出別離、多情離
　　別、無情離別等意味，《中國詩學·思想篇》（台北：巨流圖書公司，1983
　　年 2 月），頁 35-42。歷來關於柳樹燕子的木刻相當多，如黃應瑞、黃應泰
　　等刻《女范編》，明萬曆三十年（1602 年）刻本其中插圖，鄭振鐸編：《中
　　國古代木刻畫史略》（上海：上海書店出版社，2006 年 1 月），頁 109。

物象的人與之衍生感觸和反應，藉由一條時光的跡線來聯繫。紅色櫻桃，視覺感強；芭蕉則可以聽雨。李清照南渡後感傷之作〈添字采桑子〉道[71]：

> 窗前誰種芭蕉樹？陰滿中庭。陰滿中庭，葉葉心心舒卷有餘情。傷心枕上三更雨，點滴霖霪。點滴霖霪，愁損北人不慣起來聽。

芭蕉聽雨，饒富古趣，文學家兼園藝家的劉大任則為芭蕉抱屈：

> 窗下的芭蕉，不可能快樂，因為雨滴多了，葉子會破會爛，可是人喜歡聽雨打芭蕉，所以它就得在那兒活。[72]

豐子愷無意於園藝，自然不去管芭蕉的生存環境，除了石門灣緣緣堂書房前種的芭蕉之外，日後逃難在重慶沙坪小屋，也要在貧瘠泥灰的薄土上種植芭蕉；到台灣攬勝，也要從日月潭帶回一個芭蕉木盤，日日盛著沉甸甸的果實。[73]

　　豐子愷筆下畫中常常出現楊柳、芭蕉這些植物素材，是觀賞的對象，而觀者往往視植物為自己的象徵，不但可以表達情趣，也是精神的追求。接受文學藝術薰陶的人如豐子愷，比起一般人更能享受日常生活的美，更具有觀照玩味的能力，補捉美，享受美，日日領略生活真滋味。[74]

---

[71] 楊合林編著：《李清照集》（湖南：岳麓書社，2001 年 7 月），頁 37-38。

[72] 劉大任：《園林內外》（台北：時報文化出版公司，2006 年 4 月），頁 183-184。

[73] 參姚震天：〈高山族的木雕——台灣之行〉，《緣緣堂的故事》（浙江：浙江省桐鄉市豐子愷紀念館，2005 年 9 月），頁 62。

[74] 每位作家對植物的喜好各自不同，魯迅三兄弟西城區八道灣的宅院種的是龍爪槐、花椒樹、槐樹、棗樹、刺梅、丁香、松樹、山桃……等。見孫郁：

　　「兒童」是豐子愷筆下畫裡永不厭膩的題材，在上海家居時期，家中兒女帶來歡樂與反思人生真相的機會，可以說是源源不絕。豐子愷說：

> 朋友們說我關心兒女。我對於兒女的確關心……但我自以為這關心與懸念的中，除了本能以外，似乎尚含有一種更強的加味。所以我往往不顧自己的畫技與文筆的拙陋，動輒描摹。因為我的兒女都是孩子們，最年長的不過九歲，所以我對兒女的關心與懸念中，有一部分是對於孩子們──普天下的孩子們──的關心與懸念。(〈兒女〉，《文學卷一》，頁 113)

豐子愷說孩子是「天真、健全、活潑」，並認為：

> 天地間最健全的心眼，只是孩子們的所有物，世間事物的真相，只有孩子們能最明確、最完全地見到。我比起他們來，真的心眼已經被世智塵勞所蒙蔽，所斲喪，是一個可憐的殘廢者了。(〈兒女〉，《文學卷一》，頁 114)

甚至將兒童與「神明、星辰、藝術」同列在心中平等的地位。這些說法，為以後兒童題材的所有表達定了調。

　　對早已無法重新擁抱童年的成年人來說，對兒童時期的純真與快樂，總是盈滿心頭。豐子愷透過文章與畫筆，不斷補捉兒女美好的一面，並重建自己的記憶情境。一方面是自己美好世界的投射，另一方面也是作者藉此省視自我人生定位，蓄積重新出發的能量。

《周作人和他的苦雨齋》(北京：人民文學出版社，2003 年 7 月)，頁 9。

因此，我們與其說豐子愷豐富了兒童世界，不如說豐子愷豐富了自己。

當然，如果細究的話，豐子愷說孩子是「天真、健全、活潑」的性格，對比著文內屢屢出現的「殘廢者」字眼（雖然這只是書面用字，並非實指某人），毋寧讓人觸目。正如我們知道孩子未必健全、活潑，「殘廢者」也未必不天真、活潑。進一步深究，孩子所擁有的確是「天地間最健全的心眼」？果能見到「世間事物的真相」？

豐子愷認為兒童在世故之前，具有童真的雙眼，不具任何功利色彩，能夠表達真實而自然的快樂；相對於兒童，成人世界的詭詐、虛偽與矯飾都是相對可憎的。這樣的二分法，和英國十九世紀著名的美術批評家羅斯金（John Ruskin）在 1857 年提出的「純真之眼」[75]觀點相似。羅斯金是針對圖畫提出，豐子愷針對的是客觀世界，圖畫和客觀世界都是需要用眼睛來觀看的，他和豐子愷的觀點可以說是若合符節。但是，二十世紀後半期的美學家貢布里希（E.H.Gombrich）在他所撰的《藝術與幻象》（Art And Illusion）[76]提出：世界上不可能存在「純真之眼」，任何觀看都是帶有先入之見的，藝術欣賞尤其如此。貢布里希認為，觀者的「純真之眼」是相對於「經驗之眼」而來的，「經驗之眼」是人人皆根據自己的經驗與立場來看事物，所以「純真之眼」事實上並不存在。推而論之，兒童要見得世間的真相，需要具備某種眼睛所無法辨識的東西－世間相、真相；也就是說，一個真實世界。所以，兒童無法真正看到世界真相。

---

[75] John Ruskin 著《The Elements of Drawing in Three Letters to Beginners》（紐約：Wiley and Halsted，1857 年）。

[76] E.H. Gombrich：《Art and Illusion: A study in the psychology of pictorial representation》（倫敦：Phaidon Press，1960 年）。

兒童雖然純真可愛，隨著自我意識的覺醒與成長，讓人類永遠無法返還到童真時代。豐子愷瞭解這一點，因此在石門灣撰寫〈大人〉，進一步提出大我、無我的佛法境界。

石門灣居住時期，豐子愷在隨筆部分出版《隨筆二十篇》、《車廂社會》與《緣緣堂再筆》。《隨筆二十篇》與《車廂社會》是應稿約而寫，豐子愷甚至對趙景深說：

> 《東廂社會》皆應酬之作，不足觀，故未奉呈。(〈致趙景深〉，《文學卷三》，頁 176)

1934 年出版《隨筆二十篇》，豐子愷在〈付印記〉說：

> 此集中所收隨筆，大部分是最近二三年間應各雜誌的徵稿而作的。往往在期限將到的一二天中，臨渴掘井地想出題目來，匆忙地封好了，寄出去。其中唯有兩篇－《給我的孩子們》和《隨感五則》－是七八年前自動地作的。(《文學卷一》，頁 231)

亦屬匆促應急之作，因為應急，不免參差互見。另外，由於邀稿多，字數就有限制，〈作客者言〉(《車廂社會》)洋洋灑灑三千三百多字、〈讀書〉(《隨筆二十篇》)甚至文不對題，以致於豐子愷應人民文學出版社之邀，於 1957 年出版《緣緣堂隨筆》自選集時，還需要費時刪改修正。

豐子愷在上海出版《緣緣堂隨筆》後，文壇就將他定位為隨筆作家，約稿如此要求，作家也如實供稿。惟隨著時間推進等因素，刊登的刊物改變為開明書店刊物與林語堂論語派刊物；在內容的表達上也由兒女、形而上思想進而面向社會動盪，羅列世間畸形，是

豐子愷散文風格改變的階段，也是抗戰開始文風大異的過渡期。以下舉《隨筆二十篇》、《車廂社會》與《緣緣堂再筆》分述之。

　　《隨筆二十篇》的「題材」部分，有石門灣生活片段、社會見聞、時事、兒女等。「內容」部分，；宗教思想如〈兩個？〉、家庭生活如〈給我的孩子們〉、〈作父親〉、〈夢痕〉、〈春〉；藉物寄寓如〈蝌蚪〉、〈隨感五則〉；社會見聞如〈吃瓜子〉、〈讀書〉、〈鄰人〉、〈兒戲〉、〈舊地重游〉、〈兩場鬧〉、〈憐傷〉、〈愛子之心〉；反映時事如〈夢耶真耶〉、〈新年〉、〈九日〉。

　　《隨筆二十篇》只有一篇宗教思想〈兩個「？」〉，亦無民情風俗的作品。重複的內容也迭有出現，例如〈隨感十三則〉運用調色板刀切芋頭；〈九日〉寫於 1933 年 10 月，「這棕櫚是我手植的，這時候正傍著戰場而欣欣向榮」，以植物喻戰事充滿希望是豐子愷慣用的寫作手法，這一篇當屬最早。值得注意的是，由於多係應稿約而作，所以內容偏於枯澀，有些篇什甚至草草作結；集中之文也出現甚多政治隱喻。倒是直抒時事如〈夢耶真耶〉、〈五月〉在豐子愷的文章裡，屬於較為特殊之作。〈夢耶真耶〉寫於 1932 年 12 月：

> 最近的時事看：內亂的起伏，黨派的糾紛，都非我民意料所及；「一二八」淞滬戰事的突發，上海的難民誰也說是「夢想不到的」。（《文學卷一》，頁 288）

〈五月〉則寫於 1934 年 4 月，披露「自五一至五三十，不是有許多天含著危險和血腥的回想嗎？」這種淺露直白的書寫方式，也為下一個寫作階段──逃難經歷，做了預備工作。作家也特意在篇目安排上以「夢」綰合〈舊地重游〉、〈兩場鬧〉、〈夢痕〉、〈兩個「？」〉、

〈夢耶真耶〉諸篇，對比真實世界與虛幻世界，照見鏡花水月時空的錯置感。

另外，在 1935 年出版的《車廂社會》中，同名的〈車廂社會〉寫著：

> 這車廂社會裡的種種人間相倒是一部活的好書，會時時向我展出新穎的 page（篇頁）來。……我看到這種車廂社會裡的狀態，覺得可驚，又覺得可笑，可悲。……凡人間社會裡所有的現狀，在車廂社會中都有其縮圖。……我對於乘火車不復感到昔日的歡喜，而以觀察車廂社會裡的怪狀為消遣，實在不是我所願為之事。（《文學卷一》，頁 330-332）

以車廂社會作為人生片段拼貼而成的縮影。其中「題材」部分，生活片段、社會見聞、佛教思想、兒女等。「內容」部分，藝術思想如：〈米勒藝術頌〉、〈紀念近世音樂的始祖巴哈〉、〈學畫回憶〉、〈談自己的畫〉、〈我的書：《芥子園畫譜》〉；宗教思想如〈素食以後〉；家庭感懷如〈送考〉、〈惜春〉、〈比較〉、〈送阿寶出黃金時代〉、〈半篇莫干山游記〉；民俗風情如〈野外理髮處〉、〈三娘娘〉、〈看燈〉、〈鼓樂〉；藉物寄意如〈畫友〉、〈蜜蜂〉、〈楊柳〉、〈放生〉、〈聞〉；社會現象如〈故鄉〉、〈作客者言〉、〈窮小孩的翹翹板〉、〈肉腿〉、〈市街形式〉、〈榮辱〉、〈勞者自歌〉、〈都會之音〉。

由以上看來，青黃交接的社會怪現象佔有很大一部分，尤其特別著力在貧富對比。如〈故鄉〉、〈窮小孩的翹翹板〉、〈肉腿〉、〈市街形式〉、〈野外理髮處〉、〈三娘娘〉、〈看燈〉、〈鼓樂〉。剝去佛理美辭，反覆申說社會階層不公，直言內心惻隱情懷，成了整本書的基調。

綜合以上，寄寓國事，反映社會不均現象，這兩者緊密依附在這時期的創作中。

1937 年上海開明書店出版《緣緣堂再筆》，收錄二十篇隨筆。文集中寫作時間最早是 1934 年秋日，最晚為 1936 年夏日。其中除了〈生機〉發表在《越風》、〈山中避雨〉在《新中華》、〈初冬浴日漫感〉在《中學生》、〈納涼閒話〉在《太白》、〈音語〉在《創作月刊》與〈清晨〉發表在《新少年》外，其餘諸篇集中發表在《宇宙風》、《論語》，這兩本刊物的共通點都是林語堂創辦主編。與此同時，豐子愷發表大量的漫畫在林語堂、徐訏、陶亢德主編的《人間世》，由以上統計可知，作家身在故鄉的石門灣，卻將稿子繼續投往上海。

林語堂小品文寫作，約略的進程是《語絲》、《論語》、《人間世》、《宇宙風》，林語堂從《論語》以後的寫作風格傾向「幽默」與「閒適」。當林語堂在上海主編《論語》、《人間世》、《宇宙風》之時，發刊詞都強調「性靈文學」、「幽默文學」，期許運用幽默手法針砭時事。舉世言論滔滔皆言報國救世中，顯然扞格不入、不同流俗，所以遭受如魯迅等許多抨擊的意見，一些左翼文學作家等認為不要看古書，並且應該揚棄小資產階級文化，諸如性靈、心理的論調。但是，1932 年《論語》創刊後，最多可以賣到四萬多份，風行一時乃不爭的事實。周玉山說：

> 立即暢銷，實受時代背景的影響。當時國勢惡劣，外寇逼境，內亂方熾，忍辱負重之際，一旦發為文章，自然笑淚縱橫，讀者動容。一九三四年，林先生再辦《人間世》。一九三五

年，又合辦《宇宙風》。這些半月刊的風格有別，但思路一致，套用現在的廣告詞，即「自然就是美」。[77]

林語堂在社會的主流傳統、政治文化、學院派當中，走出一條自己的路，即便後來遠至異域，落腳台灣，他一以貫之，並沒有改變初衷。

關於林語堂與豐子愷的關係，論者或宥於當時大陸出現左右諸種不同政治路線，將作家作品置於時局思潮下討論，筆者認為在林語堂資料的缺席下，這樣的討論出現未能全面深入的遺憾。其中以徐型〈貌合神離：豐子愷與「論語派」〉一文為例說明，認為林語堂幽默閒適編輯方針，無法全面落實，豐子愷作品即其一例；又談從豐子愷供稿量下滑，顯示並不贊同林語堂主張，進而發現 1936年 8 月林語堂離開大陸赴美後，尤其是七七事變後，豐子愷文章風格大變，顯係與林語堂分道揚鑣。[78]

筆者認為刊物的所有內容，不必然需要全然符合編輯方針，尤其是文藝性質刊物。再者，面對全國傳播媒體最發達的上海[79]，豐

---

[77] 周玉山：〈幽默與幽默大師〉，林明昌主編：《閒情悠悠──林語堂的心靈世界》（台北：遠景出版公司，2005 年 8 月），頁 106。

[78] 徐型：〈貌合神離：豐子愷與「論語派」〉，《論豐子愷·2005 年豐子愷研究國際學術會議論文集》（香港：天馬出版有限公司，2005 年 12 月），頁 142-154。

[79] 宋應離主編《中國期刊發展史》說：「尤其是 1932 年『一·二八』事變以後，期刊數量猛增。除了出版中心上海……到了 1933 年……上海出版的雜誌品種占全國主要地區總數的約 70%。1933 年，上海通志館對上海出版的雜誌數量進行了直接調查，當年上海出版的雜誌總數達 215 種……1935 年是中國三〇年代「雜誌年」的巔峰，同年 6 月底全國各省市雜誌出版品種……上海 398 種」，（開封：河南大學出版社，2004 年 8 月），頁 151-152。

子愷自無將稿件單獨投往單一刊物的道理；更何況他還需要為開明書店出版的刊物寫稿，在兩相兼顧的情況下，豐子愷在《論語》、《人間世》、《宇宙風》投稿量已經不少。七七事變後，抗戰宣傳為首要之務，全民團結禦侮風潮下，文章內容轉變的不只豐子愷一人。

　　所以我們還是得從林語堂與豐子愷的交會處，理解他們建立情誼的淵源。根據王知伊《開明書店紀事》一文記錄：

> 在開明早期的教科書中，以林語堂編的《開明英文讀本》最為暢銷。林語堂這個人的英文很好……1927 年……他想編一本英文課本賺筆版稅吃用一輩子……林語堂於是在上海住下來，他先在上海的英文《字林西報》上每周發表文章，批評現行的各家的英語課本，為將來自己編輯出版的英語課本掃除競爭對象，開闢道路。他又託章錫琛請豐子愷先生給他編寫的課本畫插圖，再加以開明書店素來講究書籍裝幀，因此出版之後，全國中學紛紛采用，把當時暢銷的商務周越然編的《模範英文讀本》壓倒了。林語堂此書在開明發行二十多年，他所得版稅收入約有三十萬元之巨。[80]

豐子愷的裝幀書籍成績斐然，還有另文深入探討的需要，此處是兩人合作的成功例子，也顯示林語堂與開明書店也有聯繫關係。1932年，林語堂創辦《論語》半月刊，倡導幽默；又創《人間世》半月刊，主抒性靈。據林太乙回憶父親林語堂說：

---

[80] 王知伊：《開明書店紀事》（山西：山西人民出版社，1991 年 9 月），頁100-101。

> 《論語》網羅當時名作家，有胡適、郁達夫、老舍、俞平伯、
> 劉半農、廢名（馮文炳）、朱自清、豐子愷等。（《林語堂傳》，
> 頁 95-96）

這些都是名聞於世的學者、作家。若豐子愷有意與林語堂劃分界線，就不會在富有左翼色彩的「開明人」（開明書店）身分下，看到 1935 年胡風在上海《文學》新年特大號發表一萬五千字批評林語堂長文後，仍然將稿子源源不絕地交給林語堂刊登。這個時期的豐子愷對所有的政治活動、文藝路線之爭是敬而遠之的，若從政治趨向、文藝路線來推測豐子愷對「論語派」的態度，可能無法真正釐清問題。

事實上，論語派對豐子愷非常器重：《宇宙風》創刊時，林語堂仿效鄭振鐸，特地為豐子愷開闢「人生漫畫」專欄，又闢「緣緣堂隨筆」專欄。《宇宙風》第八期新年特刊中，特別鳴謝「知堂、老舍、子愷三位先生，他們給宇宙風每一期寫文和作畫」，「顯然，豐子愷以自己的特色和力量壯大了『論語派』的勢力，成為『論語派』後期舉足輕重的存在」[81]，豐子愷也投桃報李，將生命中最具代表性的漫畫隨筆作品，獻給論語派與開明書店的刊物。

相對於豐子愷對各式各樣批評的內斂沉潛，老舍則大聲疾呼「幽默與偉大不是不能相容的，我不必為幽默而感到不安」、「有人管我叫幽默的寫家。我不以這為榮，也不以這為辱。我寫我的」[82]，對比兩人的不同。豐子愷以畫、文吐露心曲，老舍則張口疾呼。豐子愷內斂的性情，可以由八指頭陀詩看出。豐子愷很喜歡八指頭陀詩：

---

[81] 見楊曉文、張恒悅合撰：〈豐子愷與「論語派」〉，《豐子愷論》（杭州：西冷印社，2000 年 2 月），頁 74。
[82] 關紀新：《老舍評傳》（台北：臺灣商務印書館，1999 年 4 月），頁 215。

> 吾愛童子身,蓮花不染塵。罵之唯解笑,打亦不生嗔。對鏡
> 心常定,逢人語自新。可慨年既長,物欲蔽天真。

將詩刻在香煙嘴上,隨身攜帶,豐子愷的個性可見一斑。另一方面,
豐子愷對於做官的人非常厭惡,據豐華瞻回憶:

> 有一次我買了一本《唐人萬首絕句選》來,父親翻讀到張籍
> 的詩句「終年帝城裡,不識五侯門」,大為讚賞,說他自己
> 就是這樣的人,他以此自傲。他也愛誦古人的詩句:「吟中
> 雙鬢白,笑裡一生貧」他寧可貧賤而快樂。[83]

林語堂在風雨飄搖的時代動盪中,倡導幽默文學,認為社會紛爭自
然會消滅很多;豐子愷也有畫題「閒雲莫戀山頭住,四海蒼天正望
君」,惟時勢混亂,只有寄託理想於藝術天地裡,兩者都有苦中作樂
的味道。兩人也各自因為人生觀與漫畫與大時代風氣背離等因素,受
到詰難誤解,但是都能托身藝術,不翻筋斗,活出自己精采的格調。
　　豐子愷隱居石門灣緣緣堂,能夠自我掌握生活規劃,是人生最
適意的階段,他說:

> 我對外間絕少往來,每日只是讀書作畫,飲酒閒談而已。我
> 的時間全部是我自己的。這是我的性格的要求,這在我是認
> 為幸福的。(〈沙坪小屋的鵝〉,《文學卷二》,頁 165)

結廬人間,作家思想騰躍,吟哦出逸興恬澹的散文小品。以下是《緣
緣堂再筆》題材與內容部分來分析:

---

83 豐華瞻、戚志蓉合著:《回憶父親豐子愷》,頁 108。

在「題材」部分，石門灣生活片段、社會見聞、佛經、兒女等。「內容」部分，藝術思想如〈音語〉；宗教思想如〈物語〉、〈實行的悲哀〉、〈梧桐樹〉、〈山中避雨〉、〈初冬浴日漫感〉、〈大人〉、〈無常之慟〉；家庭生活如〈納涼閒話〉、〈帶點笑容〉、〈清晨〉；人物肖像如〈記音樂研究會中所見之一〉、〈記音樂研究會中所見之二〉、〈記鄉村小學所見〉；民俗風情如〈午夜高樓〉；藉物寄寓國事如〈生機〉、〈手指〉；社會風俗如〈西湖船〉、〈錢江看潮記〉、〈新年懷舊〉。

二、第二期：《率真集》等的轉變

1931 年發生「九一八」事變，1932 年上海有「一二八」淞滬抗戰，上海成了全國救亡運動的先聲。直到 1937 年「八一三」戰役發生，抗日戰爭於焉開始，使得戰前的上海本來是中國最大的工商貿易中心與文化中心，一變而為煙硝戰場，抗戰文藝運動也在上海逐漸成形。中國共產黨推動全國抗日救亡運動，左聯的組織也成立。這段時間，鄭振鐸、巴金、謝冰瑩、趙景深等作家聚集上海，文學方興未艾，愛國救國成了普遍表現的主題。1936 年「中國文藝界協會」成立並發表宣言，參加者共一百一十人；10 月，二十一位作家發表《文藝界同人為團結禦侮與言論自由宣言》，豐子愷都有參與。因此，豐子愷作品內容逐漸滲入抗戰救國的內容乃勢所自然，甚至於比起文藝界眾口喧囂的情形來看，豐子愷幾乎是旁觀者的姿態。他沒有訂報紙，訊息的來源是雜誌、書信與閒談，奇特的是，平日以書信溝通外界的豐子愷，在 1936 年書信收錄極少，推測是時日久遠，蒐求不易，或是內容經子女再三考慮，不宜公布社會大眾的緣故。

從《子愷近作散文集》、《率真集》來看，其中題材與內容，豐子愷多了民俗風情如〈桂林初面〉與藉物寄寓國事的創作如〈中國就像棵大樹〉，其中最重要的抗戰悲憤實錄，就是〈還我緣緣堂〉、〈告緣緣堂在天之靈〉、〈辭緣緣堂〉等文，書寫淺露直白。

三、第三期：《緣緣堂新筆》的大異

《緣緣堂新筆》因政治因素干擾，無法在豐子愷生前出版，在這裡先談《緣緣堂新筆》的成書經過。《豐子愷文集》敘述甚詳：

> 本集原名《新緣緣堂隨筆》（作於 1956～1963）。係作者於1962 年應人民文學出版社上海分社之約編成，當時共收文章 32 篇。因其中《阿咪》一篇在《上海文學》雜誌發表後受批判，集子終於未能出版。1963 年 9 月，作者又增收最後二篇，共 34 篇。其中……〈金華游記〉……原稿已遺失，無法編入。其餘 32 篇均發表過……（《文學卷二》，頁 499）

《緣緣堂新筆》雖未出版，但仍是豐子愷 1956～1963 年的寫作成績。1956 年中秋，〈致廣洽法師〉說：「年來多寫字，少作畫」（《文學卷三》・頁 211）；1959 年 1 月〈致廣洽法師〉又說：

> 弟今年六十又二，亦精力遠不如昔，每日工作時間減少，六十以前每日工可作（寫作十小時），最近只五六小時，限於上午，下午即疲勞不堪讀寫矣。且患夜盲，入暮即視力茫然，但求早睡。此乃入休養之期。（《文學卷三》，頁 228）

身體的限制在文學作品的數量上，似無顯著的減少。倒是 1956 年春夏間，豐子愷有《李叔同先生傳》一書，寄稿給公家出版社「浙江人民出版社」，命運等同於弘一法師紀念館一樣（政治協商會已批准，惟市政府未能即時實行，與政府行事步驟有關，不可強求速成，只得靜待時機），渺無消息，豐氏去信追回原稿。1959 年 3 月給廣洽法師信中寫道：

> 今日但保存篋中，似古人之「藏之名山，傳之後世」耳。（《文學卷三》，頁 232）

同信又說：「近來國內工農事業，均大進步，祖國前途，極為美好」云云，給人扞格之感。1960 年歲首，豐子愷已經嗅到時局有變化，給廣洽法師信中寫著：

> 近常有僑胞函囑題簽或畫封面者，弟每苦未能遵命。蓋因不悉內容詳情，未能貿然執筆也，因此只得婉謝。……惟寫對聯，作畫幅，不指定題材，不題上款者，則隨時可以應命也。（《文學卷三》，頁 236～237）

戒慎恐懼甚為明顯。1961 年 4 月給廣洽法師信中寫著：

> 國內紙張緊張，除政治書外，重版者極少，故一時恐難於實現耳（《文學卷三》，頁 261）

《李叔同先生傳》一書終未出版。從以上與廣洽法師書信往還中，可以嗅出時局的變化。根據《上海文學通史》說明[84]：

> 從 1940 年到 1976 年「文化大革命」結束，為建國後上海文
> 學發展的第一時期。在這一時期，上海文學的發展大致經歷
> 了三個階段：一，1949 年至 1957 年，上海文學開始直接地
> 全面地置於中國共產黨的領導之下，上海作家在翻身當家作
> 主人的自豪中，抒寫翻身激情、謳歌領袖、謳歌共產黨、描
> 寫革命戰爭、描寫社會主義改造和建設，塑造工農兵英雄形
> 象，成為文學的主要內容，也就成為此時期文學創作的主
> 流；二，1957 年至 1966 年經過「反胡風」、「反右派」鬥爭，
> 使作家噤若寒蟬，文學發展步履艱難，……文學逐脫離了其
> 本身的特性，「五四」新文學傳統發生了斷裂，淪為階級鬥
> 爭的工具，文學的藝術性不斷被忽略。

大時代文風如此，文藝與政治緊密相連，作家在這種文學意識籠罩之下，很難不被壓迫感官與良知，只有蹈足介入政治社會，以求自保。巴金〈上海，美麗的土地，我們的！〉就比較解放前後上海的變化，並大加頌揚現今社會。但是，1962 年連巴金這個上海文聯主席也在深切痛悔後，上海市第二次文代會召開時，發表《作家的勇氣和責任心》，他說：

---

[84] 邱明正主編：《上海文學通史》（下）（上海：復旦大學出版社，2005 年 5月），頁 913。

我有點害怕那些一手拿框框、一手捏棍子到處找毛病的
人……我們新社會裡也有這樣的一種人……你一開口，一拿
筆，他們就出現了。……許多人（我也在內）只好小心翼翼，
不論說話作文，都不敢稍露鋒芒，寧願多說別人說過若干遍
的話，而且盡可能說得全面，即使談一個小問題，也要加上
大段的頭尾，要面面俱到，叫人抓不到辮子，不管文章有沒
有作用，只求平平安安地過關。[85]

豐子愷接著發言表示「擁護百花齊放，百家爭鳴」方針，各種花樹
應該自然生長云云[86]，從言論上看來，豐子愷的發言是溫和多了，
但是 1963 年春天，巴金正擔任《上海文學》主編，豐子愷也曾經
於《上海文學》發表〈阿咪〉，兩人皆被上海市委會指為「毒草」，
此後兩人的文學創作至文革前皆處於停滯狀態，豐子愷尚有數篇，
巴金則沒有創作，《緣緣堂新筆》也落得無法出版的下場。

　　《緣緣堂新筆》在「題材」部分，包含生活片段、社會見聞、
藝術等。「內容」部分，藝術思想如；〈談兒童畫〉、〈隨筆漫畫〉、〈伯
牙鼓琴〉、〈曲高和眾〉、〈雪舟和他的藝術〉；生活片段如〈敬禮〉、
〈代畫〉、〈阿咪〉；人物肖像如〈中國話劇首創者李叔同先生〉、〈先
器識而後文藝〉、〈李叔同先生的愛國精神〉、〈李叔同先生的教育精
神〉、〈威武不能屈〉；社會見聞頌揚國家如〈新年隨筆〉、〈勝讀十
年書〉、〈幸福兒童〉；藉遊記頌揚國家工農人民如〈揚州夢〉、〈西
湖春游〉、〈杭州寫生〉、〈黃山印象〉、〈上天都〉、〈飲水思源〉、〈飲

85　陳丹晨：《巴金全傳》（北京：中國青年出版社，2005 年 11 月），頁 355。
86　陳丹晨：《巴金全傳》，頁 357。

水思源〉、〈化作春泥更護花〉、〈有頭有尾〉。純遊記是：〈廬山游記之一〉、〈廬山游記之二〉、〈廬山游記之三〉、〈黃山松〉、〈天童寺憶雪舟〉、〈不肯去觀音院〉；純散文如：〈我譯《源氏物語》〉。

由以上觀察，並無宗教思想、純粹民俗風情與兒女的篇章。游記十一篇佔了全書三分之一的篇幅。而頌揚解放後的社會，值得注意的是〈西湖春游〉，藉紙上游西湖，批評絕緣說、李叔同，稱許新社會的新氣象，〈杭州寫生〉亦然。這類文字淺俗，且慣用對比法寫作。全篇吹捧頌辭有〈勝讀十年書〉、〈幸福兒童〉、〈飲水思源〉、〈化作春泥更護花〉。〈飲水思源〉說：「全仗著毛主席的英明領導和這些人民的忠誠擁護，革命才能成功，中國才能解放，我們才能享福！」（《文學卷二》，頁601）連談兒童的藝術文章〈談兒童畫〉也出現「資產階級的反動的教育論」說法（《文學卷二》，頁556）。揭露少創作多翻譯的原因是〈隨筆漫畫〉：「腦力不濟而『避重就輕』」（《文學卷二》，頁562）。

《緣緣堂新筆》的寫作，很明顯地受到大環境氛圍的衝擊影響，約十五篇二分之一的份量，都是關於新政府的歌頌之作，這些是以前從未出現的情形，成果並不佳。[87]縱觀全書，當屬游記與〈阿咪〉的寫作成績最佳。

---

[87] 《緣緣堂新筆》文章以《文匯報》為主要發表對象，兼及《解放日報》、《人民日報》。《文匯報》，是中共在「國統區」出版的新聞時政的報紙。《解放日報》是隨著「解放戰爭」時期「解放區」不斷擴大而創刊的報紙，《解放日報》於1949年5月創刊，是上海市委的機關報。《人民日報》於1946年5月15日創刊，是傳播中國共產黨訊息的重要報紙，直到現在發行量仍有百餘萬份。豐子愷的投稿內容顯然受報紙性質制約，如果是作家本人主動投稿，則推論作家對刊登媒體有某種程度的認肯，才會供稿。有關報紙性

四、第四期:《緣緣堂續筆》的不變

《緣緣堂續筆》一書並未在豐子愷生前出版,《豐子愷文集·文學卷二》中敘述甚詳:

> 本集中諸文皆作者在「十年浩劫」期間利用凌晨時分悄悄寫成。1973 年修改。集名原作《往事瑣記》,後改為《續緣緣堂隨筆》,後又改名《緣緣堂續筆》。共 33 篇,作者生前未發表過。其中有 17 篇在作者去世後曾收入豐一吟編《緣緣堂隨筆集》(浙江文藝出版社 1983 年 5 月初版)。(《文學卷二》,頁 653)

雖然書未在作家生前出版,然而它是豐子愷在晚年傾注全力,嘔心瀝血之作。文藝言志抒情,可傾洩抑鬱悲情,但身處十年文化大革命非人經歷,豐子愷小心翼翼,返還到原始《緣緣堂隨筆》的寫作風格,與政治、路線、爭議喧譁保持安全距離。一則因為風暴仍在持續中,二則病弱身心,不堪蠱禍。

有關作家回憶的寫作活動,宇文所安說:

> 有人說回憶是某種類似展現在心靈前的可視的形象般的東西,但是,即使是這樣,它也不同於展示在我們肉眼前的形象。我們眼中的形象有細節作背景,在生活世界中有它的延續性;在我們的回憶中,背景是模糊不清的,出現的是某種形式、故事、意義、與價值有關的獨特的問題等,都集中在

質的介紹,參考李焱勝:《中國報刊圖史》(武漢:湖北人民出版社,2005年 4 月),頁 186-190。

> 這種形式裡。回憶是來自過去的斷裂的碎片；它闖入正在發
> 展中的現實裡，要求我們對它加以注意。[88]

強調過去的悠久的回憶碎片，經過時間淘洗，潛藏在人類思想的底層。當重新浮現在腦海裡之時，也正是「回憶」在提醒我們對過去經驗的重視。《緣緣堂續筆》的寫作計劃緣自五〇年代末期，女兒豐一吟即建議出一套書：《緣緣堂隨筆》、《緣緣堂再筆》，加上《緣緣堂續筆》。豐子愷當時允諾，但是遲至 1971 年才開始動筆。我們無法確知五〇年代末期作家就規劃以童年憶往為題材，還是文革當頭持續寫作的避風港，抑是溯源回歸的晚年心態？豐一吟說：

> 這些文章，他本來早就想寫的，一直沒有時間。如今病休在
> 家，正好寫作。[89]

果是如此，身陷文網所受的種種屈辱、限制等負面經驗，並不是《緣緣堂續筆》產生的原因，也似乎無法用「受環境所迫，有如此的寫作內容」說法，可以推測的原因還是作者的創作欲望與自我寫作版圖的交代。

　歸納《緣緣堂續筆》的寫作內容部分，敘述如下：生活隨感擷拾如〈眉〉、〈男子〉、〈暫時脫離塵世〉、〈食肉〉、〈瑣記〉；回憶幼年生活的如：〈酒令〉、〈癩六伯〉、〈過年〉、〈清明〉；回憶往事的如：〈酆都〉、〈塘棲〉、〈中舉人〉、〈戎孝子和李居士〉、〈算命〉、〈吃酒〉、

---

[88] 宇文所安著，鄭學勤譯：《追憶：中國古典文學中的傳統再現》（台北：聯經出版公司，2006 年 11 月），頁 143。
[89] 見豐一吟：《瀟灑風神・我的父親豐子愷》，頁 334。

〈砒素慘案〉、〈三大學生慘案〉、〈陶劉慘案〉、〈舊上海〉、〈寬蓋〉、〈元帥菩薩〉；回憶幼年人物的如：〈癩六伯〉、〈五爹爹〉、〈菊林〉、〈王囡囡〉、〈老汁鍋〉、〈歪鱸婆阿三〉、〈四軒柱〉、〈阿慶〉、〈S姑娘〉、〈樂生〉。

由以上看來，重複的篇章佔有很大一部分，全篇幾乎重複的如〈食肉〉；片段重複的如〈暫時脫離塵世〉、〈牛女〉、〈酆都〉、〈塘棲〉、〈中舉人〉、〈王囡囡〉、〈過年〉、〈清明〉、〈吃酒〉、〈砒素慘案〉、〈阿慶〉、〈瑣記〉。全篇新內容的如〈眉〉、〈男子〉、〈酒令〉、〈癩六伯〉、〈五爹爹〉、〈菊林〉、〈戒孝子和李居士〉、〈算命〉、〈老汁鍋〉、〈三大學生慘案〉、〈陶劉慘案〉、〈舊上海〉、〈歪鱸婆阿三〉、〈四軒柱〉、〈S姑娘〉、〈樂生〉、〈寬蓋〉、〈元帥菩薩〉。

「內容」部分，沒有藝術思想、宗教思想、家庭感懷、社會現象。只有生活隨感、回憶幼年生活、回憶往事、回憶幼年人物。以往散文中貫穿的市井小人物突然躍為主角，其中三姑六婆、三教九流、市井小兒，在石門灣的場景裡搬演一齣齣活鬧劇。有虐待動物的堂兄樂生，有同住偷人的S姑娘、有酒肉和尚寬蓋、有怪異奇人李圓淨、也有不忍卒睹的砒素慘案……民俗方面的描寫如〈過年〉、〈中舉人〉、〈清明〉、〈吃酒〉以往也曾著墨；即連描寫抗日戰爭以前的〈舊上海〉，也是取變形異色處加意摹寫，讓人心驚膽跳、觸目驚心。觀察其中完全跳脫現實社會與生活寫作的時空背景，可能是因為作者身處文革風暴裡，猶拒絕肯定社會現況。

在束手束腳的時刻，動輒得咎，只有偷得一點點有限的時間筆耕：

> 第二天早上，天還沒有亮，他就起身。從起身到吃早飯，是
> 他一天中最寶貴的一段時間……在一盞微弱的日光台燈
> 下，他每天清晨可以做上二三小時工作。這等於「地下活
> 動」，自然不能公開。[90]

如此的寫作過程驚心動魄，成品卻是不受現實反映，甚且不與韻味深長的寫作風格相銜接，只流於變形事件瑣碎的回憶錄。那麼，為什麼作家還有意命名為《緣緣堂續筆》？仍不與「緣緣堂」脫鉤？

豐子愷以小人物的癡迷可笑狂惡之態，徹底顛覆讀者的「豐子愷想像」，這「想像」的外衣下，豐子愷仍然囉嗦不改，依然老成如故。豐子愷從不意圖討好讀者，但是他諄諄教化的臉孔，自抗戰逃難以來的宣傳文章已變尋常。我們可以說，豐子愷至老年仍然以發聲教化讀者為己任，這些數十年目睹的「怪現狀」，其實與作家稟性：喜好觀察，發為議論是一致的。往常或者是讀者素心所好，或者是豐子愷平淡悠然令人印象太深刻，往往忽略那些隨筆中激烈的片段，而今，繁華落盡後，作家擷取那些片段，吐絲成篇，也算是順理成章，因此仍以《緣緣堂續筆》為名。

觀看這些教訓意義的文章，我們會期待他會出現一些道德判斷。文章裡的道德判斷非黑即白，非對即錯，刻板地傳達作家的價值觀。唯有談到父親的〈中舉人〉，將父親的刻板印象脫去，文章才稍有韻味。當大部分的韻味皆消失了，作品集與《緣緣堂隨筆》藕斷絲連、不變的部分，就是好發議論，與書名相類了。

---

[90] 豐一吟：《瀟灑風神‧我的父親豐子愷》，頁 329-330。

　　但是，恐怕大多數讀者無法接受作家晚年會寫出這樣一部──與早期風格迥異的作品，因此力圖為作家發聲。[91]相較於傅雷、老舍在文革中不堪忍耐而自殺，豐子愷求生的意志格外堅強。[92]豐子愷晨光熹微中的寫作態度，表達了「用手中的筆，掌握自己的發聲權」，也正是有活潑潑的「生」，才能「暫時脫離塵世」，我們推測，豐子愷仍是認為可以戰勝病魔，繼續寫作的。[93]

---

[91] 例如，徐型認為〈暫時脫離塵世〉是藉物（夏目漱石語）寄意（對「四人幫」法西斯專政的強烈抗議）、寫〈過年〉是「為了抗議『四人幫』對中國傳統文化的踐踏」，所以徐型給予《緣緣堂續筆》的評價很高：「在『續筆』中，我們聽到了與文化大革命的喧囂完全不同的另一種聲音，一種沉靜、和平、『暫時脫離』動亂的『塵世』，充滿了人性和人情味的聲音。」見〈論豐子愷「緣緣堂隨筆」的寫作旨趣〉，《豐子愷論》（杭州：西泠印社，2000年2月），頁104。這個看法影響很大，如陳星也說：「〈暫時脫離塵世〉是理解《緣緣堂續筆》的一個注腳。正直、直率的豐子愷在嚴酷的現實面前，蔑視淫威，堅持寫作，把自己的作品提高到一種令人感嘆的境界」，《藝術人生──走近大師・豐子愷》（杭州：西泠印社，2004年8月），頁187。筆者要指出，像〈暫時脫離塵世〉的「暫時脫離」主張，自發表散文起，對豐子愷來說是很常見的說法，用絕緣、隔膜、體感等「豐子愷詞彙」屢見不鮮。因此，引用夏目漱石的「暫時脫離塵世」話語，來界定豐子愷在文革中獨樹一幟顯得薄弱。因為，就豐子愷的寫作歷程看，仍維持內容的一貫性、不變性。

[92] 只要每天有煙抽（即使是劣等如阿爾巴尼亞煙）與一斤黃酒，豐子愷在物質上即無特別要求。在漫畫上，重畫《敝帚自珍》、完成《護生畫六集》；在翻譯上，1974年重譯夏目漱石《旅宿》、佛教經典《大乘起信論新釋》、日本故事《竹取物語》、《伊勢物語》、《落洼物語》；創作《紅樓雜咏》詩。豐子愷有著藝術戰勝死亡，戰勝歲月的流逝的體現。

[93] 《回憶父親豐子愷》說：「他有一本記事冊，在記事冊上寫著，他在1975年下旬（去世前一個半月）還在作畫寄贈別人。可見他獻身於藝術、文學，一直到生命的最後時刻」，見註91，頁143-144。

小結

　　「緣緣堂」作為豐子愷的統一標誌，已經經過大眾認可，並藉此涵括豐子愷的創作風格。經由本章第一節的探討，發現「緣緣堂」的符號意義，隨著作家居住地的不同、時間空間背景因素的影響，實有不同程度的指涉意義。

　　在命名時期，實體「緣緣堂」不存在，豐子愷處於對家園遙想的美好狀態。實體「緣緣堂」時期，它滿足作家對「家」功能的願望和需求，是作者安身立命的樂園，有清淡悠遠的「緣緣堂隨筆」風格。「緣緣堂」被毀，實體不存在時，「緣緣堂」屬精神象徵。老年時期，由於時空環境改變，久居上海的作家已近耄齡，「緣緣堂」的內涵意義已經消失，只有保留「緣緣堂」的書名歷史性意義。後來，豐子愷去世十年餘，重建的「緣緣堂」，已經轉換成作家的歷史象徵符號。

　　豐子愷一系列以「緣緣堂」命名的文集，最早的《緣緣堂隨筆》宗教、兒女等題材為「緣緣堂」的樂土象徵意義定調。1933-1937年居住在石門灣「緣緣堂」的三本文集：《隨筆二十篇》、《車廂社會》、《緣緣堂再筆》，在題材、內容部份上承《緣緣堂隨筆》，但已經轉而關懷社會面的畸形與風俗變化。《緣緣堂新筆》與《緣緣堂續筆》二書，則因政治環境影響，無法在豐子愷生前出版。《緣緣堂新筆》內容是政治宣傳文章發展的極致；取材游記的文章約佔全書三分之一的份量，也是前所未有的。《緣緣堂續筆》則屬文革時期，凌晨時分的寫作成績，題材內容雖有不忍卒睹、觸目驚心的實錄，但大多仍是回憶童年、往事之作，這一「憶往懷舊」絲縷，自

始至終，在作者六十年的寫作歲月裡，起起伏伏，從來不曾中斷過，
如一個生命循環的圓。

第五章　豐子愷隨筆意涵與風格

豐子愷以《緣緣堂隨筆》等文集聞名於世，不僅世人皆以「隨筆作家」評價，他自己也每以「隨筆」稱呼自己的作品，因此本章擬先瞭解「隨筆」意涵。其實任何定義都不免截長補短，很難盡合事實的真相。因此，事實與真相之間，往往是一條或寬或窄的鴻溝，而且存在著未來的不定性。所以，定義的開放性乃屬當然。在開放的前提下，為瞭解豐子愷本人對「隨筆」的看法，還是試圖為「隨筆」下個定義。這些基礎的條件，是藉著文學史的觀察從各時代自然演進中所獲得的共同性質，這些文類的區分，是後設歸納而得，具有流動性與未定性。

因此在敘述時，第一節先介紹「隨筆」的意涵，再爬梳豐子愷對「隨筆」的看法；第二節歸納豐子愷散文的特點：一是以漫畫入散文；二是散文要求趣味。由於作家本人對散文的介入性高，所以第三節點出其人格的發展，與弘一法師人格相應，作為下一節風格展現的鋪墊；第四節進而剖析豐子愷散文的風格，有「含哲理、藏詩情、蘊畫意、富藝術味、有風俗美、融酒趣、能幽默」的呈現，深含無窮的情韻和意蘊。

第一節　豐子愷論隨筆的意涵

一、傳統意義下的隨筆意涵

「隨筆」的概念，遠自中國古代即有，直到現在屬於現代散文範圍中的一個種類。楊牧說近代散文是：「二十世紀初葉以來，中國人以白話文為基礎，實踐新思想，開創新藝術，充份表現時代的感性體悟和觀察。……可望為後代勾畫新風氣的散文作品」[1]，是融會古典、歐西、日本風格的成就自我風格的作品。白話散文受近代白話小說、白話書寫運動、文人大量投入寫作等等因素的影響，成為現代重要的文類。在近代散文這一個範疇內，隨著科技人文演進，劃分愈來愈細密，早期散文界存在名稱岐異的現象有增無減。例如「隨筆」、「小品」、「雜文」、「隨筆小品」等等，諸家看法不一，辯論時起，尚無定論。

現代散文發展後，討論散文分類的篇章不少，也有回歸「散文的本質性，本體上的根源性問題去探討」的呼籲。[2]由於涉及龐雜，此處僅集中在「隨筆」相關的重要說法做一整理。

---

[1]　楊牧：〈中國近代散文〉，收入何寄澎主編《散文批評》（台北：正中書局，1998 年 3 月），頁 127。

[2]　如游喚、張鴻聲、徐華中合撰《現代散文精讀‧概論》：「要給散文下定義，絕不能不考慮文學的本質特性。當然，也就不能不考慮散文文字的特性，要把一般僅供『書寫』目的的文字與散文文字分清楚，能做到辨認、欣賞、分析，進而評價這兩種文字特性之不同的，而根據不同所 在然後提出散文定義的，才叫散文的真定義。」（台北：五南圖書出版有限公司，2000 年 9 月），頁 4。

　　楊牧《現代中國散文選 I・前言》將散文分成七類，包括（1）小品（2）記敘（3）寓言（4）抒情（5）議論（6）說理（7）雜文。[3]鄭明娳說：

> 楊氏之分類已摻雜了形式的考慮，其中（1）（3）（7）項有形式和結構的意義，但是（2）（4）（5）（6）項則以功能觀點出之，各類錯綜在一起，分類界限顯得相當模糊。例如「小品」一項就可能同時具有（2）至（7）項的分類基礎，如果把（2）至（6）項歸併「小品」中，則散文已無何類別可言了。[4]

楊牧的分類存在若干問題，又由於分類具有開放性與包容性，所以在歷史的進程中，文類的內涵與外延常常處於變動的狀態。為了研究的方便，學者還是相繼投入討論的行列，其中以鄭明娳的說法，向為學界認同。鄭明娳《現代散文類型論》提出散文兩大體系，進而加以區分。以下為鄭明娳的分類：

> 第一類是依內容功能的特質而形成的類型，它是現代散文家們自由創作、自然成長的結果，成為觀念上，現代散文的主要類型，本書把它再分成情趣小品、哲理小品、雜文等三大類型，它們都是後設性的。……這些類型實為母題元素，是散文的根基，作者據此而創作典型的小品，也可以將母題互相搭配，因此產生許多橫跨數種類型的散文。……另一大類型是從另一個角度來看，係因特殊結構

---

[3]　參楊牧編：《現代中國散文選 I・前言》（台北：洪範書店，2001 年 9 月），頁 5。

[4]　鄭明娳：《現代散文類型論》（台北：大安出版社，1997 年 5 月），頁 40。

而形成的個別類型。……它具有歷史的成因，乃文學史中已然存在的類型，……在內容上，它可以囊括小品文的範疇，但卻改變形式，因而具有獨立的意義。其特殊的結構可分三種，一種是文章格式的獨立，文體結構的特殊，例如日記、尺牘、序跋等已具有基本的形式。另二種是語言結構及情節結構之特殊，例如遊記文學、報導文學、傳記文學的語言結構已有獨立的規則，它們的情節結構也各自有特殊的條件。[5]

對散文的分類較以前深入詳盡。接著對早期散文的範圍，界定於產量最多的小品文。鄭明娳說：

散文的主要類型，實可以小品文總稱之。它具備幾項基本特色：一、格局精緻；小品文的文字雖然沒有硬性規定，但是以精緻的格局而言，通常不超過一萬字。……二、以實寫為主；……三、意境獨到；……四、小品文不論是造境或寫境，其境必含情、趣、韻等因素。[6]

對小品文的說法，涵蓋面很廣。在早期小品文中，最早發展的是以魯迅為主的雜文；其後是以周作人為首的言志抒情小品。魯迅、周作人兄弟才華出眾，無論在理論與創作中都有突出的成績。周作人在現代散文作品裡，較早地使用「隨筆」名稱。周作人《雨天的書·自序一》說：

5　同前註，頁 41-42。
6　鄭明娳：《現代散文類型論》，頁 43-44。

今年冬天特別的多雨。……使人十分氣悶。在這樣的時候，常引起一種空想，覺得如在江村小屋裡，靠玻璃窗，烘著白炭火缽，喝清茶，同友人談閒話，那是頗愉快的事。……想要做點正經的工作，心思散漫，好像是出了氣的燒酒，一點味道都沒有，只好隨便寫一兩行，並無別的意思，聊以對付這雨天的氣悶光陰罷了。……因此我這雨天的隨筆也就常有續寫的機會了。一九二三年十一月五日，在北京。[7]

文中表達「隨筆」隨意閒談的風格，和廚川白村所說「Essay」是與興之所至、隨心閒聊的意思，可說是一致的。早在 1922 年，胡適談及白話散文的成就，他說：「這幾年來，散文方面最可注意的發展，乃是周作人等提倡的『小品散文』」[8]，所謂「小品散文」即「小品文」。據周作人的看法，「隨筆」即「小品文」，他在《雨天的書‧自序二》說：

這些大都是雜感隨筆之類，不是什麼批評或論文。據說天下之人近來已看厭這種小品文了，但我不會寫長篇大文，這也是無法。……我近來作文極慕平淡自然的景地。……生在中國這個時代，實在難望能夠從容鎮靜地做出平和沖淡的文章來。[9]

他還強調隨筆的文章篇幅不長，並希望達到平和沖淡的境界。綜合地說，周作人認為小品文要表現自我情韻與趣味，顯出平淡從容之感。

[7]　周作人：《周作人散文》（北京：人民文學出版社，2005 年 5 月），頁 236。
[8]　胡適：〈五十年來中國之文學〉，《胡適文存》第二集（台北：遠流出版公司，1986 年 4 月），頁 150。
[9]　周作人：《雨天的書》（石家莊：河北教育出版社，2003 年 6 月），頁 2-4。

鄭明娳《現代小品》第一篇「現代散文與小品文」著意釐清小品文與散文的差異，說道：

> 小品文是完整的散文，只不過篇幅比較短而已。……小品文雖小，但必須有和寫大作品一樣的思想體系、知識基礎及文學技巧。……我們深信有短小而絕對不輕薄的作品、有短小而亦有高單位藝術的作品。[10]

鄭明娳說明小品文內容雖短，但內容行式的要求與對散文的要求並無二致。寫作散文，應該避免如李廣田說散文的短處：「常常在於東拉西扯，沒有完整的體勢」[11]，所以小品文也不因文字少而減損其藝術性的要求。關於隨筆的字數，方非說：「萬字以外的隨筆，實在很少見。大多數都是數千字，其短者只數百字」。[12]邱景華〈大品：散文嬗變中的新品種〉一文，說明現代散文發展初期的篇幅短小面貌：

> 篇幅短小，文字簡潔，是散文的基本形態，所以散文又有「小品」之稱。……藝術手法上仍然保持著「竹簡精神」：敘述簡練，白描傳神。[13]

綜合上述，所謂「小品文」是完整的短篇散文，其篇幅簡約，字數在數千字內不超過一萬字；小品文即「隨筆」[14]，但隨筆的寫作要

---

[10] 鄭明娳：《現代小品》（台北：五南圖書出版公司，2004 年 3 月），頁 12-13。

[11] 李廣田：〈談散文〉，收入張俊才、王勇、閻立飛選編：《二十世紀中國文學史論精華·散文卷》（石家莊：河北教育出版社，2000 年 12 月），頁 174。

[12] 方非：〈散文隨筆之產生〉，同前註，頁 58。

[13] 邱景華：〈大品：散文嬗變中的新品種〉，程金城主編《中國新時期散文研究資料》（濟南：山東文藝出版社，2006 年 4 月），頁 19-21。

求不能因簡短尺幅，就在技巧部分寬鬆以對，仍應在內容上求其傳
神深刻，結構上要完整。李廣田說散文：「絕不應當是『散漫』或
『散亂』，而同樣的，也應該像一座建築，也應當像一顆明珠」[15]，
隨筆的要求亦是如此。

　　對「隨筆」誤解的看法，可以說非常普遍。舉吳方〈泥龍竹馬
眼前情——豐子愷與《緣緣堂隨筆》〉為例[16]：

> 隨筆……此類文字一般也被歸入散文了，只是比我們慣見的
> 散文還「散」一些：自然、社會、家庭、個人，或旅行或平
> 居、或寫生或談天，不必「應景」、「應制」，也不如慣見的
> 散文用力。用力有用力的好處，但有時也會病在用力上頭。
> 不用力就隨便、不拘束，等於任你漫讀。隨便，雖然難免不
> 大合規矩，總顯得近人情一些吧。恰如青菜豆腐家常餅之於
> 正式的酒肉宴席，興之所至而無厭膩。

這就是一般常見對於「隨筆」的誤解，以為「隨便、不拘束，任你
漫讀，難免不大合規矩」，創作時「不如慣見的散文用力」。除了前
述的鄭明娳的理論足以辨明外，喻大翔《用生命擁抱文化》亦說散
文此一合體的要求[17]：

---

[14] 迄今隨筆即小品文的說法非常普遍，如鍾怡雯：「廚川白村認為 Essay（即
隨筆，或小品文）的特色，其興味來自於『人格的調子（personal note）』」，
參周芬伶、鍾怡雯合編：《散文讀本》（台北：二魚文化事業有限公司，2002
年8月），頁226。

[15] 同註11。

[16] 文收入吳方：《追尋已遠——晚清民國人物素描》（北京：人民文學出版社，
2005年8月），頁222。

[17] 喻大翔：《用生命擁抱文化》（北京：人民文學出版社，2002年8月），頁290。

一是精心構思卻信筆所至，看上去自自然然又不存在明顯的結構破綻；二是要根據題材性質與主題目標安排結構。

可知「隨筆」屬於正式散文，但是經營需要匠心安排，並非興之所至、隨意為之。在早期的散文發展中，隨筆寫作十分風行，方非於 1933 年撰寫的〈散文隨筆之產生〉說：

> 近時的各種出版物，不論日報也好，月刊也好，文學藝術類的雜誌也好，還是社會政治性質的雜誌也好，總短不了「隨筆」、小品文或雜感一樣。而且就在這一欄中，實在也有結構遣詞都是很好的作品，令人先睹為快。從事著作這類文章的作家，也有很多是文壇好手。[18]

豐子愷就是三〇年代文壇上成果斐然的隨筆作家。

二、豐子愷的現身說隨筆

豐子愷在說明隨筆自由不拘的形式，並無意深入闡釋隨筆的實質內容要求。相對而言，他對藝術理論入微地抉發，比起散文理論多了不知凡幾。這也不禁令人想像──他對散文寫作始終不脫「隨筆精神」。進一步探究，豐子愷其實另有說明：

> 隨筆總得隨我的筆，我的筆又總得隨我的近感。(〈惜春〉,《文學卷一》,頁 390)

---

[18] 張俊才、王勇、閻立飛選編：《二十世紀中國文學史論精華‧散文卷》,頁 57。

豐氏這枝深富感情的筆不是便宜行事，草率得想寫就寫，他說：

> 我認為隨筆不能隨便寫出。……漫畫同隨筆一樣，也不是可以漫然下筆的。我有一個脾氣，希望一張畫在看看之外又可以想想。我往往要求我的畫兼有形象美和意義美。（〈隨筆漫畫〉，《文學卷二》，頁 563）

關於「隨筆」這個名稱，宋洪邁〈《容齋隨筆》自序〉有言：「意之所之，隨即紀錄，因其後先，無復詮次，故目之曰隨筆。」西方稱隨筆為「Familiar Essay」，現在則是指篇幅短小，表現形式靈活自由，宜於敘事、抒情或議論的散文體裁。

胡夢華〈絮語散文〉中介紹法國蒙田（Montaigne）與英國培根（F.Bacon）等的絮語散文，並說：

> 我們仔細讀了一篇絮語散文，我們可以洞見作者是怎樣一個人：他的人格的動靜描畫在這裡面，他的人格的聲音歌奏在這裡面，他的人格的色彩渲染在這裡面，並且還是深刻的描畫著，銳利的歌奏著，濃厚的渲染著。所以它的特質是個人的，一切都是從個人的主觀發出來。[19]

可知隨筆中作者的人格色彩是極明顯的。傅德岷說：「短小的形式，博雜的內容，濃郁的個性，誠實的風格，自然成了『隨筆』的特徵。」[20]對照豐子愷的說法：「我只是愛這麼寫就這麼寫」、「毫無外力強迫」，

---

[19] 胡夢華：〈絮語散文〉，收入佘樹森編《現代作家談散文》（天津：百花文藝出版社，1986 年 7 月），頁 15。
[20] 傅德岷：《散文藝術論》（重慶：重慶出版社，2006 年 1 月），頁 74。

強調書寫的自主性；但這種自主性來自於「隨我的近感」，即作者真誠自然的感受。豐子愷的漫畫並非漫然下筆，隨筆也不是隨便寫出，都是深於立意，意圖傳達深刻的見解與感受給讀者的。

豐子愷也認為「隨筆」乍看字面意思，常遭到誤解。〈隨筆漫畫〉說：

> 隨筆的「隨」和漫畫的「漫」，這兩個字下得真輕鬆。看了這兩個字，似乎覺得作這種文章和畫這種繪畫全不費力，可以「隨便」寫出，可以「漫然」下筆。其實決不可能。就寫稿而言，我根據過去四十年的經驗，深知創作──包括隨筆──都很傷腦筋，比翻譯傷腦筋得多。……即使是隨筆，我也得預先胸有成竹，然後可以動筆。(〈隨筆漫畫〉，《文學卷二》，頁 561)

豐子愷以自己寫作的經驗，澄清一般人似是而非的看法。他認為凡是「創作」─包括隨筆、漫畫均不容易。書桌案頭的擺設也有條理：

> 我在平屋的南窗下暫設一張小桌子，上面按照一定的秩序而布置著稿紙、信箋、筆硯、墨水瓶、漿糊瓶、時表和茶盤等，不喜歡別人來任意移動，這是我獨居時的慣癖。我－我們大人──平常的舉止，總是謹慎，細心，端詳，斯文。例如磨墨，放筆，倒茶等，都小心從事，故桌上的布置每日依然，不致破壞或擾亂。(〈兒女〉，《文學卷一》，頁 114)

創作時安排文章的結構，更需用心如築屋構廈般小心翼翼：

考慮適於表達這「煙士比里純」的材料，然後經營這些材料的布置，計劃這篇文章的段落和起迄。這準備工作需要相當的時間。準備完成之後，方才可以動筆。(〈隨筆漫畫〉,《文學卷二》，頁 561)

豐子愷的產量極多，每篇隨筆都要草擬大綱，使其架構得宜；推測其落筆完成，所需時間實在不少，若非天生即具創作天份，否則很不容易做到。實際動筆時，戰戰兢兢，如臨大敵：

動筆的時候，提心吊膽，思前想後，腦筋裡彷彿有一根線盤旋著。直到脫稿之後，直到推敲完畢之後，這根線方才從腦筋裡取出。(〈隨筆漫畫〉,《文學卷二》，頁 561-562)

創作的環境尤其重要，凝思運慮之際，最怕有人打擾；否則思緒中斷，語境需得重新醞釀，只有徒呼無奈：

創作的時候最怕旁邊有人，最好關起門來，獨自工作。因為這時候思想形成一根線索，最怕被人打斷。一旦被打斷了，以後必須苦苦地找尋斷線的兩端，重新把它們連接起來，方才可以繼續工作。(〈隨筆漫畫〉,《文學卷二》，頁 562)

意念串聯不斷，接連而展，一氣呵成，快意淋漓劃上文章句點，原是作家的期望。然而俗事多擾，環境也未必能盡如人意，如何串結意念的線端，需要費心思量；所以，自己的生活是「枯坐，默想，或鑽研，搜求，或敷衍，應酬」(〈兒女〉,《文學卷一》，頁 113)；藉兒子眼中看自己，真是「癡人」：

> 爸爸整天坐在桌子前，在文章格子上一格一格地填字，難道
> 不是「癡」嗎？（〈華瞻的日記〉，《文學卷一》，頁142）

這當然不是華瞻說的，是豐子愷式的嘲諷。豐子愷認為藝術價值應
該為大多數人理解，他以詩作為文學的例子來說明：

> 詩，原來不是十分艱深的別種的文字……好詩決不是多數人
> 所不解的。（〈英語教授我觀〉，《文學卷一》，頁19）

他也認為藝術品應該永久流傳：

> 花終於要凋謝，人終於要老死，這種感傷也同歸於盡。只有
> 從這些感傷發出來的詩詞，永遠生存在這世間，不絕地引起
> 後人的共鳴。「人生短，藝術長」，其此之謂歟？（〈看殘菊
> 有感〉，《文學卷一》，頁531）

由於癡，方能立定腳跟，直直前行，追尋藝術的真善美。豐子愷基
本上是個藝術家，被普遍視為畫家身分，在那一個發揚蹈厲、吶喊
聲齊揚的時代，豐子愷隨筆的觀念比起藝術理論來顯得寂寥，在文
學界也被長期忽略，沒有激起什麼漣漪。

第二節　豐子愷散文的特色

　　豐子愷著作中以隨筆命名的僅有《緣緣堂隨筆》、《隨筆二十篇》
兩書，他對隨筆與小品文的看法認為兩者是相同的，因此筆者在行

文中，仍以散文稱呼其作品。以下就豐子愷作品特色，分成兩點來說明：

一、以漫畫入散文

豐子愷對自己隨筆的要求，和漫畫是放在同一天平上看的。他先談到漫畫，再取隨筆相參照發明：

> 漫畫同隨筆一樣，也不是可以「漫然」下筆的。我有一個脾氣：希望一張畫在看看之外又可以想想。我往往要求我的畫兼有形象美和意義美。形象可以寫生，意義卻要找求……倘使我所看到的形象沒有豐富深刻的意義，無論形狀色彩何等美麗，我也懶得描寫；即使描寫了，也不是我的得意之作。實在，我的作畫不是作畫，而仍是作文，不過不用言語而用形象罷了。既然作畫等於作文，那麼漫畫就等於隨筆。隨筆不能隨便寫出，漫畫當然也不得漫然下筆了。(〈隨筆漫畫〉，《文學卷二》，頁 563-564)

這段文字重點地宣示豐子愷對隨筆與漫畫的要求一致：「要求我的畫兼有形象美和意義美。形象可以寫生，意義卻要找求」。以隨筆與漫畫並舉互注，這是豐子愷的創見。有畫家身兼作家者，如何懷碩、楚戈、席慕蓉；有作家又好繪畫者，如丘彥明、王家祥、黃春明、簡媜等；有作家兼書法家者，如洛夫；也有漫畫兼作家者，如林文義。兼有三美者（繪畫、書法、文學），有奚淞與蔣勳。但

若結合漫畫、書法、文學者，只有豐子愷與莊因（莊因襲自豐子愷）。由此可見，豐子愷的稀有性、珍貴處。

關於漫畫，豐子愷在《藝術修養基礎》中編有〈漫畫〉專章（《藝術卷四》，頁 202-207），亦有《漫畫的描法》專書出版（《藝術卷四》，頁 259-312）。豐子愷認為，要學漫畫首需具備三種修養：「寫生畫法」、「簡筆畫法」與「取材用意法」（〈漫畫〉，《藝術卷四》，頁 207）。這三種修養除了第三種「取材用意法」是要「多讀書，多閱歷，而能洞察人生社會的內幕」外，前兩種實與豐子愷「漫畫六法」相同。「漫畫六法」是：

> （一）寫實法，（二）比喻法，（三）誇張法，（四）假象法，（五）點睛法，（六）象徵法。……如實描寫……叫做寫實法。……描寫另一具體的東西，以比喻這問題而表示對這問題的意見，這叫做比喻法。……把主題的特點加以誇張，使成滑稽可笑之狀，……這叫做誇張法。……假象法，這就是使無形的事理有形化，所以畫面上大都奇怪荒唐。……值得注意的現象，加以警拔的題目，……叫做點睛法。……不便於明言直說，乃另描一種性狀相同的他事象，拿來象徵所欲說的事象……叫做象徵法。（《藝術卷四》，頁 292-312）

這六法是豐子愷從文學的寫作手法（如文心雕龍）融會旁通而來，寫實、比喻、誇張、象徵四法皆信而有徵[21]，假象法似變形法，而點睛法卻像是詩的題目了。

---

[21] 可參考黃永武：《字句鍛鍊法》（台北：洪範書店，1998 年 3 月）或沈謙：《修辭學》等書。張勝璋：〈豐子愷散文的漫畫思維〉一文將誇張與變形、

　　以文字、漫畫為工具，結合至誠的內容，創造出美的形式，讓讀者的情思與作家一起激盪共鳴，這是豐子愷的特別之處。繪畫的材料是色彩與線條，訴諸視覺引起美感；文學的材料是語言，通過語言表達思維，訴諸人的心靈。文學是藝術的語言，具有形象化的特性。形象的生成，有賴視覺、聽覺等感覺要素綜合而得，所以，形象性的語言是豐子愷創作的第一特色。

　　至於豐子愷對散文與漫畫的要求一致，顯示一種具有普遍性的標準：「形象美、意義美」，這是豐子愷創作的根本，他認為若不符合這種美學的觀點，則不具藝術價值。

　　豐子愷〈將來的繪畫〉說，將來的繪畫會走上「形體切實」、「印象鮮明」兩個標準而進展。在「印象鮮明」部分，例如豐子愷的畫：

> 我的畫不寫細部，但描大體。例如畫人的顏面，我大都只畫一張嘴。並非表示人只會講話和吃飯，實因嘴是表情中最重要的部分，只描一張嘴已經夠了。非但夠了，有時眉、目、鼻竟不可描，描了使觀者沒有想像的餘地，反而減弱了人物畫的表情。（《文學卷一》，頁 322）

豐子愷運用漫畫式的「印象的描寫」來寫作，這是以口喻人，發揮想像力的方式。以〈陋巷〉為例，描繪馬一浮的面貌猶如木炭寫生石膏像般的入神：

略筆都聯繫起來，是另外一種理解（閩江學院學報，第 23 卷第 1 期，2002年 10 月）。

> 他的頭圓而大，腦部特別豐隆，假如身體不是這樣矮胖，一
> 定負載不起。他的眼不像 L 先生的眼地纖細，圓大而炯炯發
> 光，上眼簾彎成一條堅致有力的弧線，切著下面的深黑的瞳
> 子。他的鬚髯從左耳根緣著臉孔一直掛到右耳根，顏色與眼
> 瞳一樣深黑。(《文學卷一》，頁 203)

頗能抓住鮮明的印象，對馬一浮臉頰的線條捕捉，果然栩栩如生。
這「形體切實」的描寫就是寫實法。另外還有〈夢痕〉中「左額上
的疤痕」是「兒時歡樂的佐證，我的黃金時代的遺跡」(《藝術卷一》，
頁 276)「夢痕」二字可說是點睛警醒法。〈楊柳〉高而能下的楊柳
是不忘本的象徵法。而桂林「奇峰羅列窗前，形似犬齒」(《教師日
記》，《文學卷三》，頁 120) 是特別的比喻；「瓜子亡國論」(《教師
日記》，《文學卷三》，頁 94) 在變形假象處也不遑多讓。

　　從多元化藝術創作的高度展現，豐子愷的主導天賦在「溝通」。
根據美國教育心理學家唐納・克里夫頓博士 (Donald O. Clifton) 在
「能力心理學」(Strengths-Based Psychology) 的研究指出一個原則：

> 人人都有獨特的傾向，以至於我們大多數時候，都會有一定
> 的思考、感受和行為模式。蓋洛普稱這種經常出現的思考、
> 感受和行為，叫做主導天賦 (dominant talents)[22]。

豐子愷一直努力讓溝通時傳達出的訊息，在別人腦海中留下印象。
他非常擅於溝通，成功運用形象化的漫畫手法使尋常的文字變得靈

---

[22] 羅珊・李維斯 (Rosanne Liesveld)、喬・安・米勒 (Jo Ann Miller)、珍妮
佛・羅賓森 (Jennifer Robison) 著，顧淑馨譯：《發現我的教育天才》(Teach
with Your Strengths) (台北：商智文化事業公司，2006 年 3 月)，頁 53。

活生動，引起廣泛的共鳴。早期他的知音並非下層的藍領階級，張斌曾說[23]：

> 他承認自己和一般群眾少有接近的機會，不能真正理解他們的心理，因此自己的藝術也就難於被他們理解。……一個令人沮喪的事實是，他的崇拜者是都市裡進步的知識青年，而不是鄉村的勞動人民。

豐子愷也在〈深入民間的藝術〉說過這樣的話：

> 因為我自己的藝術趣味，是傾向嚴格的一種的；而對於一般群眾少有接近的機會，所見的不過表面的情形，未能深解群眾的心理。（《藝術卷三》，頁379）

但是後來抗戰逃難開始，靠著廣為人知的漫畫與散文，有緣地接受各種身分讀者的幫助，讓這種情形有了轉變。這是他運用漫畫手法寫散文，造成深刻印象的另一收穫吧。

二、以趣味寫散文

豐子愷「隨筆」的寫作，非常重視「趣味」。他屢次申說趣味的重要性，如：

23　何莫邪著，張斌譯：〈譯者序〉《豐子愷——一個有菩薩心腸的現實主義者》（濟南：山東畫報出版社，2005年5月），頁2。

> 趣味，在我是生活上一種重要的養料，其重要幾近於麵包。
> （〈家〉，《文學卷一》，頁 520）

為了趣味的追求，豐子愷在杭州又租一間別寓，「彷彿是緣緣堂的支部」，於是春秋居杭州，冬夏居緣緣堂，過著愉快逍遙的趣味生活。這樣往返的趣味，是出於自己的決定，旁人難以理解也無妨。他又強調：

> 「做人不能全為實利打算」……全為實利打算，換言之，就
> 是只要便宜。充其極端，做人全無感情，全無意氣，全無趣
> 味，而人就變成枯燥、死板、冷酷、無情的一種動物。這就
> 不是「生活」，而僅是一種「生存」了。古人有警句云：「不
> 為無益之事，何以遣有涯之生？」（清項憶雲語）這句話看
> 似翻案好奇，卻含有人生的至理。無益之事，就是不為利害
> 打算的事，就是由感情、意氣、趣味的要求，正是所謂「無
> 益之事」。我幸有這一類的事，才能排遣我這「有涯之生」。
> （〈謝謝重慶〉，《文學卷二》，頁 177）

雖然豐子愷在這裡是針對抗戰勝利後，意欲離開重慶，返回杭州所做的解釋，但是「做事要源於趣味」說法，常常出現於他藝術創作的動機說明中。

豐子愷所談的這種「趣味」，是對人生事物觀察之後，納於胸中，化為保持創作熱情的動力。觀察方式的正確與否，直接影響人類對趣味的認識。他認為：

> 趣味決不只這樣簡單。所以倘用估價錢的眼光來看事物，所
> 見的世間就只有錢的一種東西，而更無別的意義，於是一切

事物的意義就被減小了。……故我們倘要認識事物的本身的存在的真意義，就非撤去其對於世間的一切關係不可。（〈剪網〉，《文學卷一》，頁 94）

如果對事物缺少用「絕緣」的方式正確地觀察，就不能見出趣味，那麼，勢必很難再引起創作的動機，更無法在藝術上有進境。

豐子愷〈關於兒童教育〉文中，則將童心與趣味劃上等號：

童心，在大人就是一種「趣味」。培養童心，就是涵養趣味。（《藝術卷二》，頁 254）

培養的方式，就是：

不要在原因結果的關係之下觀看世界，而當作一所大陳列室或大花園觀看世界。這時候我們才看見美麗的藝術的世界了。……藝術的世界正是真的世界。（〈關於兒童教育〉，《藝術卷二》，頁 252）

用「絕緣」的角度看世界，讓詩人畫家具有天真的童心，呈現事物自己的「相」。關於「童心」說法，首見於李贄〈童心說〉：

夫童心者，真心也。若以童心為不可，是以真心為不可也。夫童心者，絕假純真，最初一念之本心也。若失卻童心，便失卻真心；失卻真心，便失卻真人。[24]

---

[24]　參陳蔚松、顧志華譯注：《李贄文選釋》（四川：巴蜀書社，1994 年 6 月），頁 111。

說明童心即真心，是人最初自然本性的情感，這成了文學批評的一個標準。王國維《人間詞話》說：「詞人者，不失其赤子之心者也」[25]，認為成就詞人的重要因素是具有初生嬰兒般的純樸無偽的情感。王國維與李贄說法略有相似之處，但強調的是赤子皆天才，天才自某點觀察是赤子。夏目漱石也有類似的看法[26]：

> 由於眼光不足，只看到天花亂墜，或由於無法剪斷俗累，過分重視榮辱得失……我應如何才能回到詩的立足點呢？我必須把自己的感覺放在前面，而後退後一步，冷靜地，以他人的眼光來檢視它。

豐子愷所述有諸人的痕跡，他認為絕緣的態度，是兒童具有童心的原因，是成人在現實世界進入藝術世界的不二法門。他在〈關於學校中的藝術科──讀《藝術教育論》〉說：

> 人生中無論何事，第一必須有「趣味」，然後能歡喜地從事。這「趣味」就是藝術的。（《藝術卷二》，頁 229）

藝術的趣味，要靠藝術教育中的「美的鑑賞力與創作力的，以養成其美的感情，使受用於其生活上」（同上，頁 231），使人在日常生活中看出藝術的情味。綜合以上的說法，豐子愷與袁枚《隨園詩話》的說法暗合，《隨園詩話》說[27]：

---

[25] 參馬自毅注釋：《新譯人間詞話》（台北：三民書局，1994 年 3 月），頁 33。

[26] 見太宰治原作，鄭清文譯：《夏目漱石》（台北：光復書局，1987 年 11 月），頁 30-31。

[27] 袁枚著，顧學頡點校：《隨園詩話》（北京：人民出版社，1982 年 9 月），頁 20。

> 熊掌、豹胎，食之至珍貴者也；生吞活剝，不如一蔬一筍矣。
> 牡丹、芍藥，花之至富麗者也；剪彩為之，不如野蓼、山葵
> 矣。味欲其鮮，趣欲其真；人必知此，而後可與論詩。

此處趣與味並舉，強調藝術表現形式與其華美、不如真實有趣味，這趣味是討論藝術的必要先行條件。豐子愷也認為童心真心即趣味，而這童心是人人皆有的，

接著豐子愷強調：

> 「趣」之一字，實在只能冷暖自知，而難於言宣。（〈房間藝
> 術〉，《文學卷一》，頁 523）

雖然趣感浮於心頭，捕捉甚難，但可藉由某些事件、言談等等為例，說明趣味外顯可達到的功效。

無獨有偶，周作人〈笠翁與隨園〉有相似的觀點[28]：

> 我在這裡須得交代明白，我很看重趣味，以為這是美也是
> 善，而沒趣味乃是一件大壞事。這所謂趣味裡包含著好些東
> 西，如雅、拙、樸、澀、重厚、清朗、通達、中庸、有別擇
> 等，反是者都是沒趣味。……沒趣味並不就是無趣味，除非
> 這人真是救死惟恐不贍，平常沒有人對生活不取有一種特殊
> 的態度，或淡泊若不經意，或瑣瑣多所取舍，雖其趨向不同，
> 卻各自成為一種趣味，猶如人各異面，只要保存其本來眉
> 目，不問妍媸如何，總都自有其生氣也。

---

[28] 周作人：《苦竹雜記》（台北：里仁書局，1982 年 6 月），頁 84。

周作人以為每個人皆有趣味，不同趣味形成人人不同的面目。對趣味的詮釋顯然與豐子愷不同，但是同樣認為趣味是天賦即有的。

梁啟超（1873～1929）是近代著名的學者，他曾自稱信仰的是「趣味主義」：

> 假如有人問我：「你信仰的什麼主義？」我便答道：「我信仰的是趣味主義。」有人問我：「你的人生觀拿什麼做根柢？」我便答道：「拿趣味做根柢。」我生平對於自己所做的事，總是做得津津有味，而且興會淋漓。[29]

梁啟超抱持的趣味主義，「實質就是情感主義、審美主義」[30]，與豐子愷的說法也相同。對豐子愷來說，尋得趣味的過程或許是歷遍艱辛，豐子愷常常有意地彈奏解脫釋放之調，來自我寬解。筆者觀察，解放後愈近晚年，豐子愷幾乎已經不談趣味了，這與早期文章常常出現的情形南轅北轍。

豐子愷也重視「興味」，這種隨著注意而引起的感情狀態，就是對事物集中注意力呈現高度興趣的狀態。豐子愷的興味不完全在於擁有或完成，更多來自探尋的過程，全心投入，從零到一、從模糊到清晰，歷經周折，結果呈現眼前。這些過程，彷彿是人生的縮影，豐子愷以為過程遠比結果有趣：

---

[29] 梁啟超：〈學問之趣味〉，《飲冰室合集》文集之三十七（北京：中華書局，1989 年），頁 71。

[30] 陳望衡：《中國美學史》（北京：人民出版社，2005 年 12 月），頁 457。

不久之後，別的渴望與企圖就來代替你的歡樂，人世的變故行將妨礙你的幸福了！只有希望中的幸福，才是最純粹，最徹底，最完全的幸福。（〈辭緣緣堂〉，《文學卷二》，頁 125）

可說精確地點出人們期待－破滅－期待－破滅的奇妙心理狀態。他還強調，生活靠興味：

人的生活，飽食暖衣而無事，遠不如為衣為食而奔走的有興味。人的生活大半是由興味維持的；兒童的生活則完全以興味為原動力。（〈閒〉，《文學卷一》，頁 428）

看生活中各人面相「在世間看飽了各種各樣的奇異的臉色……倒也很有興味」（〈顏面〉，《文學卷一》，頁 108）而「有興味，總是有作用的原故」（〈我的書：《芥子園畫譜》〉，頁 474），在沙坪小屋晚酌時，成群兒女膝下承歡，豐子愷說：

照一般的人生觀說來是「福氣」，照我的人生觀說來只是「興味」。（〈沙坪的酒〉，《文學卷二》，頁 182）

作為一個文人，總是比一般人擁有更敏銳的感受，將生活尋常之事有不同的會心與欣賞角度，這就是生活裡的一大樂事。

豐子愷隨筆的寫作，時時描寫生活的興味，他說：

我企慕這種孩子們的生活的天真，豔羨這種孩子們的世界的廣大。或者有人笑我故意向未練的孩子們的空想界中找求荒唐的烏托邦，以為逃避現實之所；但我也可笑他們的屈服於現實，忘卻人類的本性。……我時時在兒童生活中獲得感

　　興。玩味這種感興，描寫這種感興，成了當時我的生活的習
　　慣。……只是像記帳般地用寫字的筆來記錄平日的感興而
　　已。（〈談自己的畫〉，《文學卷一》，頁 468-471）

豐子愷的繪畫與文章都是生活的反映，文章與繪畫只是工具的使用
不同。純真的童心人人皆有，因為成人們競逐那永無止境的營營苟
苟，遂愚昧地揚棄最珍貴的率真人性。作家所作的努力，無非是重
新挖掘我們有意或無意中失去的東西。繪畫與文章，一直是豐子愷
文藝創作的重心，隨著生活際遇的起起伏伏，各個不同人生階段各
有創作的著力點，例如他曾於 1931 年 4 月 30 日說道：

　　現在我對於文章比對於繪畫等更有興味…現在我的生活，可
　　說是文章的生活。（〈舊話〉，《文學卷一》，頁 185）

品味生活，書寫人生後的產物，藉由傳播媒介傳達出去後，豐子愷
對於這些出版的作品，倒是一點兒也不戀棧，他曾說，發表時的報
刊都是撕下該頁，丟在竹籃子內，日久堆積成山狀，需要用時再來
翻檢。[31]豐子愷是真心愛創作的，
　　根據《回憶父親豐子愷》一書，對於作家在世間的最後一段時
間，是這樣描述[32]：

　　父親在一九七五年八月初患病，九月十五日去世，但他七月份
　　還在作畫、寫字贈送別人。八月初他開始發燒，同時感到右手

---

[31] 見《〈藝術叢話〉付印記》，《藝術卷三》，頁 1。
[32] 豐華瞻、戚志蓉：《回憶父親豐子愷》（台北：大雁書店，1992 年 10 月），
　　頁 132-133。

兩指麻木……而父親為了右手麻痺使他不能工作，很是苦惱。
直到九月二日，才查出是癌症。我們知道後很驚慌，沒有告訴
他。他自己始終不知道他的病的嚴重。在去世前幾天，當他躺
在病床上，接氧氣，吊葡萄糖，已奄奄一息時，他還對我說：「華
瞻，昨天我覺得右手手腕上的筋跳了一下，我的手會好起來，
我以後還可以寫字畫畫呢！」……兩三天後，他就與世長辭了。

　　臨終前還念念不忘創作，實有獻身藝術「鞠躬盡瘁，死而後已」
的精神。

第三節　豐子愷人格的發展

　　任何一篇散文作品，是作者於特定環境中所寫就，具有品味與
性格。豐子愷擅繪畫與文學，孜孜於兩種藝術間的溝通與借鑑，所
以隨筆風格是以畫家心眼來入手，結合作品觀察精微的能力，展現
樸實人格與畫家趣味的風格，個人面貌非常鮮明。

　　風格的形成，是作家胸次的表現，復有時代與環境因素影響。
論文第二章，已經對時代與環境因素說明，此處擬先探究豐子愷人
格形成的原因，再闡述作品的風格。

　　人格的發展，在心理學上由佛洛伊德（S.Freud）啟其端，其
後各家在此一基礎上修正，艾立克‧艾立克森（Erik Erikson）的「自
我（ego）」概念有極大的貢獻。此處先略加介紹，做為後續討論的

根據。艾立克‧艾立克森認為「自我」是人格中強勢而獨立的部份，根據艾立克森的說法是[33]：

> 自我的主要功能是在於建立及維持自我之認同感。他認為認同是一個很複雜的內在狀態，包括自我的獨特感與個別感，和對未來及過去的延續及整體感。……認同危機（identity crisis）是指當我們對認同有強烈的失落感時，所產生的絕望與矛盾。……人格在一生中不停地持續發展。他概述了八個不同階段……成為人格發展的轉捩點或是危機（crisis）。如何解決每個階段的每個危機，不僅決定著人格發展的走向，更影響著我們未來如何去解決危機。

這八個階段是：嬰兒期（信任或不信任）、學步期（自主或懷疑）、幼年期（進取或內疚）、小學階段（勤勉或自卑）、青少年（認同或角色混淆）、青年（親密或疏離）、成年（生產或遲滯）、老年（自我統合或絕望）。「人格」是所有先天與後天形成的個人特質，面對解決各階段的危機，人格會漸漸發展，會接納自我，走過人生每一階段。

依此，豐子愷生長歷程是中國政治經濟文化轉變劇烈的時期，社會型態轉變、戰爭的威脅、傳統價值的搖搖欲墜、政治體暗濤洶湧與語言文字的變異等，種種因素幾乎伴隨著作家的一生，形成若干次的認同危機，青春期與成年期是最重要的試煉期。豐子愷透過正向的防衛機制──藝術，昇華轉化成備受肯定的成績，以下敘述其一生自我認同的經過。

---

[33] Jerry M.Burger 著，林宗鴻譯：《人格心理學》（台北：揚智文化事業股份有限公司，1999 年 3 月），頁 165-166。

　　豐子愷的故鄉石門灣，是運河轉彎處，運河有一小支流是「後河」，後河旁就是豐子愷的老家。十七年間，水鄉浸染作家的詩人情懷，民情薰染他的素樸心性，風俗陶冶他的常民性格。

　　家中染坊店，店伙數人由祖母、母親治管，家境小康，父親就是教師。蠶樹桑林，水船煙雨，茹素的父親最喜歡庭中吃蟹，對月吟詩，風雅的形象印刻在稚子心版。偶然的描圖獲得同學、老師的珍視，卻被父親責罵。他倒還沒有想過走上藝術的路，落寞的父親帶著最後的榮耀－中舉的光環入土。母親替他選擇學校、妻子與未來。豐子愷愈來愈像父親－茹素、飲酒、抽煙、食蟹，不用照管家裡，只需讀書吟詩。豐子愷也愈來愈不像父親－他喜歡觀察物象，在心中描摹線條明暗，他雖然成績優異，卻不愛校舍與制式作息，更不喜歡教書。師範學校裡，李叔同深夜勉勵美術才能，豐子愷的心眼遂開，鼓動躍進一條藝術大道。伯豪、夏丏尊鼓勵他做自己，這不啻是當頭棒喝。他開始思索自己的路，布衣布鞋的弘一法師成了拯救他的引領者。

　　安度幼年期的家庭溫暖後，豐子愷青少年時期，面臨自我認同的危機。其一是不願當一個中學教師；其二是未來的生涯規劃尚處於渾沌期。當專科學校的教師認識自己的不足，抵不過內心反省衝擊下，豐子愷以借貸金赴日求學，這是人生中自我重要的抉擇，豐子愷決定了自己的路向。十個月後，英日語、鋼琴小提琴的能力、竹久夢二的畫冊，裝載藝術家未知的夢想。

　　常年追隨擅書藝、畫藝、琴藝的弘一法師，與偶爾寫寫文章的夏丏尊，豐子愷的生涯規劃是明顯地靠向藝術。白馬湖春暉中學、立達中學的教師職業，只是糊口的工作，子愷漫畫熱銷後，提供了

專業藝術家的經濟保障，於是辭去教職，專心舞文弄畫。憑藉聰穎的頭腦，自律甚嚴的寫作計劃，豐子愷在開明書店有相當的發揮空間，寫書、編書、漫畫、插畫、設計封面等藝術才華得到充分發展。

母親突然去世，豐子愷面臨第二次的自我認同危機。他惶惶然找不到自己，陋巷中雨雪霏霏，馬一浮給他溫暖的陽光，解決了心理危機。此後，弘一法師雲腳飄逸，豐子愷自知無法效法恩師遁入空門，便以馬一浮作為第二位重要的人生導師。抗戰逃難，馬一浮儒者一席談，貞定豐子愷驛動的心，也再一次解決戰時的認同危機。

由於逃難歷程直接接觸民眾生活，豐子愷目睹不堪的現狀之餘，竟獲得許多讀者的幫助，得以脫離困境；馬一浮也寫詩直謂天下人皆知豐子愷，他的信心得到空前的鼓舞，對自己畫風的轉變更有自信。從小幅簡筆到大幅繁筆，人物由大縮小，山水由小而大，轉變之大前所未有。甚至於透露自己意欲肩扛藝術教育改革的重任。

總結認同歷程，看到豐子愷生命早期展現的美術天份，以及具有民俗美的故鄉家居生活，對他埋下影響的種子。在校求學，接觸師長、朋友的模範及鼓舞，趨使自己忘形地投身藝術追求。後來自覺赴日留學，進一步投資自己位居專業位置，蓄勢待發。回國後，對職業的不確定感被漫畫、隨筆揚名的成績取代，對專業技能進一步認同。之後，隨著逃難到異鄉，仍有不識者多方資助，又覺藝術表現終得開花結果，這些都導向自我人格的統整。讓豐子愷更具自信地步出家居，面向社會，廣開展覽會。因此日後頭銜、權力、影響力附身，豐子愷也和以往厭惡的情況不同，已經不會拒斥了。文革前，弘一法師、夏丏尊、馬一浮相繼去世；文革時，四顧蒼茫、政壇陡峻，豐子愷藉深刻藝術涵養調節保命，對政壇認同崩塌分化，以迄去世。

　　豐子愷欣賞的智慧導師，如李叔同、夏丏尊、馬一浮等人，還有默契於心的竹久夢二、夏目漱石等人，都有對世間不眷戀名利，朝向理想一意前行的人格特質。豐子愷的氣質頗與他們類似，在〈讀《緣緣堂隨筆》讀後感〉中日本作家吉川幸次郎稱讚他如鶴，豐氏的回應是：

> 吉川君說我在海派文人中好比「鶴立雞群」。這一比也比得不錯。雞是可以殺來吃的，營養的，滋補的，功用很大的。而鶴呢，除了看看而外，毫無用處！倘有「煮鶴焚琴」的人，定要派它實用，而想殺它來吃，它就戛然長鳴，沖霄飛去，不知所至了！（《文學卷二》，頁111）

對照原文，吉川幸次郎是說：

> 我所喜歡的，乃是他的像藝術家的真率，對於萬物的豐富的愛，和他的氣品，氣骨。如果在現代想找尋陶淵明、王維那樣的人物，那麼，就是他了吧。他在龐雜詐偽的海派文人之中，有鶴立雞群之感。（同上，頁112）

　　豐子愷沒有正面回應氣骨之說，只有謙遜地說明自己文章瑣屑、於世無補，不如海派文人的滋補有用；若硬要寫得如同這些海派文人，不如效那鴻鵠高飛，一舉千里。大約在三〇年代文藝界，有左翼文學的擴張與京派、海派的分峙，所謂海派是上海現代派的稱謂，「承襲了前期創造社的文學向內心掘進的取向，並且以其右翼作家葉靈鳳為橋樑，把原來附屬於浪漫抒情流派的現代主義因

素，拓展成為一個相對獨立的現代主義流派」[34]，講究表現技巧的海派，確乎與豐子愷頗為不同。

豐子愷的老友葛祖蘭也曾就「鶴」的形象撰俳句〈古稀之賀〉：

> 古稀之賀行看近，萬里晴空任鶴飛。(《文學卷二》，頁 493)

祝賀他七十大壽，豐子愷掛在書房牆上，時常吟唱。

弘一法師〈南閩十年之夢影〉曾自言：

> 我以前如閒雲野鶴，獨往獨來，隨意棲止。[35]

自古以來，文人學者喜歡用某具體的意象，來表達抽象觀念與情感，這就是象徵的運用。豐子愷頗好以鶴象徵自己，鶴有孤高獨立之姿，盈盈婷婷又具風韻之美，弘一法師說以前自己似鶴，恰好也是學生豐子愷的自畫像。

第四節　豐子愷散文的風格

豐子愷人格是溫雅雋永、率真誠懇的，自外看，作家樸素瘦削，似清淡蕭曠；自內觀，卻是深沉熱情的。因為懷抱熱情，所以噴湧出人性的扭曲與變態；又有蕭曠的性情來調節強烈情思。輔以勤奮不懈，以藝術為志業，遂成受人歡迎、喜愛的藝術家。

---

[34] 楊義：《京派海派綜論》(北京：中國社會科學出版社，2003 年 1 月)，頁 61。
[35] 李叔同：《李叔同說佛》(西安：陝西師範大學出版社，2004 年 11 月)，頁 71。

　　豐子愷的隨筆可以說是人格的寫照，在方向、情調、品味方面，雖然常常被視為與周作人是同一派，但是周作人式的清逸苦澀，卻很少在豐子愷的散文中發現；豐子愷偏樸素，周作人若雅士，情調還是不同的。豐子愷非常欣賞魯迅，甚至還特別為翻譯同一本日文書《苦悶的象徵》，親往致意；還不厭其煩，重繪《阿Q正傳》連環畫印行於世。魯迅的熾烈激憤，在豐子愷 1949 年以前的創作，依稀可以找到相仿之處。

　　每一位作家都有自己的人格特色，能夠發揮個人的特性，獨特風格於焉產生。沈謙給風格下的定義是[36]：

> 所謂「風格」，就是文學作品中所流露的特殊風味與品格。也就是作家的個性與人格在作品內容與形式上的綜合表現，顯示出來的某種特色。

進一步說，就是作品在形式與內容要有鮮明的風貌。每位作家風格不一，故見文即知其人。作家的風格也許會有所變化，但是其間的內在聯繫不會戛然中斷，而會或深或淺地聯繫在一起，達成某種程度的穩定性。筆者認為，豐子愷是一位「生活的藝術家」，也是「藝術的生活家」。夏丏尊在〈生活的藝術〉說：

> 藝術的生活，原是觀照享樂的生活。在這一點上，藝術和宗教實有同一歸趨。凡為實利或成見所束縛，不能把日常生活咀嚼玩味的，都是與藝術無緣的人們。真的藝術，不限在詩裡，也不限在畫裡，到處都有，隨時可得。

---

[36] 沈謙：《文學概論》（台北：五南圖書出版公司，2002年3月），頁93。

夏丏尊認為「把日常生活咀嚼玩味的」，才是能體會藝術生活的人。而藝術應該與大眾息息相關：

> 不論音樂繪畫文章或是什麼，凡是真正的藝術，照理都應該以大眾為對象，努力和大眾發生交涉的。藝術家的任務就在用了他的天分體會大眾的心情，用了他的技巧滿足大眾的要求。好的藝術家必和大眾接近，同時為大眾所認識，所愛戴⋯⋯凡是心目中沒有大眾的，任憑他議論怎樣巧，地位怎樣高，聲勢怎樣盛，大眾也不會把他放在心目中。[37]

周作人〈生活之藝術〉說[38]：

> 中國人對於飲食還知道一點享用之術，但是一般的生活之藝術卻早已失傳了⋯⋯把生活當作一種藝術，微妙地美地生活。

夏丏尊說藝術家應走入人群，周作人以為中國人應該視生活為藝術，這些與豐子愷的「曲高和眾」，藝術當落實在現實人生的說法有異曲同工之妙。豐子愷在家中組詩社、抗戰後專力寫詩、與師友詩詞往還、家中牆壁貼許多詩詞；詩文題材取材現實人生，常以漫畫送人等等，是將自己標榜的「詩畫家」付諸實行的一些例子。豐子愷最喜歡的緣緣堂中一副對聯：「草草杯盤供語笑，昏昏燈火話平生」，與知己燈下杯盞共話平生，就是人生至樂。所以，豐子愷是一位「生活的藝術家」，是行走人間、腳踏土地，視生活為藝術

---

[37] 夏丏尊：〈阮玲玉的死〉，張堂錡編：《夏丏尊》（台北：三民書局，2006 年 5 月），頁 123-124。

[38] 周作人：《雨天的書》，頁 92-93。

的；也是「藝術的生活家」，在文藝中表現生活面貌的藝術家，他所有的作品，都是藝術生活的結晶。

　　豐子愷作為一位打通藝術與生活任督二脈的藝術家，在文學、繪畫領域中皆能呈現出他重視趣味，重視漫畫的形象與意義美的特點。豐子愷常常閱讀史震林的作品，史震林《華陽散稿自序》的一段話可以當作其風格的注解：

> 詩文之道有四：理、事、情、景而已。理有理趣，事有事趣，情有情趣，景有景趣；趣者，生氣與靈機也。[39]

他認為趣是與生而俱的靈機夙根，表現出鮮活生命力在其中，是具作者性情而不迂腐板滯的。再看傅德岷解釋「意境」為[40]：

> 作品中的「情」、「景」、「事」能使讀者產生「沁人心脾」、「在人耳目」、「如其口出」的藝術感受和心靈共鳴，就謂之有意境。

將情、景、事同列為作者敘述的內容，與讀者有共鳴的反響，就是「有意境」。接著，他拈出「詩情、畫意、哲理、諧趣」，能引起讀者的藝術共鳴。倘綜合這幾點來觀察，增加「風俗、酒趣、藝術美」，可以說明豐子愷重要的隨筆風格，這些作家的共性，並非會出現在每一篇文章裡，而是常顯隱不一，隨著內容涵攝的不同，隨機滲透。以下分成六種風格討論：

---

[39] 史震林：《華陽散稿·序》（台北：廣文書局，1982年8月），頁3。
[40] 傅德岷：《散文藝術論》，頁130。

一、含哲理

　　豐子愷與佛教的因緣很深，溯源到祖母、整個家庭都沐在佛教氛圍裡，父親茹素（只吃一點火腿、蟹）也深深影響豐子愷。後來，浙一師的教師李叔同、夏丏尊等，都是佛教徒。馬一浮在抗戰後是豐子愷的精神導師，集儒釋一家的學問，與豐子愷十分相契。廣洽法師更與豐子愷神交十七年始見面，又一直維繫到豐子愷逝世，其間提供豐子愷精神經濟的奧援極多，豐子愷在文革中冒著危險撰寫《大乘起信論新釋》紀念廣洽法師的友誼。歷時半世紀持續繪製的《護生畫集》六集，更是豐子愷宣揚佛教護生思想的結晶。

　　《緣緣堂隨筆》有較多的篇章觸及「夢幻」、「無常」等難以捉摸的無奈感懷；詩詞作品也常以此抒發人生的思考。抗戰以後作品則談護生思想、所見的佛教徒形象為主。其實，豐子愷對佛教的理解是思想的汲取、抉發佛教的尊嚴，並不執著於學佛的形式。他雖然是皈依的在家居士，但是由於傳統儒家教育的影響，仁者的形象同樣深植人心，並非僅有佛教的超脫神態而已。在幾篇具有濃厚佛教色彩的文章如〈大帳簿〉、〈夢耶真耶〉、〈阿難〉等，表達小時候對宇宙的扣問、母親去世後的消沉，並不著力宣傳佛教思想，也可以說在散文的寫作中，豐子愷是以淡淡佛教思想為底色，節制了佛理的宣導。

　　佛教「無常」一詞常常出現在豐子愷的筆下，〈送阿寶出黃金時代〉嘆女兒長大，美好黃金時代已經一去不返，「無常迅速」。〈梧桐樹〉本是濃綠繁茂，卻突然一朝化為烏有，是「無常的象徵」。弘一法師有〈落花〉詩：「榮枯不須臾，盛衰有常數；人生之浮華

若朝露兮，泉壤興衰；朱華易消歇，青春不再來」[41]，亦是人生如朝露，瞬息衰歇之意。

　　《護生畫集》的繪製，更是以慈悲心來謀求世人根本的解脫，並非消極。豐子愷抱定儒者情懷，具深厚同情心，也可以說是發菩提心，以一般人的苦樂為自己苦樂。弘一法師談善惡因果，善業第一種即「不殺生」：救護生命，如弘一法師〈放生與殺生之果報〉說：「上所述殺牛羊豬鵝鴨魚蝦，乃舉其大者而言。下至極微細之蒼蠅蚊虫臭蟲跳蚤蜈蚣壁虎蚊子等，亦決不可害損」[42]，就座時一定會先抖椅子，將螞蟻搖下。豐子愷談護生，在抗戰殺敵時主張受到嚴厲的挑戰，他強調保護的是人類的同情心、菩提心，〈佛無靈〉（《文學卷一》，頁 705-709）說：「真是信佛，應該理解佛陀四大皆空之義，而屏除私利。……應知道親親而仁民，仁民而愛物之道。愛物並非愛惜物的本身，乃是愛人的一種基本練習。」似乎也染有儒者色彩了。終其一生，豐子愷每日需飲酒（戒除困難），況且也愛食蟹、黃魚，他是個大體上持戒不是那麼嚴格的佛教徒。雖然如此，並不影響他關切社會、悲憫小人物的真摯之筆。

二、藏詩情，蘊畫意

　　豐子愷漫畫家之名稱揚於世後，他將繪畫之筆運轉面向文學，可以說是水到渠成。豐子愷稱自己散文是「詩畫」，舉以下的例子

---

[41] 李叔同：《李叔同說佛》，頁 216。
[42] 同前註，頁 185。

可以見出梗概。〈山中避雨〉是一篇西湖遊記，全篇氣韻生動，具
意境美：

> 茶越沖越淡，雨越落越大。最初因游山遇雨，覺得掃興；這
> 時候山中阻雨的一種寂寥而深沉的趣味牽引了我的感興，反
> 覺得比晴天游山趣味更好。所謂「山色空濛雨亦奇」，我於
> 此體會了這種境界的好處。(《文學卷一》，頁 559)

遊記文學對所遊之景，會有深淺不同的著墨，這一篇隨筆的特別處
在於：西湖之景淡然不得見，西湖被霪雨托向後方，世事紅塵俱被
隔絕，只有茶館琴音當頭罩下，襯墊出世外空間的綿渺音響、遼遠
情思。讀者閱讀之餘，會遷想自己置此畫境，與那具有古典味道的
茶館、茶博士、二胡、司琴者、聽眾，同登其境，同聆其音。詩般
文字，營造猶如夢境般壺中天地：天雨入夢，現代的黃包車載出夢，
夢中繪畫般古樸色彩、迷濛雨線和潑出的樂音，詩情畫意渾似不與
人間相通。舒國治〈偶遇之樂〉一文[43]，描述冬雨在陽朔聽瞎眼人
拉著二胡聲，其意境宛然就是〈山中避雨〉一般。

〈法味〉題目就充滿禪味，通篇閱讀後，腦中弘一法師形象經
久不變：草鞋、灰色小手巾包、脫落的蝙蝠傘，秀白足趾似觀音般，
時間永遠地凝固在暮春城南草堂裡。歷時性的敘事，作者的眼睛黏
附在昔日的恩師－今日的法師身上，昔時嚴肅與今日微笑顏面的落
差、童稚的眼昔日是法師今日是豐子愷，兩兩對比下，今昔悲感成
了全文的主旋律。

---

[43] 舒國治：《流浪集——也及走路、喝茶與睡覺》(台北：大塊文化出版公司，
2006 年 10 月)，頁 76。

　　〈吃酒〉一文雖然看似談酒，但是實則是談吃酒的「情境」。酒友先由黃涵秋說起，共飲地點在日本江之島，「海鳥長鳴，天風振袖」，彷彿仙境。再來是上海「春風松月樓」，素酒、冬菇、過澆麵，描繪吃食雖然簡單有味，卻令人食指大動，心癢難搔。患難之中與隔壁屋主喝自釀的黃酒，雖言不由衷但酒味上乘。末尾敘述和西湖男子釣蝦喝酒，互道來歷未久後卻分別了。結構看似鬆散，卻透過酒友生疏變化，情景變異，傳達滄海桑田淡淡哀愁惻惻之情，縈迴久久不去。

三、富藝術味

　　豐子愷散文中充滿著藝術的互指涉性，尤其文學與繪畫的互相融通表現藝術美。〈顏面〉藉觀察人臉來抒發對藝術的看法。〈閒居〉中將藝術心落實在生活，動手改造自鳴鐘的數字，變成雙燕追求楊柳枝；連〈胡桃雲片〉都可以從脈絡紋理上見到臺灣的形狀。〈畫友〉談繪畫如有良友，可以互助前行，兼談繪畫的觀念、題材種種。

　　關於音樂與文學的相通性，〈午夜高樓〉可見端倪。豐子愷敘述自己夜宿高樓，靜夜裡，只聽到餛飩攤「柝、柝、柝」聲音，與圓子攤「的、的、的」聲音，並說明它們與食物性質的關係：

> 這兩種聲音，在高低，大小，緩急，及音色上，都與這兩種食物的性狀相暗合。餛飩攤所敲的是一個大毛竹管，其聲低，而大，而緩，其音色混濁，肥厚，沉重，而模糊。

> 處處與餛飩的性狀相似……圓子攤上所敲的是兩根竹片，
> 其聲高，而小，而急；其音色純粹，清楚，圓滑，而細致。
> 處處與小圓子的性狀相似。（〈午夜高樓〉，《文學卷一》，
> 頁545）

說明「音樂化」的原因是：商品聲音也是一種廣告暗號。豐子愷文章中不但剖析商品與叫賣聲的聲情關係，更進一步以其音樂上的厚實學養點出叫賣聲的音樂性。魯迅〈弄堂生意古今談〉、周作人〈吃茶〉、夏丏尊〈幽默的叫賣聲〉、張恨水〈市聲拾趣〉、葉聖陶〈深夜的食品〉等文也都描述叫賣聲，文章內各有側重，但比不上豐子愷深拓的藝術性，筆者認為：豐子愷深具藝術美的文章應該是現代藝術散文的先聲，尤其叫賣聲題材的寫作，也溝通通俗文學與雅文學的範疇。

四、有風俗美

　　豐子愷散文中常信手拈來家鄉的風尚、習俗，後來隨著遷徙居住路線的不同，也會利用觀察的機會，將當地的風俗習慣裁文入畫、裁畫入文。

　　他的作品民間古風觀照處甚多，充滿了對傳統生活的依戀。如〈清明〉、〈端陽憶舊〉家家戶戶以雄黃酒在門上寫「王」字。〈新年小感〉、〈過年〉的新年習俗。

　　〈鼓樂〉是民間表演藝術；〈憶兒時〉的養蠶、賞月、釣魚；〈夢痕〉作豆沙包子。〈野外理髮處〉、〈三娘娘〉、〈看燈〉俱是民間生活、游藝活動的寫照；〈畫鬼〉談鬼的傳說。

　　關於上海則有〈剪網〉，寫各種有趣的玩意兒；〈閒居〉文末賣臭豆腐乾的懶洋洋聲音，讓人印象深刻。豐子愷文章裡也會出現浙江石門灣的土白（口語）、俗諺，若是綜合整理，也是語言學研究的珍貴材料。

　　豐子愷所述民俗的篇章，範圍包括物質民俗（包括居住、服飾、飲食等），和社會民俗（包括歲時、人生儀禮等），還有精神民俗（包括禁忌、民間游藝等）[44]，不但有豐富意義與娛樂價值，而且還反映庶民大眾生活面貌，在俗文學的探討上也有重要意義。

五、融酒趣

　　豐子愷的文筆向是樸實溫厚，但由於天天飲酒（偶爾戒酒），喝酒餘韻便常出現在散文裡，奇妙的是：每有談酒段落，便開始丰神飄舞，興味渾然，頗與豐氏一般文章不同。〈沙坪的酒〉說吃酒是興味、藝術的，尤其情投意和的好友，娓娓談心，「使人醺醺而不醉」更是享樂之事。全篇酒氣逼人、酣暢淋漓，有似破紙而出。〈湖畔夜飲〉更有知交飲酒，意興淵飛之慨。

　　〈不惑之禮〉藉飲酒寄託哲理性，「人生如酒」是古人的舊語言，但老調重彈竟彈出新思想：越喝越醉，需要《靖節詩集》來當醒酒藥方，酒量增大就可以避免「惡醉強酒」爛醉的「麻木若死屍」地步。文章奇思妙想，頗有醒腦之效。

---

[44] 此處三範圍的區分參〈民俗〉條，關豔如、劉恩伯、徐藝乙、楊亮才、董森、陶立璠編寫：《中國民間文藝辭典》（蘭州：甘肅人民出版社，1989年3月），頁281。

喝酒的行為聯繫到時間匆促,反思從前與今日,是豐子愷的慣例。像〈法味〉文中,從弘傘法師談到自己:

> 母親說我的面龐像貓頭;近來我返故鄉,母親常說我面上憔悴瘦損,已變了狗臉了。時間,在他真是「無老死」的,在我直如減形伐性之斧了。(《文學卷一》,頁 23)

文章結束前,「一回到家,立刻叫人去打酒」,藉酒為多感的法味之旅浮一大白。

六、能幽默

幽默也可以稱為諧趣,幽默一詞,自古即有。直到林語堂在 1924 年的北平晨報副刊提倡,三〇年代創辦《論語》半月刊,才引起相當迴響。林語堂的幽默說法,迥異中外,獨創一格。沈謙〈林語堂論幽默的真諦〉辨析說[45]:

> 盱衡林語堂對 Homour 中譯為幽默的闡釋,既取其音,又賦予其義:「諧趣幽深,欣賞者在於內心靜默的理會。」或謂「作語隱謔,令人靜中尋味」,且貴在心存忠厚,謔而不虐。

明確指出其同情對象、語言隱謔的特色。林語堂〈答李青崖論幽默譯名〉[46]:

---

[45] 沈謙:〈林語堂論幽默的真諦〉,《明道文藝》第 329 期(2003 年 8 月),頁 107。
[46] 梅中泉主編:《林語堂名著全集》第 14 卷(長春:東北師範大學出版社,1994 年 11 月),頁 161。

> 「幽默」非滑稽放誕，故作奇語以炫人。乃在作者說者之觀
> 點與人不同而已。「幽默」家視世察物，必先另具只眼，不
> 肯因循，落人窠臼，而後發言立論，自然新穎。以其新穎，
> 人遂覺其滑稽。

說明幽默家並非故作奇語炫人，而是別具隻眼，發言新穎。

　　豐子愷的散文中常常富有戲謔的趣味，說一些滑稽幽默的話。
我們知道幽默小品最難寫，既有諧謔腔調，又不能落入刻薄損人；
表面敘述又需一本正經，方能收到冷面笑匠的效果。

　　嘲謔中國人的民族性，豐子愷運用印象觀察法寫作，發揮具體
而微的效果。〈吃瓜子〉誇張四處可見吃瓜子的可怕情形、〈舊地重
游〉的嘉興茶館待客之道，反映待客天壤之別的不公平。

　　〈養鴨〉首段以「人少畜生多」展開序幕，依次比較狗、貓、
鴿子的性情，突顯自己愛鴨，其中又以步行方式說狗是「趕公事」、
貓是「幹暗殺」，只有鴨子「天真自然」有「滑稽美」，將來盼望帶
回故鄉。〈沙坪小屋的鵝〉寫出鵝的昂然獨步的神態，安慰作家岑
寂的生活，鵝栩栩如生，躍然紙上，似與〈養鴨〉呼應。

　　豐子愷的兒童散文，每多幽默的抒發。〈兒女〉描述夏夜家人
一起吃西瓜的情景，童言童語涉筆成趣；〈從孩子得到的啟示〉孩
子覺得逃難也有樂趣，可說別具隻眼，有調侃的味道。

　　豐子愷在困境中，每每苦中作樂，自我解嘲。〈榮辱〉遭誤認
一事來自我解嘲。〈告竊畫人〉呼籲竊畫人能返畫讓自己題款再贈
予，酬答偷畫的辛苦。逃難生死交關卻名為〈藝術的逃難〉、〈宴會
之苦〉解釋「三不先生」的由來及自己確然是「一不先生」（不宴

會）、〈口中剿匪記〉則是拔光牙齒之意。這些文章都有幽默的意味，佛洛伊德〈論幽默〉說[47]：

> 並不是每個人都能有幽默的態度。它是一個少有的珍貴的天賦，許多人甚至沒有能力去享受呈現給他們的幽默的樂趣。

論者常以長者形象來概括豐子愷，筆者卻以為他是一位「可愛的知己」，其中蘊含的意思是：豐子愷內容的多元性，讓所有的讀者都可以找到相應處，是為「知己」；再來是他的道學味極淡，雖然站在高點俯瞰世間，卻每每用幽默之眼穿透世人的憂鬱與顛狂，發為會心的撫慰文字，是為「可愛」。

小結

　　本章先梳理有關隨筆的說法，並認為隨筆是篇幅簡約，最多一萬字以內的散文，但隨筆的寫作要求不能因簡短尺幅，就在技巧部分寬鬆以對，仍應嚴謹看待。豐子愷對隨筆的看法是：隨筆寫作就和一般藝術創作一樣，寫作態度要嚴格要求，內容則需要「隨自己的近感」，貼近自己的感覺，並不是無的放矢。

　　第二節說明豐子愷散文的特點：以漫畫入散文，所以作品有形象美、意義美；以趣味寫散文，不但寫作時要有趣味，寫作題材也

---

[47] 西格蒙德・佛洛伊德（Sigmund Freud）著，常宏等譯：〈論幽默〉，《論文學與藝術》（北京：國際文化出版公司，2001 年 5 月），頁 339。

要有趣味、興味。第三節藉由艾立克森人格學說，指出豐子愷的精神導師：李叔同、夏丏尊、馬一浮等人，不但在抗戰前、抗戰後成為其敬仰認同的智慧者形象，豐子愷自己更發展出「鶴」的形象，頗異於文壇其他同行。第四節豐子愷散文風格有「含哲理、藏詩情、蘊畫意、富藝術味、有風俗美、融酒趣、能幽默」六種審美風格，其中的「藝術味」是最突出於文藝界的風格，當列為「藝術散文」的先驅行列。

第六章　豐子愷散文藝術表現

　　豐子愷兼擅繪畫與文學，故本章擬採用其中相通的技巧運用（第三章的分析），來觀察豐子愷的散文寫作的特殊處。這種特別處，豐子愷已經在《繪畫與文學》書中仔細分析過，但是似乎並沒有論者真正以此為討論豐子愷作品的方法。

　　其實，葉聖陶為《豐子愷文集·藝術卷一》序中即點出此一寫作最大特色。[1]作為一個優秀的藝術家，豐子愷就這兩種藝術表現形式，打開了互通管道，提供自己創作上的借鑑，是豐子愷藝術創作的一大特點。

　　豐子愷最重視的四點：「有情化的描寫」、造化在我的「氣韻生動」說、「印象的描寫」（取物象特點，誇張描寫出來）、意義美，正好可以取來作為鑑賞豐子愷散文藝術的基本方法。「有情化的描寫」：對作家來說是「聯想活物而鑑賞自然」，如「擬人化」手法，西洋美學學者謂之「感情移入」。「印象的描寫」：運用簡筆畫法，去除瑣碎部分，重視物象主體精神的把握。意義美如〈作畫好比寫文章〉裡，豐子愷強調「我的畫的確與文學有很大的關係」，「希望畫中含有意義──人生情味或社會問題」。因此綜合以上重點來審

---

[1]　葉聖陶：《豐子愷文集·藝術卷一》〈序〉：「子愷兄的散文的風格和他的漫畫十分相似，或者竟可以說是同一的事物，只是表現的方式不同罷了」，頁2。

視豐子愷的藝術表現，可以互相印證，互相抉發。在行文次序上，第一節歸納作品的主題思想，第二節探討題材部分，第三節分析結構，第四節為修辭特色。

第一節　主題思想

一、探索自我生命

　　豐子愷祖母豐八娘娘常常到石門鎮的接待寺、西竺庵燒香拜佛；母親也禮佛極為虔誠，從小時候開始，豐子愷就沐浴在佛教氣氛濃郁的家庭裡。九歲，父親豐鐄肺病去世。1918 年，李叔同受馬一浮影響棄道學佛，赴虎跑寺出家。〈致廣洽法師〉一八二封信中說：

> 弟自幼受弘一大師指示，對佛法信仰極深，至老不能變心。
> （《文學卷三》，頁 356）

1927 年豐子愷三十歲誕辰日皈依弘一法師，法名「嬰行」。1918 年、1931 年、1933 年豐子愷三訪馬一浮，與馬一浮的交往直到他去世為止。1931 年始與新加坡廣洽法師通信，情誼持續四十四年之久。

　　在佛教文化事業推廣上，豐子愷貢獻良多。1929 年，以藝術作方便的《護生畫集》第一集出版，至 1979 年第六集完成，時間長達四十五年。1972 年將翻譯日本湯次了榮著《大乘起信論新

釋》，交付廣洽法師出版。《護生畫集》是為報答師恩，譯《大乘起信論新釋》是為紀念與廣洽法師的情誼。凡此種種，皆豐子愷與佛教的不解之緣，由此也可以看出他浸淫其中，發而為文，是其散文思想的主要礦脈，也是構成所思所感的廣袤背景。

　　個人不能自外於社會，也無法切割，面對種種複雜紛陳，人們運用變形、扭曲、繞道等方式存在於社會人生，而宗教是一種昇華的力量。豐子愷認為生命是「如真似幻夢」的，冥冥之中有一本大帳簿在支配人間，從小他就受一股不可抗拒的聲音的召喚，喚起他要追求人生真相。

　　〈法味〉寫與弘一法師在杭州、石門家裡兩次相會，法師如明鏡，自己如夢影，歲月奔馳，俱投向夢幻泡影。文中說：

> 僕僕奔走，沉酣於浮生之夢……六年來的我……霎時都浮出在眼前，覺得這六年越發像夢了。……我覺得這次好像是連續不斷的亂夢中一個欠伸，使我得暫離夢境；拭目一想，又好像是浮生路上的一個車站，使我得到數分鐘的靜觀。(《文學卷一》，頁 21-25)

塵世若夢，既無法如大人格者解脫於滾滾紅塵，因此維持身心平衡，只有暫時脫離塵世。文革期間，託病在家，日月樓透著天光的小窗下，晨光羲微中，振筆搖落的〈暫時脫離塵世〉一文，以機器般的人對照「像人的人」，指明正常的人是需要暫時脫解現實枷鎖，否則膩味難耐：

> 夏目漱石的小說《旅宿》（日本名《草枕》）中有一段話：「苦痛、憤怒、叫囂、哭泣，是附著在人世間的。我也在三十年間

> 經歷過來，此中況味嘗得夠膩了。……我所喜愛的詩，不是鼓
> 吹世俗人情的東西，是放棄俗念，使心地暫時脫離塵世的
> 詩。」……這使我常常懷念夏目漱石。(《文學卷二》，頁 662-663)

這般說法自然有佛教教義的影響。佛教視三界為火宅，人生恰如滔
滔苦海，脫離苦海之說成為佛教基本的探索重點。豐子愷〈法味〉
中已肯定大隱的居士，其弘揚佛法的功效成果甚大，而自己身為居
士，既沒有選擇出家道路，那麼合宜的路自不妨是「時即時離」。
只是這即離的主體有沒有主體自我的認知與把握呢？還是主體性
也出於不能把握，只比那隨外界浮沉的蒙蔽物稍有自覺呢？就這一
點看，豐子愷並沒有進一步拓深。[2]

　　針對現世科學的發展、戰爭的慘劇，豐子愷〈教師日記‧一月
三十日（星期一）〉對天呼告：

---

[2] 〈暫時脫離塵世〉就文本看，與豐子愷前期哲理散文相較，並沒有特別的
藝術表現；而且文章後段文字也有承襲漱石說法之嫌。論者皆一致推崇此
篇，應是肯定作家在文革風聲鶴唳下，偷偷寫作的態度，並批評人為機器
之說，仍屬意識型態的定位。如喻大翔說：「豐子愷寫於 1927 年的隨筆《暫
時脫離人世》和敘事小品《塘栖》，早就用真正的文學在鞭撻人被異化為機
器的醜態時代了，這就是學者的膽識與理性。」，《用生命擁抱文化——中華
二〇世紀學者散文的文化精神》（北京：人民文學出版社，2002 年 8 月），
頁 84。夏目漱石在《草枕》裡豐子愷引文之後，繼續寫著：「東方的詩歌
中，卻有了解脫。『採菊東籬下，悠然見南山』……這兩句詩，可以使人擁
有超然出世而忘卻利害得失的心情……那是忘掉一切使人感到疲乏已極的
輪船、火車、權利、義務、道德、禮義之後，而陷入深睡的境界。在二十
世紀，人如需要睡覺，這種出世的詩味是很重要的……是不可能蓄意駕一
扁舟的，悠然地溯流去尋找桃花源的吧。」，見《夏目漱石》（台北：光復書
局，1987 年 11 月），頁 8-9。夏丏尊也曾說過：「斯世無限之煩惱，可藉美
以求暫時之解脫」，見〈學齋隨想錄〉，《校友會志》（浙一師，1913 年）。

> 造物者作此世界，不知究竟用意何在？是直惡作劇耳。吾
> 每念及此，乃輕視一切政治之紛爭，主義之擾攘，而傾心
> 於宗教。唯宗教中有人生最後之歸宿，與世間無上之真理
> 也。（《文學卷三》，頁 82）

人們不斷擴張物欲，截斷與自然的關係，人們要戰勝自然，遂在人間追逐求勝，妄想取得人間無窮的事物，忘記宗教世界的交感與會心。作為一個皈依的佛教徒之前，這種感嘆很早就出現在豐子愷的生命裡。如 1927 年作〈剪網〉、〈阿難〉、〈晨夢〉等文，1928 年有〈漸〉，1929 年寫〈大帳簿〉，幾乎籠罩《緣緣堂隨筆》的寫作基調。從〈阿難〉中對世情緣份的難解，到歸諸宇宙間〈大帳簿〉的存在：

> 詳細記載著宇宙間世界上一切物類事變的過去、現在、未來
> 三世的因因果果。（《文學卷一》，頁 161）

因此世上生活並非無根，並非一淌渾水，分明是清清楚楚，豐子愷疑惑當下盡除。世事如夢，〈大帳簿〉說世人是：

> 飯吃在肚裡，錢進入袋裡，就天下太平，夢也不做一個。（《文
> 學卷一》，頁 160）

人類用現實物欲遮敝生命原鄉的追尋，人們不去思索活著的意味、肯定生命的價值。豐子愷也沒有因此否認現實生活的重要性，他用「不要忘記真我」來指出方向——人可以選擇不只是如此活著。〈晨夢〉即說：

> 我們一面在熱心地做夢中的事，一面又知道這是虛幻的
> 夢……我們都有「真我」的，不要忘記了這個「真我」，而
> 沉酣於虛幻的夢中！我們要在夢中曉得自己做夢，而常常找
> 尋這個「真我」的所在。（《文學卷一》，頁 151）

因緣際會聚攏此身的一切，其實只是電光石火的一瞬，豐子愷認為
知道自己處在覺悟的狀態是必要的。豐子愷〈阿難〉緣於夭折的嬰
兒，對人生有極為深刻的凝視：

> 數千萬光年中的七尺之軀，與無窮的浩劫中的數十年，叫
> 做「人生」。自有生以來，這「人生」已被反復了數千萬遍，
> 都像曇花泡影地倏現倏滅，現在輪到我在反復了。所以，
> 我即使活了百歲，在浩劫中，與你的一跳沒有什麼差
> 異。……世間的人，本來都有像你那樣的天真明淨的生命，
> 一入人世，便如入了亂夢，得了狂疾，顛倒迷離，直到困
> 頓疲斃，始倉皇地逃回生命的故鄉。……你我的情緣並不
> 淡薄，你就是我，我就是你；無所謂你我了！（《文學卷一》，
> 頁 146-147）

人生生世世在輪迴中打旋，直到跌落生命難關，才會趕緊地抽出游
移的自己，尋找生命的意義。由於阿難的悲劇，為豐子愷很早就反
思生命的裂隙，在深沉的痛苦裡，體驗並昇華生命的原貌。

尤其在〈阿難〉末尾：「你就是我，我就是你；無所謂你我」，
是宗教式的悟道（自己與萬物渾然一體，不必區分物我），也是有
情化的描寫。〈兒女〉拈出人類皆為大自然的兒女：

「朋，同類也。」並育於大地上的人，都是同類的朋友，共
為大自然的兒女。(《文學卷一》，頁 115)

又夫子自道：

近來我的心為四事所佔據了：天上的神明與星辰，人間的藝
術與兒童。(《文學卷一》，頁 115－116)

這神明，指的就是宇宙生命之道。

雖然意識到生命之流，宇宙之道，但豐子愷卻無法自二重人格
的矛盾解放，遂形成真我與現實的糾葛纏繞，其實，這也是近代知
識份子心境的投射[3]。

廚川白村《苦悶的象徵》談及藝術產生原因，是「創造生活的
慾求」、「強制壓抑之力」，而人類生活於社會，必須服從此一強大
機制，又由於人內在個性要求，所以創造欲與社會相扞格，因此形
成矛盾苦惱的根源。面對此種苦悶，豐子愷指出藝術之路是寬解之
道。他在〈關於兒童教育〉說：

涉世艱辛的我們，在現實的世界、理智的世界、密布因果網
的世界裡，幾乎要氣悶得窒息了。我們在那裡一定要找求一
種慰安的東西，就是藝術。在藝術中，我們可以暫時放下我

---

[3] 豐子愷文中常常提及自己的二重人格，如〈談自己的畫〉：「在弄堂門口
看見我妻提攜了瞻瞻和阿寶等候著那時一樣，自己立刻化身為二人。其
一人作了這社會裡的一分子，體驗著現實生活的辛味；另一人遠遠地站
出來，從旁觀察這些狀態，看到了可驚可喜可悲可哂的種種世間相。」《文
學卷一》，頁 470。

們的一切壓迫與擔負，解除我們平日處世的苦心，而作真的
自己的生活，認識自己的奔放的生命。(《藝術卷二》，頁 252)

豐子愷雖然認識宗教世界與藝術世界相通，但在立論時，他還
是採取藝術的進路來談，這是藝術家的本色。在〈山水間的生活〉
他下結論：

人生隨處皆不滿，欲圖解脫，唯于藝術中求之。(《文學卷
一》，頁 15)

豐子愷常常運用「夢－真」二元對立法來理解人世；也常運用夏目
漱石「暫時脫離人世」來自我解脫。筆者以為，這種明明住立腳於
人世，卻又必需保持某種程度安全距離的作法，也是由藝術的看法
脫胎而來。藝術中，作者對實物的距離，豐子愷認為由大自然寫生
得來，需要肖似；但是肖像會帶來無異於照相機的譏諷，因此，要
尋索事物在人生的內在意義。保持安全距離，既著於物而又不滯於
物，自然可以沖淡這事物困擾自己的掙扎黏滯感。

廚川白村《苦悶的象徵》也說[4]：

不但創作如此，鑑賞也必須離開我們日常的實際生活而進入
「夢」的境界纔有可能。向來所謂「不關心」是文藝快感的
一種要素，也是指這點來說的。即必須離開實際生活的利
害，才能凝視現實、靜觀現實及批評玩味現實。

---

[4]　廚川白村著，林文瑞譯：《苦悶的象徵》(台北：志文出版社，1999 年 8 月)，
　　頁 77。

意謂在有隔閡的夢中才能切實觀察，進行藝術的活動。所以豐子愷常常在尋常生活中，離魂似地、被催眠似地成為觀看自己的「第三者」，這種距離感－透視與交融來觀覽一己的慾望與真我的距離陰影，常常成為豐子愷自我厭棄，自我嘲諷的根源。

豐子愷〈我與弘一法師〉有人生三層樓說法[5]：

> 我以為人的生活，可以分作三層：一為物質生活，二是精神生活……靈魂生活就是宗教。「人生」就是這樣的一個三層樓。……我腳力小，不能追隨弘一法師上三層樓，現在還停留在二層樓上，斤斤於一字一筆的小技，自己覺得很慚愧。但亦常常勉力爬上樓梯，向三層樓上望望。（《文學卷二》，頁 401-402）

便是說明弘一法師是大人格者，自剖與宗教第三層樓有著距離，雖然咫尺仍無法邁入，仍只是在藝術活動裡安歇。綜合以上，筆者以為〈阿難〉一文幾乎包涵所有豐子愷對宗教的體悟，〈暫時脫離塵世〉喻夏目漱石為「最像人的人」、〈大人〉唯有大人能洞悉宇宙人生真相、〈佛無靈〉中直斥世人只求福田，不求出離生死苦海、〈訪

5　三層樓說法是源自何處？袁中道〈感懷詩五十八首〉其十，結構相似：「山村松樹裡，欲建三層樓。上層以靜息，焚香學薰修。中層貯書籍，松風鳴嗖嗖。右手持《淨名》，左手持《莊周》。下層貯妓樂，置酒召冶游。四角散名香，中央發清謳……」，見《珂雪齋集‧卷五》（上海：上海古籍出版社，1998 年）。又如明畫家李日華《竹嬾墨君題語》三次第說：「凡畫有三次第：一曰身之所容。凡置身處，非邃密，即曠朗，水邊林下，多景所湊處是也。二曰目之所矚。或奇勝，或紗迷，泉落雲生，帆移鳥去是也。三曰意之所遊。目力雖窮，而情脈不斷處是也」，《美術叢書》二集第二輯（江蘇：江蘇古籍出版社，1986 年）兩種說法皆有類似之處。

梅蘭芳〉大人格眼光視之，藝術亦如曇花泡影等等文章，並沒有跳脫此一範圍。

二、體悟時間變異

人類的自我意識是透過對外界的認識才能發展，豐子愷將人生比喻如坐火車，起點、轉運站、終點，把人生和火車共構。豐子愷說：

> 在火車裡的幾小時，是在這社會裡四五十年的人生的縮圖。（〈山水間的生活〉，《文學卷一》，頁 12）

首先，豐子愷曾經引夏目漱石的話，對象徵現代文明的火車十分痛恨：

> 像火車那樣足以代表二十世紀文明的東西，恐怕沒有了。把幾百個人裝在同樣的箱子裡蓦然地拉走，毫不留情。被裝進在箱子裡的許多人，必須大家用同樣的速度奔向同一車站，同樣地熏沐蒸汽的恩澤。別人都說乘火車，我說是裝進火車裡。別人都說乘了火車走，我說被火車搬運。像火車那樣蔑視個性的東西是沒有的了。（〈塘棲〉，《文學卷二》，頁 673）

豐子愷同文中引為「重視個性、嫌棄物質文明」的知音。為抗拒文明入侵，〈塘棲〉文中豐子愷從石門灣到杭州的兩小時車船程，也寧可花個兩三天坐客船抵達。都市市容裡，兩鄰相隔的鐵條扇骨更是觸目驚心、引人反感。這些工業社會生活將人們帶入遺忘之境，人們忘卻與大自然親密的互動。

夏目漱石討厭火車，他將機械文明的火車與桎梏人心的禮法並舉[6]：

> 忘掉一切使人感到疲乏已極的輪船、火車、權利、義務、道德、禮義之後，而陷入深睡的境界。

豐子愷也曾感喟：「談及現世科學之發展，與戰爭之慘烈，吾仰天而嘆」（《教師日記・一月三十日》），科學與戰爭同列，足證確實懷有惡感。對藝術家來說，人類成為因襲的奴隸，猶如火車一定要在既有的軌道前進，但這是創造力的薄弱。豐子愷引廚川白村的話來說明自己的立場：

> 離社會越遠，進步越深。（〈山水間的生活〉，《文學卷一》，頁14）

火車初始在1876年7月中國現身，引起相當矚目，姚拓曾描述小時候對火車的認識[7]：

> 在從前，只能在書本上看到火車輪船的模樣，知道它跑起來比馬還快，但這個怪物到底怪到甚麼樣子，連村上最會說故事的老伯伯們也不能詳細說出。

人們認識新事物需要時間沉積，豐子愷的〈車廂社會〉一文具體描寫自己搭乘火車的三部曲：

---

[6]　鄭清文譯：《夏目漱石》，頁8。
[7]　見張倩儀：《另一種童年的告別》（台北：臺灣商務印書館，2003年11月），頁195。

> 第一個時期，是初乘火車的時期。……自己的身體被裝在
> 一個大木箱中，而用機械拖了這大木箱狂奔，這種經驗是
> 我向來所沒有的，怎不教我感到新奇而有趣呢？……第二
> 個時期，是老乘火車的時期……世間一切枯燥乏味，無可
> 享樂，只以沉悶，疲倦，和苦痛，正同乘火車一樣。這時
> 期相當地延長，直到我深入中年時候而截止。第三個時
> 期，可說是慣乘火車的時期。……在可驚可笑可悲的發見
> 上，感到一種比埋頭看書更多的興味而已。(《文學卷一》，
> 頁 328-329)

豐子愷將火車喻人生，坐火車三時期正與心境相聯繫，所以文中說
「人間社會裡所有的現狀，在車廂社會中都有其縮圖」。這個車廂
社會裡種種的「人間相」，例如〈蟹〉一文(《文學卷一》，頁 510-515)，
常有新奇的展演。依據豐子愷的體會，他從火車中看到：

> 一般人對於時間的悟性，似乎只夠支配搭船乘車的短時間；
> 對於百年的長期間的壽命，他們不能勝任。(〈漸〉，《文學卷
> 一》，頁 98)

但火車中也有明達之人，呼喊「大家都要下去的！」企圖維持謙讓、
和平的秩序，但是這種人非常稀少。既然一般人執迷不悟，那麼限
定每人可活的歲數，看看人們是否會覺醒——這是豐子愷的繆思，
也是一種無奈。車廂社會充滿愚昧癡態，恰如人間，但火車運轉給
人們指出一條方向：如何在有限的生命活出無限的意義，激發潛
能，實現自我。因此，「惜時」是豐子愷散文念茲在茲的內蘊主題。

中國自《詩經》、《楚辭》以降，詩歌中惜時主旨常常出現，惜時的觀念進一步聯繫到「及時行樂」，及時享受生活與實現自我，這是傳統最關切的命題。豐子愷也不例外，中國惜時傳統先驗地存在我們的思維裡，與火車

限時限點有限空間的存在，可以說互為鏡像，互相觀照。由此豐子愷創作一系列惜時的文章，如〈秋〉、〈春〉、〈惜春〉、〈初冬浴日漫感〉是更進一層揭示生命物極必反、循環不已的律動性。四時變化之速，何能待來茲？豐子愷熱愛生活，即使文革時間大患在身也奮力求生，毅力來源應緣於早歲即有很強的時間意識。

豐子愷的惜時觀念，從人及於物。對梅蘭芳目擊於前，卻有紅粉枯骨之憂慮；對大自然的花樹，見枯懷榮、見榮憂枯；對社會盛時懼衰、衰時思盛。有佛教觀念的指引，似可略為抵除內心沉重感，更欲藉藝術作品，吐露感懷。

三、看護人類心靈

豐子愷散文中對親友、兒童等關係多所關注，尤能深入人類心靈世界。以下分兒童、親友兩部分來說明：

（一）兒童

豐子愷二十一歲就做父親，身邊圍繞的兒女不斷提醒他有關兒童的想法。豐子愷〈漫畫創作二十年〉解析自己為何愛護兒童：

> 我向來憧憬於兒童生活。尤其是那時，我初嘗世味，看見了
> 所謂「社會」裡的虛偽矜忿之狀，覺得成人大都已失本性，
> 只有兒童天真爛漫，人格完整，這才是真正的「人」……處
> 處讚揚兒童。現在回想當時的意識，這正是從反面詛咒成人
> 社會的惡劣。(《漫畫創作二十年》，《藝術卷四》，頁 389)

豐子愷的兒童觀是：兒童是一張白紙，是人理想的狀態，天真純潔、
人格完整。童心的表現是：直率而行，不瞻前顧後；言語天真；無
計較利害；情緒外顯，不躲躲藏藏。如果兒童的天真純潔是需要保
全的，那麼豐子愷並沒有進一步闡釋為何兒童需要接受教育，將他
們視為有所缺乏而且必須填補的？只能無助地看著兒女步入社會
的染缸？所以豐子愷對兒童的認識，似乎是片面主觀的。[8]

8　豐子愷認為兒童教育，最重要在「培養童心」，要運用什麼方法呢？〈關於
　兒童教育〉：「要處處離去因襲，不守傳統，不順環境，不照習慣，而培養
　其全新的、純潔的「人」的心。對於世間事物，處處要教他用這個全新的
　純潔的心來領受，或用這個全新的純潔的心來批判選擇而實行。」關於這種
　無礙自生的教育方式，其實施行上非常困難。首先得保證人性本善，再來
　是教養者有這種確信不疑的認知，並且具有高度的教育修養能讓兒童既經
　歷到客觀真實世界，又能成功發展出藝術能力（以絕緣態度護持童心）。而
　文明世界的軌範，是人類與世界保持某種形式的關聯性，才是某種心智正
　常的基礎，佛洛姆（E.Fromm）說：「人想要超越的需求是愛、藝術、宗教，
　以及物質創作的根源……一個人如果不能創造，如果沒有能力愛，他要如
　何超越自己呢？……如果你不能創造生命，你可以毀滅生命。毀滅生命也
　同樣讓你能夠超越生命。」，見佛洛姆（Erich Fromm）著，鄭谷苑譯《健全
　的社會》（The Sane Society）（台北：志文出版社，2002 年 6 月，頁 52）。
　豐子愷說過：「人類之初，天生成是和平的、愛的」（〈關於兒童教育〉，《藝
　術卷二》，頁　254），但是並沒有更多關於人性論的討論，因此這樣的說法
　只能提供我們認識的意義。

　　但豐子愷抉發兒童自身的主體性的部分，是值得珍視的。豐子愷敘述自己重視兒童的原因：

> 其實小孩子們也自有感情，也自有其人生觀、世界觀及其活動、欲求、煩悶、苦衷，大人們都難得理解。我以前不曾注意於此，近來家裡的孩子們都長到三四歲以上，我同他們天天接近，方才感到，不禁對他們發生了深切的同情。（〈《兒童的年齡性質與玩具》譯者序言──兒童苦〉，《文學卷一》，頁 37-38）

這段文字可以說是豐子愷人道主義的佐證。人道主義在倫理學上說，個人是獨特的個體，應該予以尊重。同文中豐子愷又說：「小孩子有精神生活」、「游戲是兒童的職務，玩具是游戲的工具」等，並譯《兒童的年齡性質與玩具》書作為父母或教育工作者暸解的基礎。

　　豐子愷運用「有情化」在兒童的寫作與繪畫中，他與兒童「交換一雙眼睛」（〈關於兒童教育〉，頁 247）觀看兒童世界：

> 才曉得他們的世界原來與「藝術的世界」相交通，與「宗教的世界」相毗連，所以這樣地美麗而且幸福。（《藝術卷二》，頁 248）

因此領悟到契悟童心的關鍵就是絕緣。

　　已經世俗化、社會化的成人，應該要回到兒童天真的狀態。孟子說：「大人者，不失其赤子之心也。」意即成人應該卸下重重累積、面目全非的面具，傾聽每個人內心的聲音──那個真實具愛心的小孩狀態的聲音。豐子愷沒有提到用宗教徒修行的方式去剝除遮蔽、顯現真我的方法，他認為可以用藝術讓成人與兒童世界貼近。

成人「『童心』不曾完全泯滅」（〈關於兒童教育〉，頁 248），可以
運用藝術的態度，即「絕緣」的態度來培養：

> 所謂絕緣，就是對一種事物時候，解除事物在世間的一切關
> 係、因果，而孤零地觀看。……絕緣的時候，所看見的是孤
> 獨的、純粹的事物的本體的「相」。……絕緣的眼，可以看
> 出事物的本身的美，可以發見奇妙的比擬。……無論詩人、
> 畫家，都須有這個心、這副眼睛。這簡直就是小孩子的心、
> 小孩子的眼睛！（〈關於兒童教育〉，《藝術卷二》，頁 250-252）

小孩子的心，才是人類的本性。明末李贄〈童心說〉說明童心即真
心，需護持之，不能失卻，否則成為假人。清袁枚《隨園詩話》也
說：「余常謂詩人者，不失其赤子之心者也」，赤子之心即保護純真
的自然本性，如果沒有培養兒童的童心，沒有回復成人的童心，就
會出現科學發展起來種種利害交加、永無交感的世界，豐子愷〈關
於兒童教育〉說：

> 倘只用理智的因果的頭腦，所見的只是萬人在爭鬥傾軋的修
> 羅場，何等悲慘的世界！（《藝術卷二》，頁 253）

接著他有一小結語：「藝術教育就是和平的教育，愛的教育」。

綜觀豐子愷的藝術生命，無論是繪畫或文章，兒童童心的表達
是自始至終跟隨他的。豐子愷也說雖然兒女長大，但對兒童的關注
不曾稍減[9]：

---

[9]　〈談自己的畫〉說：「這四五年間，我心中不覺得有什麼東西占據著，在我
　　的精神生活上好比一冊書裡的幾頁空白……我家的兒童，已在這數年間不

> 經過了二十年間的憂患和喪亂之後，我已垂垂向老；我家的
> 孩子們已經變成大人。但我仍舊歡喜描寫兒童。(〈《幼幼畫
> 集》自序〉，《藝術卷四》，頁 408)

這樣關切之情，雖然最初是「從反面詛咒成人社會的惡劣」(《藝術
卷四》，頁 389)，心隨境轉後的數十年來，兒童仍是豐子愷畫裡的
要角，這點始終沒改變。朱自清〈兒女〉中寫道[10]：

> 我的朋友大概都是愛孩子的……子愷為他家華瞻寫的文
> 章，真是「藹然仁者之言」。

讚揚豐子愷的愛護子女之情。父母照顧子女，是神聖的天職與義
務，朱自清要說的是：豐子愷作為父親付出心力照顧兒女，與中國
傳統文化的父權形象不同。差不多同時在二十餘歲即擁有第一個小
孩的朱自清與豐子愷，對待兒女的態度差異相當大；在喜愛陪伴兒
女的熱衷程度上，豐子愷和林語堂可說是非常地相似。廖玉蕙《你
逐漸向我靠近》書前序指出[11]：

> 中國傳統的倫理中，父子關係一逕疏離，男人寧可高談民生
> 經濟，也不屑在筆端吐露絲毫鐵漢柔情。自豐子愷起，才將
> 溫柔的眼神投向男女；《傅雷家書》踵繼前賢，展示了做父

知不覺地變成了少年少女，行將變為大人。他們已不能像昔日的占據我的
心了……我也無心再來贊美那曇花似的兒童世界了」《文學卷一》，頁 469。
[10] 朱自清著，范銘如主編：《朱自清》(台北：三民書局，2006 年 5 月)，頁 81。
[11] 廖玉蕙〈家庭民主的最新典藏〉，李瑞騰、李時雍合著：《你逐漸向我靠近》
(台北：九歌出版社，2006 年 10 月)，頁 10。

親的瑣碎叮嚀……新世代的男子終也勇於拋頭露面……為
新好男人重新加以定義。

揆諸現代散文中，創作父子（女）之情的文章有朱自清、琦君、林
語堂、梁文薔、余光中、林良、李瑞騰、張大春、小野、周芬伶等
作家。刷新嚴父形象、引領慈父風潮者就是豐子愷。

此處再補充豐子愷的「護生」思想。由童心說法推展到「護生」，
是極自然的事。護生即「護心」，保護人類的心清明無垢如童心之
純真，拭淨那不善的部分，〈一飯之恩〉說：

> 「護生」就是「護心」。愛護生靈，勸戒殘殺，可以涵養人
> 心的「仁愛」，可以誘致世界的「和平」。故我們所愛護的，
> 其實不是禽獸魚蟲的本身（小節），而是自己的心（大體）。
> 換言之，救護禽獸魚蟲是手段，倡導仁愛和平是目的。再換
> 言之，護生是「事」，護心是「理」。（《文學卷一》，頁656）

所以應體會上述的意旨，勿拘泥小節，〈佛無靈〉文中也再次強調
護心之旨。

足以代表護生思想的是1934年〈蝌蚪〉，不同於抗戰後作品的
直露，〈蝌蚪〉較幽微處是將劊子手的角色放在自己身上。來到「十
里洋場，一看就生厭」的上海，買了原本生長在鄉間的蝌蚪，透過
與上海遊樂場類似的凸鏡玻璃，觀察蝌蚪如麻木的人類一般漸漸萎
靡走向死亡。上海的繁華扼殺人類心靈，如同盆中不得回歸水草田
疇的蝌蚪，不但不能蛻化成青蛙，反而死也不得其所。豐子愷盡一
己之心可以將家中蝌蚪移往池塘，護持一己的童心；然而那光怪陸

離的上海人們，是「苦悶的象徵」，「象徵著某種生活之下的人的靈魂」。政治社會紊亂，人類遂成祭品，又有幾人了悟，能奮力搏出自己的生路？恐怕正如瓷盆內的蝌蚪，不知未來的命運吧。

豐子愷的護生思想，是運用「有情化描寫」的傳達方式。由於文章思想表達曲折隱諱，抗戰時引來如曹聚仁（〈一飯之恩〉）等人的強力批判，逼使一向溫和的豐子愷也罕見地還擊，悍衛護生說。護生，顧名思義是佛教思想影響的結晶，尤其豐子愷窮五十年之力，繪圖四百五十幅，共出版《護生畫集》六集，踐履為弘一大師祝壽並護持蒼生的弘願，更令人動容低迴。[12]正如同〈殺身成仁〉文中闡釋的「同情心」：

> 人具有別的動物所沒有的一件寶貝，這寶貝名叫「同情」。同情就是用自己的心來推諒別人的心。（《文學卷一》，頁 720）

豐子愷具有同情心，有仁者特質，為文常常運用「有情化描寫」的寫作方式書寫。

（二）親友

豐子愷出生於中國傳統大家庭，家庭環境影響很大；親戚間的關係脈絡交錯，送往迎來頗為頻繁。但是豐子愷集中書寫環境的習染、祖母作為家族中心、父親中舉的經歷、寡母支撐一家人、長幼

---

[12] 豐子愷說《護生畫集》：「我並不勸大家素食。《護生畫集》中的畫，不過是我素食後的感想的造形的表現，看不看由你，看了感動不感動更非我所計較。」，見〈素食以後〉，《文學卷一》，頁 402。

級別與人生世態,以及家庭傳統對自己產生潛移默化的灌輸與影響。既沒有極端的崇仰景慕之情,也沒有橫逆壓迫的哀告,只運用鏡頭般地遊走,攝出一張張幼時生活的顯影。近實地鉤勒能幹的祖母、柔弱不振的父親、辛勤家務母親的肖像。對於自己媒妁之言的具傳統婦德的妻子,與不讓鬚眉的姐姐們,豐子愷選擇空白的缺席狀態,留予人們想像空間。

　　豐子愷以母親為主題的作品〈我的母親〉是中國文化館的「命題作文」,文章以自己成長為經、母親坐在一成不變的「八仙椅上」為緯,運用直線敘事的方式,寫出對外嚴肅、對內慈愛的雙重面貌。對於文壇一窩蜂刻劃懷念母親的外貌、皺紋、衣著或做家事的賢良性格[13],豐子愷又應用其畫家身分,注意「自然的姿勢」、「妥貼的構圖」法來出奇致勝。[14]「八仙椅」成為熟悉的溝通符號,承載母親固定不動、不舒服的坐姿,自幼兒到暮年,椅子似也與母親合一,潤澤出無言蕭穆的光輝。它所顯現的就是豐子愷自身,形塑怪異堅忍的坐姿,強悍深刻不曾改變的生命力。

　　豐子愷父親是舊派知識份子,在新舊社會毫不留情的轉移遞變下,考中末代舉人,卻因母親往生無法立即授官,只得陰鬱沉悶地每日當私塾教師、看看書、喝酒、上鴉片館,幾乎是沉默的失語者。

---

[13] 例如胡適〈母親的教誨〉一文。

[14] 〈帶點笑容〉說明照相館所拍攝的照片是:「美術上所謂自然的 pose「姿勢」,在照相館裡很難找到。人物肖像上所謂妥帖的構圖,在這樣子窗裡尤無其例」,從中可見豐子愷的藝術之眼無所不在,文收《文學卷一》,頁 632。〈我的母親〉文中母親的椅子不舒服,坐姿卻極自然,數十年未變;文章層層遞進、反覆詠嘆「口角上慈愛的笑容、眼睛裡嚴肅的光輝」八次,妥善安插在每段當中,呈現多樣的統一、統一中有變化的效果。

但是筆鋒轉到庭中吃蟹賞花一節，卻又生猛跳脫，畫面活潑潑仿如古人般，逸興湍飛地指月談天。九歲豐子愷宛如留聲機、喃喃自語地回轉父親的聲音：

> 吃蟹是風雅的事，吃法也要內行才懂得。先折蟹腳，後開蟹斗……腳上的拳頭（即關節）裡的肉怎樣可以吃乾淨，臍裡的肉怎樣可以剔出……腳爪可以當作剔肉的針……蟹螯上的骨頭可以拼成一只很好看的蝴蝶…（〈憶兒時〉，《文學卷一》，頁 137-138）

對父親的記憶僅餘吃蟹喝酒的場景，其間隱藏的失親之痛無以言宣，豐子愷遂複製了父親的形象成為自己。且看日日飲酒、欣賞詩詞遺珠、吃蟹抽煙、頭頂盤貓的長袍男子，豈不是父親的再現，成為另一種緬懷父親的方式？

　　最突出的師長、聞人書寫對象是李叔同、馬一浮、夏丏尊、梅蘭芳。豐子愷如同偵探般的電眼，能擷取細微末枝的部分，觀察入微，以小處顯示真相，是非常具有藝術家洞悉力的。豐子愷的文化名人的肖像散文，成為現今研究傳記者最重要的依據。如陳慧劍《弘一大師傳》、林子青《弘一大師新譜》、馬鏡泉、趙士華合著《馬一浮評傳》、王利民《平屋主人－夏丏尊傳》、劉彥君《梅蘭芳傳》等等，都大量徵引的豐子愷作品。[15]

---

[15] 上列書籍出版社如下：陳慧劍《弘一大師傳》（台北：東大圖書公司，1983年 9 月）、林子青《弘一大師新譜》（台北：東大圖書公司，1983 年）、馬鏡泉與趙士華合著《馬一浮評傳》（南昌：百花洲文藝出版社，1993 年 8月）、王利民《平屋主人──夏丏尊傳》（杭州：浙江人民出版社，2005 年7 月）、劉彥君《梅蘭芳傳》（石家莊：河北教育出版社，1996 年 12 月）。

　　豐子愷視弘一法師始終為「真善美的一大藝術家」（〈致班侯〉），將馬一浮視為「陋巷裡的顏回」（〈陋巷〉），一為出世者，一為入世者；馬一浮啟發李叔同出家[16]，也成為豐子愷在李叔同出家後，人生中後期追隨的典型。

　　李叔同暗夜勉勵豐子愷的畫藝，讓豐子愷見到智慧的火炬，立意以兩年餘生澀的木炭寫生基礎劈開前途的荊棘。豐子愷曾說明從小即愛觀察微物的傾向：

> 以前我閒時注視眼前的物件……我的心會跟了這種線條和濃淡之度而活動，感到一種說不出的情趣。我常覺得一切形狀中，其線條與明暗都有很複雜的組織和條理。……聽了先生的指導之後，恍然悟到這就是我平日間看到眼前物件時所常作的玩意！……明……暗……輪廓……直線……這都是我平日間看人面時所曾經注意到的事。（〈舊話〉，《文學卷一》，頁183）

運用繪畫寫實的技法在描人散文中，豐子愷有意忽略事功而著重在線條表現、明暗對比、旁物布置上頭，使人物呈現立體感，讓讀者拼圖般瞭解人物性情品格，是印象的描寫，也具有氣韻生動的效果。〈為青年說弘一法師〉素描李叔同從上海時「曲襟背心」到日本留學的「洋裝」再到教師時是布衣布鞋的李先生：

---

[16] 馬鏡泉、趙士華：「馬一浮與李叔同（弘一）早在1902年就認識，當時李進上海南洋公學，為蔡元培之高材生。馬亦在上海自學外文，他們在那兒相遇相識，以後各奔東西，十餘年未得見。直至民國初年，叔同到杭州第一師範學校任教，他倆又相遇⋯叔同寫道：『自去臘受馬一浮大士之薰陶，漸有所悟，世味日淡，職務日荒』。」李馬二人交情匪淺，直至弘一法師泉州圓寂，馬一浮有兩首五律輓詩傳世。見《馬一浮評傳》，同前註，頁45-47。

> 高高的瘦削的上半身穿著整潔的黑布馬褂，露出在講桌上，
> 寬廣得可以走馬的前額，細長的鳳眼，隆正的鼻樑，形成威
> 嚴的表情。扁平而闊的嘴唇兩端常有深渦，顯示和愛的表
> 情……（《文學卷二》，頁 144）

從服裝外貌的三階段演變，描繪李叔同個性是做什麼像什麼。〈法
味〉寫弘一法師如明鏡如車站，讓自己「暫離夢境」，對弘一法師
的描摹彷彿入秘境：

> 弘一師神色頗好，眉宇間秀氣充溢如故……我只管低頭而唯
> 唯，同時俯了眼窺見他那絆著草鞋帶的細長而秀白的足趾，
> 起了異常的感覺。（《文學卷一》，頁 24）

似素淨觀音的描寫，讓豐子愷「金黃的光，浸著圍坐談笑的四人」，
〈我與弘一法師〉說「像佛菩薩那樣有後光」（《文學卷二》，頁
399）、〈李叔同先生的教育精神〉：「觀音齋羅漢」（《文學卷二》，頁
543）又起莊嚴異樣之感。豐子愷的文章，從異樣情愫的昇起烘托
弘一法師超脫世俗的一面，這種面向迥異於一般對弘一法師的嚴格
律宗出家師父的書寫內容。

　　豐子愷有意地將弘一法師視為自己父親角色，也許他並不自
知，但是他承認受影響很大：

> 我的崇拜他，更甚於他人。我的氣質與李先生有一點相似，
> 凡他所歡喜的，我都歡喜。……弘一法師教人，亦常引用儒
> 家語。（〈我與弘一法師〉，《文學卷二》，頁 399）

弘一法師是佛教律宗高僧，但並不自囿於佛教範圍，金石書藝或引儒家語等等，都是弘揚佛法的方便。若說弘一法師是方外人，馬一浮就是紅塵裡集儒釋於一身的隱者。佛教、文藝、書法是三個人的共同點。自抗戰逃難起，豐子愷亦步亦趨追隨馬一浮的腳步，也視他如父親，雖然馬一浮的弟子們從未視豐子愷為馬氏門人，但豐子愷自己倒是常常這麼想的。[17]

〈陋巷〉、〈桐廬負暄〉是以馬一浮為主角的佳構。探視招賢寺李叔同後，微雨飄飄，豐子愷若有所失吸著煙（〈法味〉）；第二次走出陋巷，豐子愷愉悅地跨坐不問價錢的黃包車而返；第三次離開陋巷，獨自在路上徬徨。因為二十年來，心目中的巨人「深黑的須髯已變成銀灰色，漸近白色了」，接著：

> 我走出那陋巷，已是傍晚時候。歲暮的景象和雨雪充塞了道路。（〈陋巷〉，《文學卷一》，頁206）

以雨雪歲暮的天候，映照自我舐犢情深的情懷。

終其後半生，馬一浮在豐子愷的人生道中始終不曾缺席，豐子愷天涯追隨麟鳳，馬一浮在廣西宜山住在粗陋的茅屋裡，填《水調歌頭》：「著我三間茅屋，送老白雲邊」，呼喚豐子愷、弟子王星賢結廬成群，組成三家村。豐子愷為追隨馬一浮，回了浙大聘書，沒料到，冉冉白雲飄到四川樂山當復性書院院長了。他們同樣愛好古典詩詞，常以詩詞往還，馬一浮還親至樂山觀畫，他書寫的

---

17 袁卓爾：〈一代儒宗〉（代序）：「海內學子，聞風歸來。其中夏承燾、豐子愷雖未從師，亦以後學晚輩自居」，見《馬一浮評傳》，馬鏡泉、趙士華合著：《馬一浮評傳》，頁1。

對聯高掛在沙坪小屋與日月樓上，兩人不但情同父子，也是忘年知交。

同輩友朋描摹出色的是鄭振鐸、黃涵秋、白采、伯豪等人。

豐子愷喜飲酒，但卻視應酬為畏途；如果飲宴的人為俗人或是半生半熟者，更被視為一大苦事。與馬一浮可以共飲熱普洱與抽煙，若要喝酒則需與知己共飲，否則獨酌即是美事。豐子愷的酒友是黃涵秋、寶函老翁、刻字攤者、朱光潛、王星賢等好友們（〈吃酒〉），他最愛飲什麼酒呢？在〈癩六伯〉說：

> 時酒，是一種白色的米酒，酒力不大，不過二十度，遠非燒酒可比，價錢也很便宜，但頗能醉人。……醉得很透，醒得很快。……我也愛吃這種酒，後來客居杭州上海，常常從故鄉買時酒來喝。因為我要寫作，宜飲此酒。李太白「但願長醉不願醒」，我不願。（《文學卷二》，頁 671）

〈九日〉說「我小時候歡喜喝酒」、〈素食以後〉說「每天喝兩頓酒，每頓喝紹興酒一斤以上」、〈隨感五則〉之二說「晚間喝了三杯酒，仰臥了看星」、在上海籌備立達中學時，豐子愷每天「摸出兩只角子來……去打黃酒」（〈立達五周年紀念感想〉）、「午餐飲茅台酒，味甚美」（《教師日記・十一月二日》）、〈沙坪的酒〉「晚酌是每日的一件樂事，是白天筆耕的一種慰勞……酌的是「渝酒」，即重慶人仿造的黃酒」……看起來，豐子愷除了青梅酒，倒是什麼酒都喝的；三十歲上也曾試圖戒酒一陣子。在文章裡，他注重的是與可愛的人對飲的趣味，不會刻意沉迷品酒的種類或習俗等。

　　豐子愷自小受父親飲酒的薰染，也養成飲酒的習慣。只是豐子愷是晚飯時候喝酒，並不沉溺酒鄉，也不藉酒為文，他是純為飲而飲。既然如此，豐子愷不蓄意喝美酒，凡不特別稀薄或濃郁者皆可入口；但是青梅酒與台灣酒是絕難合口的，為此，豐子愷還改變留居台灣的決定，還是返回大陸去。

　　〈湖畔夜飲〉是豐子愷唯一專描與好友對酌之作，文風恣意，頗有古風豪氣。文章從鄭振鐸拜訪不遇開始，第二天晚上豐子愷也不特意等他，「我就獨酌，照例傾盡一斤」，沒想到鄭也在他處飲酒一斤，欣然來訪。闊別十年酒友對酌話舊：

> 女僕端了一壺酒和四只盆子出來，醬鴨，醬肉，皮蛋和花生米……牆上正好貼著一首我寫的，數學家蘇步青的詩：「草草杯盤共一歡，莫因柴米話辛酸。春風已綠門前草，且耐余寒放眼看」有了這詩，酒味特別的好。

兩人酒酣耳熱，呼號叫嘯，半喜半悲，是為人生真滋味。文末以鄭背影消失在湖畔細雨中，豐幽默地以還傘之說再次強調鄭個性的特殊。全文透過把酒共敘，點染鄭性格一則溫暖有禮，二則飲酒狂放，緊鬆之間，良友難得、良辰難再，但時間不曾改變深刻的友誼。

　　豐子愷極為重視飲酒對象，可對飲者皆是可愛之人，鄭振鐸是如此，白采亦然。〈白采〉中書寫立達半年同事白采，只是點頭之交，卻突然冒雨到豐子愷家中辭行。豐子愷少見地留並不擅飲的白采飲酒，酒盡一滿碗，「他用他的通紅的老鷹式大鼻頭向我點了好幾次而去」，日後在白采遺札中見得酒別的紀錄。豐子愷寫白采穿著雨點大衣而來，酩酊揮別而去；偶然聚散，恰似酒醉酒醒。朱自

清有同題散文，渺渺情思，卻不及豐子愷簡筆抒情、透露人生迅急無常，來得印象深刻。

豐子愷的人物散文，既非歷史之詳盡筆法，也非文人的記敘歌誦。他以畫家之筆，遺貌取神，有言外風致，氣韻十分生動。這種特別處，是豐子愷有意為之，〈再訪梅蘭芳〉一文，豐子愷寫信給班侯說道：

> 《再訪梅蘭芳》一文，尚在「懷胎」中，未曾「成形」、「墮地」。大約須再過若干日方可動筆。弟去春訪梅氏，曾作文登「自由談」，今春又訪，且又將作文發表。不知我者，以我為戲迷。其實並不如此簡單。我看梅蘭芳戲，是戴了「宗教」、「藝術」的眼鏡而看的。因此覺得有文章可做。（〈致班侯〉，《文學卷三》，頁 456-457）

以藝術家路徑為文，心眼不同，天地自然皆可作文；復又以宗教敷彩，即使書寫對象與他人相同，但是內涵風格不同，這是作家的自信。

四、顯影現實社會

地理空間含有對主體的隱喻，石門灣是故鄉，杭州是別寓，上海是現代繁華生活的代名詞。豐子愷在不同的地域，深掘出不同的民情風俗與社會百態，也可以說，他藉著不同世態的書寫來反映城鄉的樣貌。

豐子愷學生時代喜愛到西湖寫生、與伯豪同遊；居住故鄉緣緣堂時，特別租杭州的別寓，是為了氣候的調節，所以春秋兩季居住於此。1919 年曾逗留上海約兩年；1922 年秋天赴浙江上虞白馬湖，

1924 年冬天離開，轉到上海，在上海、嘉興兩地盤桓。1933 年在石門灣擬落地生根，沒想到 1937 年年底逃難到重慶。1945 年日本投降，1947 年重回杭州居住，一年半後，即 1949 年始定居在上海。豐子愷的「舊上海」指的是抗日戰爭以前的上海，「新上海」則是1949 年後解放的上海。

關於故鄉石門灣的作品有〈故鄉〉、〈桐廬負暄〉、〈辭緣緣堂〉、〈塘棲〉等；關於杭州的作品有〈楊柳〉、〈杭州寫生〉、〈西湖春游〉等；以上海為主題的文章有〈鄰人〉、〈市街形式〉、〈舊上海〉、〈談自己的畫〉等。

〈桐廬負暄〉起首雖贊揚江南富「書卷氣與藝術香」，但因戰亂，不得不棄鄉逃難，倍覺故鄉可親可依戀。〈辭緣緣堂〉是離開故鄉方才察覺故里之美，面對杭州西湖美景眷戀徘徊難以離去。〈塘棲〉水鄉生活，酒店船裡吃食，樂趣無窮。

上海從 1843 年起，漸漸區分成三種面貌，有本國人民居住的華界、有英美租界與法租界。華界街狹污穢，與外國租界區成明顯對比。然而上海有絕佳地理位置，位於沿海，受外來文化刺激既快且深，工商娛樂文化事業發達，是政經重要城市。豐子愷居住在上海的時間遠勝於其他地方，他將經眼的社會民情變化發為文字。依序有 1923 年白馬湖畔小楊柳屋撰寫的〈山水間的生活〉：

> 我曾經住過上海，覺得上海住家，鄰人都是不相往來，而且敵視的。……我覺得上海雖熱鬧，實在寂寞，山中雖冷靜，實在熱鬧，不覺得寂寞。就是上海是騷擾的寂寞，山中是清靜的熱鬧。（《文學卷一》，頁 12）

文中對現代人一意地「總要出上海」，痛陳習慣性觀念作祟，他以繪畫光影觀念來說明：

> 明暗是一體的。……明調子因暗調子而益美，暗調子因明調子而也美了。愛一物，是兼愛它的明暗兩方面……我往往覺得山水間的生活，因為需要不便而菜根更香，豆腐更肥。因為寂寥而鄰人更親。（《文學卷一》，頁 14-15）

　　豐子愷運用繪畫光影對比申說日常生活的優劣，的確讓人耳目一新，以藝術來譬喻，也達到恰如其份的效果。只是這樣書寫的邏輯，不免讓人聯想「為何不能愛那上海的明與暗」呢？

　　豐子愷將上海生活歲月，區分為舊上海與新上海。以舊上海為主題的 1927 年寫的〈樓板〉，諷刺上海市樓上樓下雖然僅有隔層板，但是「『板』的力竟比山還大」，冷漠地互不來往，毫無人情味可言。1930 年寫的〈鄰人〉，表達上海「打牌猜拳之聲相聞，至老死不相往來」，鄰居間以鐵扇骨相隔，反映預防人心的醜惡本身更醜陋。1934 年的〈蝌蚪〉則是說明上海雖繁榮，但各種怪現狀令作者不忍卒睹，上海人民是苦悶的靈魂；同年又撰以上海建築形式——摩天樓給人壓迫感為主題的〈市街形式〉。

　　對於城鄉居住的演變，作於 1935 年的〈故鄉〉比較農業時代與工商業時代的不同，並以為當今只有「生活的地方」，而沒有故鄉，可以說對一般大眾蜂擁到都市的行逕不以為然。豐子愷對都市與鄉下的區分是著眼在「比較」的二分法，在〈比較〉文中，他寫道：

> 世間大小，高低，長短，厚薄，廣狹，肥瘦，以至貧富，貴
> 賤，苦樂，勞逸，美醜，賢愚，都不是絕對的，都是由「比
> 較」而來的。而且「比較」之力偉大得極，一切人生的不滿
> 足也都是由於比較而生。（《文學卷一》，頁 421）

人生最大的遮蔽就是人與人的關係，這關係是由人在世間所生的。
世間生活有差別理念忖度一切，陷溺世事的結果，心無法安放，無
法安頓就生問題。豐子愷還未說出的是：眾生平等，任何事皆無高
下尊卑之別。換言之，豐子愷並沒有以佛教平等觀進一步闡發，也
沒有歸諸藝術來脫解，初步點出問題後便停筆。〈勞者自歌〉明白
敘述貧富差距，〈都會之音〉反對都市文明，到〈二重生活〉期望
將中國外國文化「化合」起來，步入大同世界。

豐子愷雖反對都市文明，但也不得不寄寓在上海。上海住家是
「一個自由獨立的小天地」、「安閒地獨立」、「與世間絕緣的小天地」
（〈談自己的畫〉），說石門灣土白、故鄉飯菜，與故鄉相去卻數百
里。豐子愷在 1946 年〈沙坪小屋的鵝〉說：

> 我對外間絕少往來，每日只是讀書作畫，飲酒閒談而已。我
> 的時間全部是我自己的。這是我的性格的要求，這在我是認
> 為幸福的。然而這幸福必需兩個條件：在太平時，在都會裡。
> （《文學卷二》，頁 165）

這也對自己日後居住上海做了解釋。

豐子愷在解放後、文革前所寫的散文，大多為歌頌新政府社會
的美好，藝術價值較無足觀。例如歌頌新上海為「君子國」，對比舊

上海為「萬惡社會」的〈新年隨筆〉，以三輪車夫有禮貌，說明上海「地獄已經變成天堂」（《文學卷二》，頁549）。再舉〈西湖春游〉一文為例，這篇文章完成於1958年，豐子愷以舊新時代（解放前後）來比較西湖之美，說明舊時代西湖不如新時代西湖兼有表面（山水）、內容（社會）來得美。文章內容甚至左批李叔同任教浙一師時填詞的歌曲「西湖」，右批「資本主義社會的美學」—「絕緣」，因為：

> 在舊社會中，追究起事物的內容意義來，大都是卑鄙齷齪，不堪聞問的，因此有些御用的學者就造出這種學說來，教人屏絕思索，不論好壞，不分皂白，一味欣賞事物的外表，聊以滿足美欲，這實在是可笑、可憐的美學！（《文學卷二》，頁520）

面目大變的內容，推測豐子愷為求自保不得不然之作。事實上自1949年來，豐子愷一直在「辛勤地播下種子」、歌頌解放後的中國不遺餘力。自1955年開始，中國文聯決定反資產主義路線，走社會主義現實主義原則，豐子愷也順應風潮，轉向翻譯蘇聯文學領域。究其實，豐子愷自1950年起，是真的相信社會主義，懷抱社會主義理想的，這可以從文革時被列為「上海市級十大重點批鬥對象」，豐子愷回家哽咽說「我實在是熱愛黨，熱愛新中國」的話，可以看得出來。所以寫出〈西湖春游〉如此內容，充滿濃厚政治宣傳意味，似也順理成章。擔任上海市人民代表、政協委員的豐子愷沒有選擇「噤聲」，而選擇「不甘寂寞」地發聲，作品中加入許多政治教條，恐怕正如豐一吟《瀟灑風神：我的父親豐子愷》所說：「十七年來的辛勤終成徒勞！」，也是作家的選擇吧。

　　以上分成「探索自我生命」、「體悟時間變異」、「看護人類心靈」、「顯影現實社會」四部分來說明豐子愷寫作的主題。還需補充說明的是，豐子愷的時事散文。作家經歷的時代變動十分巨大，他並沒有用悽厲的嚴正態度登高呼籲政治社會問題，也沒有用繁重的使命感指責某某，只是就眼目所見的生活周遭擷取最心有靈犀的一點發揮；也從浸淫日久的藝術範圍裡追尋扣問現實人生諸多問題。早年的〈兒戲〉，以孩子間武力解決比喻國際戰爭如兒戲，內容還停留在由此及彼；〈夢耶真耶〉也只是以夢作喻，並敘述「一二八」淞滬戰事所見；〈九日〉引詩慨嘆；〈隨感五則〉的貓鼠大戰比喻，都是抗戰前曲隱的作品。惟當戰爭如火如荼迎面而來，宣傳報導文風日熾，作家才以筆代武器，直陳日寇迫民，舉目皆苦之狀，解放後、文革前、文革間的作品則以宣傳政府為主。

　　豐子愷的宗教觀念普遍地存在於散文中，成為一種底色，並且與諸多主題互相生發，達到滴水入海──深化的效果。只是有時候，宗教思想的無限上綱，變成「無所不發」（如小到書角折轉，「六七年的日月，渾如一夢」，不禁感慨繫之。見〈隨園詩話〉），不免會減少讀者感動的情思，分散削弱文章的力量，偶有呈現千人一面的缺點。

第二節　題材

　　豐子愷題材的範圍，小大不同，瑣細如「胡桃雲片」、「調色板刀」（〈隨感十三則〉）談到用調色板刀切開芋頭、以手剝開胡桃雲

片的描寫，都是作者意欲表達思想的材料。他的題材來源很廣，不變的是藉物傳達人生思想。以下分來源、類型與特色來說明：

一、來源

　　創作過程中，構思是重要的一環，我們構思藉作品所欲傳達的意念與技巧，這些均需有相應的題材妥予處理。對作家來說，材料的尋找不必汲汲營營，苦心蒐求，所謂「好鳥枝頭亦朋友，落花水面皆文章」，身邊瑣事、自然山川，無一不是題材的來源。豐子愷曾說：

> 在中國，我覺得孩子太少了。成人們大都熱中於名利，縈心於社會問題、政治問題、經濟問題、實業問題……沒有注意身邊瑣事，咀嚼人生滋味的餘暇與餘力，即沒有做孩子的資格。……在這樣「大人化」、「虛偽化」、「冷酷化」、「實利化」的中國內，我的文章恐難得有人注意。(〈《讀緣緣堂隨筆》讀後感〉，《文學卷二》，頁 110-111)

豐子愷中年逃難前，身體就不是很好。他不愛運動，也不喜出門應酬，整天是「伏在案上弄筆」(〈給我的孩子們〉)，因此題材來源很大一部分靠閱讀與閒談而來，他在〈英語教授我觀〉說閱讀不一定需要遠涉重洋：

> 實在，要 understand 真的不列顛、真的亞美利加，不必遠涉重洋，去拜訪倫敦、紐約、芝加哥。只要伏在你的書齋的冷

靜的角裡，或火爐旁邊，熟讀不列顛或亞美利加的著作家的
傑作。(《文學卷一》，頁 19）

豐子愷在〈我的苦學經驗〉解釋自己閱讀的方法：

> 我可用一本 notebook 中畫出全書的一覽表。所以我讀書非常
> 吃苦，我必須準備了 notebook 和筆，埋頭在案上閱讀。……
> 我所知道於世間的一些些事，都是從自己讀書而得來的；而
> 我的讀書，都須用上述的機械的笨法子。(《文學卷一》，頁 89）

勤記閱讀筆記是增長知識的方法，而豐子愷還有坐定觀察的習慣：

> 我每在一個尋常慣到的地方泡一碗茶，閒坐，閒行，閒看，
> 閒想，便可勾留半日之久。(〈讀書〉，《文學卷一》，頁 239）

隨時帶著自製的速寫簿（內含橡皮擦、鉛筆）和筆記本，是豐子愷
的習慣；「默看與沉思」(〈隨感五則〉）更是作家體察萬物的方式。
豐子愷所寫既是隨筆，題材雖經採擇工夫，但基本上寫作是隨緣
的，不積極涉入事物，也不離事物，隨順筆觸記錄日常生活。

　　由「注意身邊瑣事，咀嚼人生滋味」的說法可以知道，豐子愷
最喜歡的取材對象，是從生活中平凡瑣細的事物中，寫出深刻的哲
理，他說：「文學的題材，在一切藝術中最為廣泛。」(〈藝術的內
容〉，《藝術卷四》，頁 100）而他最喜歡取材的對象就是：

> 泥龍竹馬眼前情，瑣屑平凡總不論。最喜小中能見大，還求
> 弦外有餘音。(〈《豐子愷畫集》代自序〉，《文學卷三》，頁 789）

從「眼前情」、「瑣屑平凡」中取材，可以說是他文學生活的寫照。瑣碎細微的眼前情，並不意謂豐子愷的書寫範圍僅圍於小我之情，他忠於自己，塑造個人獨特的生命之姿，不但「小中見大」，反映時代的履痕，甚且「弦外之音」裊裊，成為針砭社會的浮世繪。基本上，散文的書寫在古代較重個人生命的抒發，現代散文因受到西方觀念傳入的影響，題材幾乎無所不包，但是對各別作家來說，「由於散文家的經歷、世界觀、創作方法和對生活熟悉的情況不同，在題材選擇上就各有所好，各具特色，形成自己獨特的風格。」[18]豐子愷的取材對象是自然、生命、人生、藝術、兒童、佛學、人類與國家等等。

二、類型

　　1950 年起，毛澤東號召向工農學習等主張，豐子愷也響應政令，撰寫散文面貌大異，以政治宣傳、歌頌新政府為主，由於主題先行，因此題材便有侷限。1966 年起文化大革命，文藝工作者受到迫害。豐子愷的晨間書寫內容轉向時空背景差異懸殊的童年或記憶。由於著眼於散文創作，因此，童話、藝術評論、政治宣導濃厚文章題材保留不計，各個題材選取較有代表性的篇章如下：

　　1. 信札、書序、讀後感、日記：〈讀丐師遺札〉、〈讀《緣緣堂隨筆》讀後感〉、《教師日記》、〈拜觀弘一法師攝影集後記〉、《教師日記》等。

---

[18] 傅德岷《散文藝術論》（重慶：重慶出版社，1988 年 2 月），頁 364。

2. 宗教意味：〈剪網〉、〈晨夢〉、〈大帳簿〉、〈秋〉、〈兩個？〉、〈大人〉、〈初冬浴日漫感〉、〈無常之慟〉、〈不惑之禮〉、〈暫時脫離塵世〉等。

3. 藝術：〈米葉藝術頌〉、〈藝術三昧〉等。

4. 人：〈憶兒時〉、〈法味〉、〈白采〉、〈陋巷〉、弘一法師、〈顏面〉、〈寄宿舍生活的回憶〉、〈給我的孩子們〉、〈作父親〉、〈送阿寶出黃金時代〉、〈談梅蘭芳〉、〈記音樂研究會中所見之一〉、〈記音樂研究會中所見之二〉、〈我的母親〉、〈為青年說弘一法師〉、〈悼丏師〉、〈訪梅蘭芳〉、〈湖畔夜飲〉、〈再訪梅蘭芳〉、〈我與弘一法師〉、〈梅蘭芳不朽〉、〈威武不能屈〉等。

5. 抗戰：〈桐廬負暄〉、〈中國就像棵大樹〉、〈還我緣緣堂〉、〈告緣緣堂在天之靈〉、〈桂林初面〉、〈辭緣緣堂〉、〈勝利還鄉記〉等。

6. 動物：〈蜜蜂〉、〈養鴨〉、〈紗坪小屋的鵝〉、〈白象〉、〈貪污的貓〉等。

7. 植物：〈楊柳〉、〈梧桐樹〉等。

8. 家居生活嗜好：〈隨感十三則〉談抽煙、〈隨園詩話〉、〈家〉、〈房間藝術〉、〈我的燒香癖〉等。

9. 故鄉、杭州：〈辭緣緣堂〉、〈比較〉、〈山中避雨〉、〈西湖船〉等。

10. 民俗：〈閒居〉賣臭豆腐干、〈端陽憶舊〉、〈過年〉、〈清明〉等。

11. 民間小吃：〈胡桃雲片〉、〈吃瓜子〉等。

12. 社會百相：〈舊地重游〉、〈車廂社會〉、〈肉腿〉、〈鼓樂〉、〈雲霓〉、〈都會之音〉、〈二重生活〉、〈錢江看潮記〉、〈帶點笑容〉、〈歸途偶感〉等。

13. 反對科學文明：〈憐傷〉、〈塘棲〉等。

14. 遊記：〈桂林的山〉、〈海上奇遇記〉、〈廬山游記之一〉等。
15. 宣傳寓言、宣傳文章：〈毛廁救命〉、〈為了要光明〉、〈我的心願〉、〈小感〉等。

綜合以上，觀察出豐子愷在題材的選擇上，對於「人為意義」：如宗教、政治、社會、藝術等層面是極為重視的；在「自然的意義」部分，對於飛禽、走獸、昆蟲、植物、山川、氣候等都有取材。然而，豐子愷常常運用「抽象自然現象」裡的時間存在感來演繹成多種的人文意義，這是他個人的特色。

觀察以上的題材有大有小，即使廣袤如宇宙世相、微細如螞蟻蜜蜂，美的價值並無減損。佛學有說：「芥子納須彌」，中國美學亦有以小見大，意在言外之說。以小見大：李贄《焚書》卷三〈雜說〉：「小中見大，大中見小，舉一毛端建寶王剎，坐微塵裡轉大法輪」。所以豐子愷關注人間常識性的存在，並關注土地與身邊瑣事，常運用繪畫或文學中的「誇張」法，將小物渲染成大境界，造成吸引注目的效果，這是一種擴大的用法，例如〈蝌蚪〉、〈吃瓜子〉。

進一步詢問，這「小物」又該如何選擇？豐子愷成功地將簡筆漫畫的技法，移轉到文學世界中。就是選擇一個小事件、小物品，予以鮮明化、簡明化，使讀者容易凝聚注意力，凍結對此事物的感受，這是縮小空間的用法，例如〈楊柳〉、〈我的燒香癖〉。

晚年豐子愷的題材書寫應有自我療慰之效，我們看到《緣緣堂續筆》中題材包括童年回憶、社會慘案、瑣記等。就書寫角度言，任何一種文字紀錄，都具有某種意味，或者明示，或是暗示，但是一些無甚意味的文章，如〈S姑娘〉、〈牛女〉等為什麼會被豐子愷紀錄下來呢？筆者推想，「沒有意味」的文章同樣是豐子愷生命經

驗中根本的組成，與生命須臾不離。好比有些日本的俳句，輕輕地存在無甚重量似地，卻是映眼的生活經驗。落入言詮的生活書寫，有時並不真的需要意境、象徵等去揭露它的意義。《緣緣堂續筆》中瑣細題材的選擇類似〈隨園詩話〉文中所說：

> 它那體裁，短短的，不相連絡的一段一段的，最宜於給病人看，力乏時不妨少看幾段；續看時不必記牢前文；隨手翻開，隨便看哪一節，它總是提起了精神告訴你一首詩，一種欣賞，一番批評，一件韻事，或是一段藝術論。若是自己所同感的，真像得一知己，可死而無憾。若是自己所不以為然的，也可以從他的話裡窺察作者的心境，想像昔人的生活，得到一種興味。（《文學卷一》，頁315-316）

所以我們看《緣緣堂續筆》最後部分出現一小段一小段文章的排列，看似不相連貫，也頗可從片刻中領略心領神會之處。

三、特色

綜合豐子愷寫作題材的特色如下：

（一）與其他學科融合

首先豐子愷散文的題材特色是與其他學科融和，具有高度的互指涉性。譬如：〈山中避雨〉與音樂的結合、〈阿難〉呈顯佛教無常

觀;〈文學中遠近法〉與〈文學的寫生〉則直接以繪畫為題,〈畫鬼〉則揉合繪畫與民俗……凡此種種,不勝枚舉,皆顯示豐子愷的博學素養,能左右逢源,拓寬文章的廣度。

(二)時間題材多

豐子愷的題材,常常以時間為內容底色。因此,時間奔流、倏忽來去的時空對照感,是其散文內容的共同點,在題材上,作家常常選擇季節時序、年節假日、生日懷舊相關素材來創作。豐子愷曾說:

> 「乍見翻疑夢,相悲各問年。」「去日兒童皆長大,昔年親友半凋零。」這種詩意,我每天要反復數十次。(〈會場感興〉,《文學卷二》,頁 100)

這裡就以季節命題的散文為例,來做一說明。生命態度言,對時空存在的深刻感受,本是全體人類所共有。中國文學傳統源遠流長,自《詩經》、《楚辭》以來,季節作為題材的作品不可勝數。細究之,有關春、秋的作品眾多,夏、冬的作品貧乏[19],原因為:春秋季節變化大、「春秋不但被用作名詞,還多用作形容詞謂語;而涉及到夏冬,這種謂語化的例子是很少見的」、「某種特定心情與情緒是否作為季節詩的屬性而與之共存」、「生理、感覺層上的快與不快的差異」、「春與秋,更多地集中了對人的生理產生正面感覺的事象。

---

[19] 此處引用松浦友久撰《中國詩歌原理》的說法,有關季節題材在詩歌中所表現的時間意識本書探討甚詳。松浦友久撰,孫昌武、鄭天剛譯《中國詩歌原理》(台北:洪葉文化事業有限公司,1993 年 5 月),頁 5。

那種快適之感，由於是在透過人的生理直接作用於心理的條件下，對於以活化感覺為前提的詩歌創作，就已帶有不容忽視的影響。」[20]。

所以我們看到大部分作家表現其易感與細膩的抒情意象，春是「惜春」（愛惜逝去的春天，如阮籍〈詠懷〉十七：「灼灼春華……惜爾繁華」）「樂春」（春天可逸樂，如〈九歌·思美人〉：「開春發歲……吾將蕩志而愉樂」）、「悲秋」（悲傷秋天易逝，如宋玉〈九辯〉：「悲哉秋之為氣也」），作家心理和季節共存的意象歷歷在目；而酷熱的夏季與苦寒的冬季，就作品的表現來說，關聯的僅是生理對外在環境感受的篇章。現在讓我們來看看豐子愷的散文中，在題目中即以時序命名的散文作品有：〈春〉、〈惜春〉、〈秋〉、〈初冬浴日漫感〉等篇。

（三）重複書寫

豐子愷曾說，自己絕少主動投稿過，可見作品大多是邀稿而生。[21]同一題材的重複書寫，如 1933 年寫的〈新年〉，1935 年〈新年懷舊〉，皆為新年習俗，盎然有趣。1947 年寫兩篇：〈新年憶舊年〉寫以前在無錫度元旦遇到的乞兒之事；〈新年小感〉感喟民不聊生。1957 年〈元旦小感〉以圖抒發社會不協調的情況。1960 年

---

20 同前註，頁 11-12。
21 1957 年 11 月 4 日〈致舒國華、舒士安父子〉之五：「近來絕少投稿。凡有運動或號召，皆政府或報館囑稿，自己絕對不投稿，故實地經驗缺乏，無可貢獻也……報館往來絕少也。」，《文學卷三》，頁 452-453。

撰〈新年隨筆〉歌頌解放後新社會。1962 年撰〈新的歡喜〉頌讚新社會上海近人情處。1963 年撰〈新春試筆〉宣揚光明世界的美好。文革時期作品〈過年〉則為童年過年經驗的總結。

〈談梅蘭芳〉、〈訪梅蘭芳〉、〈再訪梅蘭芳〉、〈梅蘭芳不朽〉、〈威武不能屈〉等五篇作品，重複性高，內容不出前兩篇範圍。

（四）精粗不計

豐子愷題材選擇，似乎「無所不見」，什物皆可在腕底書寫。〈看燈〉一文，絡繹不絕的「小便者的態度姿勢變化之多」，成了摹畫的對象，尚可說是畫家本色。〈記鄉村小學所見〉描繪校長為省錢，謀得「兩三坑糞的外快收入」，也是主題所需。然而〈談梅蘭芳〉記錄與男扮女的花旦，一齊解褲蹲坑，似有露骨之嫌。〈五爹爹〉說五爹爹「從小有痔瘡病，大便出血」云云，索然失味。《教師日記·十二月三十日》、《教師日記·二月二十八日》兩文章記錄自己便溺之事鉅細靡遺，或者有民俗或社會的研究意義，但在散文藝術來說，無甚深刻的意義與感動。推測是為應付稿約，遂精粗不擇的緣故。[22]

---

[22] 例如何凡〈談專欄寫作〉中談及專欄作家為應約稿，常焦頭爛額：「在苦的方面來講⋯⋯有時在寫稿中遇到臨時事故不能下筆，或是找不到題材下不了筆，這時就苦了⋯⋯不足以維持生活，在這種情形下，就不能過分專精了，這是必然的結果」，殷穎編：《編寫譯的技巧》（台北：道聲出版社，1973年12月），頁136-137。

第三節　結構

　　散文的結構並非閒散、散漫、零散的意思，廚川白村曾說：「隨筆……看起來就像日常平淡的會話一般」[23]，這「看起來」其實並不簡單，散文作家大多歷經殫精竭慮、苦心經營的階段，才能吐絲成文。尤其在結構，即使如「日常平淡的會話」，也是得魚忘筌、渾成自然的組成結果，並非不假思索，隨意安排而成。

　　鄭明娳《現代散文》談到結構說[24]：

> 「五四」新文學之初，文人多強調「散文無定體」，其實無定體的意思並不需要體式結構，而是指它可以更加靈活，它應該帶給散文更強大的生命力。散文的結構並沒有約定俗成或者它自己發展出來的規範可循，它具有很大的流動性與變異性，對其他文類的長短處更加可以收放自如。

指出散文並沒有規範可循，有流動性、變異性。

　　豐子愷的散文，一向以「反常合道」的結構為主要表現方式，尤以進行到結尾，帶入作者對人生的特殊看法居多。舉例說來，撰於 1936 年的〈畫鬼〉一篇主旨，在澄清一般人以為繪畫時「犬馬最難，鬼魅最易」的說法，作者舉繪畫理論來立論，本已極為有力，後又舉實例為證，推翻一般的認知，得出結論：「犬馬最易，鬼魅最難」，並且說出自己看盡人間面相，是「好作犬馬」而「惡圖鬼魅」。

---

[23] 廚川白村：《苦悶的象徵》（台北：志文出版社，1979 年 11 月），頁 122-123。
[24] 鄭明娳：《現代散文》（台北：三民書局，1999 年 3 月），頁 327。

　　〈畫鬼〉在結構部分，篇首作者舉《後漢書》、《韓非子》二書關於畫鬼的說法總起全文，這種引古書說法增強己說的寫法，有加強語氣的效果。兩段說法之後，以「犬馬最易，鬼魅最難」的見解來點題。接著承上意，就繪畫技法言，「像不像實物」作為主要批評標準有問題，應以「繪畫以形體肖似為肉體，以神氣表現為靈魂」為評鑑標準，在實際舉例中以畫犬為例，點出想像的工夫是極重要的事。還原至作者本身，他回想親身聽聞鬼的故事二則，帶出描繪鬼魅之法可如同畫佛像、描耶穌般，集大成般地描繪出；最後一段總結全文並提及自己幼時與長大後所見鬼相之不同，結尾呼應第一、二段，表明自己「惡圖鬼魅」。

　　全篇結構中，豐子愷運用最擅長的對比法書寫，〈畫鬼〉一篇在修辭上運用最多的是映襯中的「雙襯」技巧。沈謙《修辭學》中說：「雙襯——針對同一個人或同一件事物，從兩種不同的觀點予以形容描寫，恰成強烈的對比。」[25]，在文章敘述的進路，小對比是：犬馬與鬼魅；部分的對比是：肖像畫與想像畫；大對比是：鬼界與人界。三層對比，擴而充之，如湖面漣漪，圈圈往外圍擴散，其中隱含的意義是：人比兇鬼還可怕。

　　就畫鬼一事而言，一般人以為狗馬等有形之物最難，因為「事實難作」；鬼魅最容易，因為「虛偽無窮」。這些相類的說法，到了豐子愷的筆下，卻以推翻的姿態，橫掃古來加諸人身上的各種成見。他所採取的論述策略，是以豐厚的繪畫藝術修養作後盾，從而凸顯原先論述的可議性。試看〈畫鬼〉文中第九段：

---

[25] 沈謙：《修辭學》（台北：國立空中大學，1995 年 1 月），頁 104。

我的所見適得到其反:「犬馬最易,鬼魅最難。」犬馬旦暮
於前,畫時可憑實物而加以想像;鬼魅無形不可睹,畫時無
實物可憑,全靠自己那頭腦中 Shape(這裡因為一時想不出
相當的中國動詞來,姑且借用一英字)出來,豈不比畫犬馬
更難?故古人說「事實難作,而虛偽無窮」,我要反對地說:
「事實易摹,而想像難作。」(《藝術卷三》,頁 388)

以「想像難作」為討論的中心,再進言想像的作用:

正式的作畫法,不是看了實物而依樣畫葫蘆,必須在實物的
形似中加入自己的邐想─即想像的工夫。……想像的工作,
在繪畫上是極重要的事。有形的東西,可用想像使牠變形,
無形的東西,也可用想像使牠有形。(頁 387)

所以繪畫超越形似的標準,尚有更重要的標準:

「繪畫以形體肖似為肉體,以神氣表現為靈魂。」即形體肖
似固然是繪畫的一個重要目標,但此外還有一個更重要的目
標,是要表現物象的神氣。(頁 386)

表現物象的神氣,即可把握物象的靈魂,因此豐氏再舉若干實例來
證成,例如:

譬如畫一隻狗,……必須於形體正確之外,再仔細觀察狗的
神氣,盡力看出牠立,坐,跑,叫等種種時候形象上所起的
變化的特點,把這特點稍加誇張而描出在紙上。(頁 386)

這樣的畫，才有畫趣。又如：

> 人實際是沒有翅膀的，藝術家可用想像使他生翅膀，描成天
> 使。獅子實際是沒有人頭的，藝術家可用想像使他長出人面
> 孔來，造成 Sphinx。（同上書，頁 387）

天使與 Sphinx，原本也是並無實物，但是藉由想像揣摩，被成
功塑造並流傳至今，同樣地，畫鬼也唯有靠著想像的工夫才能成
功。豐子愷提出畫鬼的方法：

> 畫鬼魅求其極惡（頁 390）

> 表出十全的醜（頁 391）

> 研究無數兇惡人及陰險家的臉，向其中選出最醜惡的耳目口
> 鼻等部分來，牢記其特點，集大成地描出一副極兇惡的或極
> 陰險的臉孔來，方才可稱為標準鬼臉。（頁 391）

依此看來，畫鬼已非難事，但豐氏筆鋒一轉，作一小結：

> 這是極困難的一事，所以世間難得有十全的鬼魅畫。（頁 391）

這些畫鬼的言論，與其說是繪畫理論的說明，不如說是豐子愷體察
人性的例證或引言。它以繪畫作例子，收束全文時才道出「萬人的
臉孔中零零碎碎的鬼相」更可怕，他說：

> 我在小時候，覺得青面獠牙的兇鬼臉最為可怕。長大後，所
> 感就不同，覺得白而大而平的笑鬼臉比青面獠牙的兇鬼更加

> 可怕。因為兇鬼臉是率直的，猶可當也；笑鬼臉是陰險的，
> 令人莫可猜測，天下之可怕無過於此！（頁 391）

豐子愷對現實社會是採取透視的第三隻眼，著力穿透世俗的表象，直指真實的人性；在關懷人類生活之餘，也寄寓對生命無限感慨。〈畫鬼〉一文成功運用雙襯的寫法，就畫鬼此一命題，以繪畫始、以人性結，未始不是豐氏以鬼寓人、人不如鬼的深沉嘆息！揆諸全篇，題目定為〈畫鬼〉，編者也隨順題意編入文集《藝術卷》中，惟細加品味，它本身竟投射出人性的深刻意蘊，並不以繪畫畫法作為本事，所以似乎應該列於《文學卷》。周作人有〈說鬼〉一文，也是引文作開頭，中述鬼傳說，以引文作結。〈說鬼〉文中點出[26]：

> 我們喜歡知道鬼的情狀與生活，從文獻從風俗上各方面去蒐
> 求，為的可以了解一點平常不易知道的人情，換句話說就是
> 為了鬼裡邊的人。反過來說，則人間的鬼怪伎倆也值得注
> 意，為的可以認識人裡邊的鬼吧。

和〈畫鬼〉一文頗有異曲同工之妙。豐子愷擅畫藝，自繪畫角度切入，在行文中更有「繪聲繪影」的趣味，這又是作家特色的顯露。

豐子愷在作品的開頭部分，常以「某某報刊某某先生約我寫稿」類似結構開頭，起始處實難引起讀者閱讀興趣，但層層推演之後，常常出現沁人心脾、耳目一新的結尾。舉〈夢痕〉為例，「夢痕」來自小時候跌破額頭形成的疤，豐子愷藉此破題，描述兒時生活趣事，強調「這是我的兒時歡樂的佐證，我的黃金時代的遺跡」，結語說：

26　周作人：《苦竹雜記》（台北：里仁書局，1982 年 6 月），頁 194-195。

> 彷彿我是在兒童世界的本貫地方犯了罪，被刺配到這成人社
> 會的「遠惡軍州」來的。這無期的流刑雖然使我永無還鄉之
> 望，但憑這臉上的金印，還可回溯往昔，追尋故鄉的美麗的
> 夢啊！（《文學卷一》，頁 276）

以疤痕作憑藉，意識到自身童年的存在，童年似乎並沒有消失或離場
過，相比之下，成人世界的依附關係，倒像是一種懲罰。這般富想像
力的結尾，與文章開頭相呼應，首尾連成一氣，讓人回味再三。

第四節　修辭

　　豐子愷常運用「有情化的描寫」方式來修辭，即修辭學「擬人
化」手法的運用，這也是藝術領域中對待事物所採取的方式。對該
事物距離感拉近，可以讓觀者同感其物，造成觀者對事物進一步的
體會。陳師曾〈中國文人畫的研究〉說道[27]：

> 文人畫之要素：第一人品，第二學問，第三才情，第四思想。
> 具此四者乃能完善。蓋藝術之為物，以人感人；以精神相應
> 者也。有此感想，有此精神，然後感人而能自感也。所謂感
> 情移入，近世美學家所推論，視為重要者，蓋此之謂歟？

---

[27] 陳師曾：《中國文人畫之研究》，收入嚴一萍續編：《美術叢書》21 第五集
第二輯（台北：藝文印書館，1947 年），頁 99。

所以藝術家以內在修養涵咏心靈，以此心靈與客觀景物揉合，昇華成意境。

豐子愷散文的文字表現，趙景深說：「文字的乾淨流利和漂亮，怕只有朱自清可以和他媲美。」[28]余治明也說：「語言的質樸流暢、親切如話，沒有絲毫刻意雕琢、精心修飾之處，是豐子愷散文藝術的一大特點。」[29]同樣的看法也見於一般的散文通論中。然而，較少有深究其修辭藝術的文章，而作家「文字乾淨流利和漂亮」，又是如何展現出來的？

如果各方家幾乎都給予豐子愷的散文一定地位，那麼，我們不禁要問，豐子愷文字果真是沒有精心修飾過嗎？這裡就以豐子愷散文中的時間感底色，來分析豐子愷的修辭藝術。

豐子愷〈漸〉文載於 1928 年 6 月《一般》月刊，是早期創作中的名篇，文中指出造物主運用「漸」這種每步相差極微極緩的微妙方法，蒙蔽人類與大自然，維持人生圓滑進行，因為其變更是漸進徐緩地推移，不易使人察覺其中變化。這篇文章的漸變觀念，是他寫作時序散文的基調，此處先略述各篇寫作時間與背景，次就〈漸〉、〈春〉、〈惜春〉、〈秋〉、〈初冬浴日漫感〉等篇為對象[30]，分

---

[28] 見趙景深撰：〈豐子愷和他的小品文〉，收於豐華瞻、殷琦編：《豐子愷研究資料》（寧夏：寧夏人民出版社，1985 年 5 月），頁 266。

[29] 文見余志明撰：〈一泓清純明澈的泉──淺論豐子愷散文的人性美〉，《上海大學學報：社科版》（1993 年 2 月），頁 143。

[30] 各篇的寫作時間：〈漸〉撰於 1928 年，載 1928 年 6 月《一般》5 卷 6 月號，初收《緣緣堂隨筆》，開明書店，1931 年 1 月版。〈春〉撰於 1934 年，載 1934 年 4 月《中學生》44 期，初收《隨筆二十篇》，天馬書店，1934 年 8 月版。〈惜春〉撰於 1935 年，載 1935 年 5 月《中學生》55 期，初收《東廂社會》，良友圖書印刷公司，1935 年 7 月版。〈秋〉撰於 1929 年，載 1929 年 10 月《小說月報》44 期 20 卷 10 期，初收《緣緣堂隨筆》，開明書店，

析其中主要修辭手法的運用，接著以漸變的觀念綜觀其修辭藝術的特色，最後為結論。

一、時序散文完成的時間背景

　　〈漸〉一文的寫作時間是 1928 年，作者正值三十歲，擔任立達學園校務委員，以著述維生。1918 年，李叔同先生剃度出家，號「弘一法師」，出家前將個人畫稿、詩稿、照片等資料贈予學生豐子愷，豐子愷一向尊敬先生，出家一事對豐子愷衝擊與影響極大，因此，以後豐氏為文常常蘊藏佛教思想。撰寫〈漸〉的這一年，他出版了慶祝弘一法師五十壽辰的《護生畫集》（豐子愷繪護生畫五十幅，弘一法師作詩五十頁搭配），且於 1927 年從弘一法師皈依佛門，法名「嬰行」。從這一作者背景部分，我們應可稍加把握作家的寫作用心。

　　〈秋〉則於次年撰寫，時任開明書店編輯，並於松江女中兼課。1933 年，豐子愷在故鄉石門灣建造緣緣堂，自此沉潛寫作，〈春〉撰於三十六歲，〈惜春〉、〈初冬浴日漫感〉寫於三十七歲，均是 1937 年搬遷逃難前的作品。

　　現在讓我們來看看豐子愷的散文中，在題目中即以時序命名的散文作品有：〈春〉、〈惜春〉、〈秋〉、〈初冬浴日漫感〉等篇，另有〈熱天寫稿〉、〈五月〉或詩詞作品，因名目較遠，內容絡合性低，所以不在本處討論之列。

　　1931 年 1 月版。〈初冬浴日漫感〉撰於 1935 年，載 1935 年 11 月《中學生》59 期，初收《緣緣堂再筆》，開明書店，1937 年 1 月版。以上所引資料同註 3，第四輯「豐子愷著譯繫年和書目」。

二、修辭的運用

在修辭上與章法結構相關的辭格是：譬喻、層遞、排比等辭格，因為筆者取樣的這五篇文章中，表現以上三種辭格最多，因此以下分析乃集中探討譬喻、層遞、排比，並談及其兼用他種辭格例，來分析豐子愷主要修辭方法的運用。

（一）譬喻

譬喻即比喻，沈謙說：「通常是以易知說明難知，以具體形容抽象，以警策彰顯平淡。」[31]而譬喻的種類，可以分為明喻、隱喻、略喻、借喻、博喻。[32]善於運用譬喻有助行文解說並具有暗示作用，是廣為運用的修辭法。

豐子愷的〈漸〉文中，有明喻的運用：

> 一年一年地，一月一月地，一日一日地，一時一時地，一分一分地，一秒一秒地漸進，猶如從斜度極緩的長遠的山陂上走下來，使人不察其遞降的痕跡，不見其各階段的境界，……（見《豐子愷文集》冊一，頁 96）

譬喻的組成成分：藉「從斜度極緩的長遠的山陂上走下來」（喻依）來形容「時間的漸進」（喻體），兩者之間用「猶如」（喻詞）聯接。

形容時間消逝的例子極多，如《論語・子罕》：

---

[31] 《修辭學》，頁 3。
[32] 同前註，頁 5。

> 子在川上，曰：「逝者如斯夫！不舍晝夜。」[33]

以「斯（川）」（喻依）流之速來形容「逝者」（喻體），是用具體形容抽象的常例。但是用「從斜度極緩的長遠的山陂上走下來」來形容「時間的漸進」卻頗新人耳目。

〈春〉文中也有明喻的例子：

> 西洋人視一年中的五月，猶如人生中的青年，……（見《文集》冊一，頁 296）

「五月」是「喻體」，「猶如」是「喻詞」，「青年」是「喻依」。

又如〈惜春〉：

> 只是時光的一去不返不可挽留。我們好比乘坐火車，自己似覺靜靜地坐著，不曾走動一步，車子卻載了你在那裡飛奔。
> 不知不覺之間，時時刻刻在那裡減短你的前程。（同上，頁 391）

「我們」是「喻體」，「好比」是「喻詞」，「乘坐火車」是「喻依」。以乘坐火車為譬喻，說明一般人都是靜靜地坐著而不覺時光消失之速。同文中也有明喻的例子：

> 我幼時在暑假的前幾天感覺非常歡喜，好像有期徒刑的囚犯將被開釋似的。（同上，頁 392）
> 五六十天的假期，在我望去好像一隻寬緊帶結成的袋子，不拘多少東西，儘管裝得進去。（同上，頁 392）

---

[33] 《論語》（台北：藝文印書館，十三經注疏，重刊宋本論語注疏附校勘記），注疏卷九，頁 80 上。

「將放假的我」、「假期」是「喻體」，兩段中「好像」是「喻詞」，「有期徒刑的囚犯將被開釋似的」、「一隻寬緊帶結成的袋子」是「喻依」。貼切的譬喻，使讀者心有戚戚焉。生命時間可以像是袋子，它的體積有限，認知到這一點，才能儘量把握已知的部分，盡心盡力實現自我。

精采的明喻出現在〈秋〉：

> 雖然明明覺得自己的體格與精力比二十九歲時全然沒有什
> 麼差異，但「三十」這一個觀念籠在頭上，猶之張了一頂陽
> 傘，使我的全身蒙了一個暗淡色的陰影。（同上，頁 162）

「三十」歲是「喻體」，「猶之」是「喻詞」，「張了一頂陽傘，使我的全身蒙了一個暗淡色的陰影」是「喻依」。用陽傘下的陰影來形容作者步入三十歲的心境，突破常識語言，令人會心。

接下來要談隱喻，隱喻和明喻不同，在形式上，喻體和喻依是結合的關係，且相等、並存。以〈漸〉為例：

> 即如昨夜的孩子今朝忽然變成青年；……即如朝為青年而暮
> 忽成老人，……（同上，頁 96）

「昨夜的孩子」、「朝為青年」是「喻體」，「變成」、「成」是「喻詞」，「青年」、「老人」是「喻依」。以倏忽的變化譬喻時間跳脫無常，轉瞬即逝。類似的意義也有以下的例子：

> 我覺得時辰鐘是人生的最好的象徵了。（同上，頁 98）

「人生」是「喻體」，「是」是「喻詞」，「時辰鐘」是「喻依」。時辰鐘即象徵時間，人生活在時間中，眼見指針似乎不動，殊不知動

得最厲害的就是指針。以時辰鐘喻時間是常見的表現，但是，擇取指針的「動」喻時間之「漸」，表達精確，也切合情境。

（二）層遞

層遞是重要的修辭方法之一，沈謙說：「說話行文時，針對至少三種以上的事物，依大小輕重本末先後等一定的比例，依序層層遞進的修辭方法，是為『層遞』。」[34]層遞著眼於事物之間的關係，運用得好可以造成讀者強烈的印象。

試看豐子愷的〈漸〉：

> 天真爛漫的孩子「漸漸」變成野心勃勃的青年，慷慨豪俠的青年「漸漸」變成冷酷的成人，血氣旺盛的成人「漸漸」變成頑固的老頭子。（同上，頁 96）

文分三層，由淺而深，循序而降，符合單式層遞中的「前進式」[35]，這是用時間展開的，同樣的例子也有：

> 一年一年地，一月一月地，一日一日地，一時一時地，一分一分地，一秒一秒地漸進，……（同上，頁 96）

依時間後到前的開展，這是單式層遞中的「後退式」，呈現出悠長的效果。

---

[34] 《修辭學》，頁 507。

[35] 層遞分為單複式，其細目分類詳見黃慶萱撰：《修辭學》（台北：三民書局，2000 年 10 月），頁 488。

〈漸〉文中還有層遞的手法：

> 巨富的紈袴子弟因屢次破產而「漸漸」蕩盡其家產，變為
> 貧者；貧者只得做傭工，傭工往往變為奴隸，奴隸容易變
> 為無賴，無賴與乞丐相去甚近，乞丐不妨做偷兒……（同
> 上，頁 97）

從財富的多到寡、有職業的傭工到偷兒，是「後退式」的層遞。豐
子愷以此說明：「漸漸」達到的結果能為人接受，因為「漸」的力
量較難引起刺激，較無顯著的痕跡可尋。如下面例子是時間的層
遞，也傳達相同的概念：

> 由冬一天一天地，一時一時地，一分一分地，一秒一秒地移
> 向夏，由夏一天一天地，一時一時地，一分一分地，一秒一
> 秒地移向冬，……（同上，頁 97）

像這樣的句型，一層層推展，逼出人在限制中遊走的感慨。

而〈惜春〉中亦有精采的「前進式」層遞手法：

> 回到半年不見的家裏，覺得樣樣新鮮，暫把這無形的大袋擱
> 一擱再說。初到的幾天因為路途風霜，當然完全休息。後來
> 多時不見的姑母來作客了，母親熱忱地招待她，假期中的我
> 當然奉陪，閒談幾天。後來姑母邀我去作客，母親說我年年
> 出門求學，難得放假回家，至親至眷應該去訪問訪問，我一
> 去就是四五天乃至六七天。回家又應該休息幾天。後來，天
> 氣太熱，中了暑發些輕痧，竹榻上一睏又是幾天。病起又休

息幾天。本鎮有戲文，當然去看幾天。戲文場上遇見幾位小學時代的同學，多時不見，留著款待幾天。送往了同學，迎來了一年不見的二姊，姊丈，和外甥們，於是殺雞置酒，大家歡聚半個月乃至二十天。二姊回家時帶了我去，我這回作客一去又是四五天乃至六七天。回家當然又是休息幾天。屈指一算，離暑假開學已經只有十來天了。橫豎如此，這十來天索性閒玩過去罷。（同上，頁392-393）

這一部分是依照時間先後，展開不同的活動，娓娓道來看似瑣細，正是刻意傳達事務多而雜的狀態中，時間也在此時悄然而逝，不稍停留。敘述上生動有趣，讀者也間接感染作者時而顯露的懊惱心境。

（三）排比

　　沈謙說：「用結構相似的句法，接二連三地表達同範圍同性質的意象的修辭方法，是為『排比』」[36]，成功運用排比，則可達到強勁氣勢、主題突出與文字鏗鏘有力的效果。

　　先看〈漸〉文的排比情形：

人一定要驚訝，感慨，悲傷，或痛感人生的無常，而不樂為人了。（同上，頁96）

其中的「驚訝，感慨，悲傷」排比陳述出人的情緒感受。同文還有：

---

[36]　《修辭學》，頁481。

> 這真是大自然的神秘的原則，造物主的微妙的工夫！陰陽潛
> 移，春秋代序，以及物類的衰榮生殺，無不暗合於這法則。
> （同上，頁 97）

為強調造物主的微妙工夫，豐子愷使用「陰陽潛移」、「春秋代序」、「衰榮生殺」排比，語氣極強，令人肅然，印象深刻。〈春〉文中有單句的排比：

> 春將半了，但它並沒有給我們一點舒服，只教我們天天愁
> 寒，愁暖，愁風，愁雨。（同上，頁 295）

> 春的景象，只有乍寒、乍暖、忽晴、忽雨是實際而明確的。
> （同上，頁 295）

> 詩人詞客似乎也承認這一點，春寒、春困、春愁、春怨，不
> 是詩詞中的常談麼？（同上，頁 295）

> 東洋人稱這時期為暮春，正是留春、送春、惜春、傷春，……
> （同上，頁 295）

春的景象是「乍寒、乍暖、忽晴、忽雨」，讓人「愁寒，愁暖，愁風，愁雨」，在東洋是「留春、送春、惜春、傷春」時節，表現在詩詞中的主題，就有「春寒、春困、春愁、春怨」，這些結構相似的單句，接二連三地表達主題「春」，從各個視角寫春，豐富了作品的文思。

同樣單句的排比〈惜春〉一文中亦有例子：

> 綠肥紅瘦，柳昏花冥，杜鵑啼血，流水飄紅，在加上羈人，淚眼，傷心，斷腸，離愁，酒病……惜春這件事主客觀兩方面應有的雅詞，已經被前人反復說盡，我已無可再說了。（同上，頁 390）

「綠肥紅瘦，柳昏花冥，杜鵑啼血，流水飄紅」是春天的景象；「羈人，淚眼，傷心，斷腸，離愁，酒病」是文學中常見的描繪，運用排比，句式整齊，字不重複。再往下看：

> 回憶自己的學生時代，最快樂的時間是假期。星期六，星期日和紀念日小快樂，春假，年假和暑假大快樂。（同上，頁 391）

「星期六，星期日和紀念日」、「春假，年假和暑假」均以假期為軸心，形成排比，快樂之情洋溢紙上。關於假期之樂，還有：

> 我想像五六十天的假期，似覺時光非常悠長，有無數的事件好趕，無數的書可讀，有無數時光可以和弟弟共戲，還有無數的餘閒可和鄰家的小朋友玩耍。本學期中欠熟達的功課，滿望在這悠長的假期中習得完全精通。平日所希望修習而無暇閱讀的書籍，在假期前都特地買好，滿望在這悠長的假期中完全讀畢。還有在教科裡看到的種種科學玩意兒，在校因沒有時間和工具而未曾試作的，也希挑選出來，抄寫在筆記簿上，滿望在悠長的假期中完全作成，和弟弟們暢快地玩耍。（同上，頁 392）

屬於單句的排比是「無數的事件好趕，無數的書可讀，有無數時光可以和弟弟共戲，還有無數的餘閒可和鄰家的小朋友玩耍」，長句

的排比中句式還有變化，避免單調呆滯之弊。而複句的排比接連展開，「功課……滿望在這悠長的假期中習得完全精通」、「書籍……滿望在這悠長的假期中完全讀畢」、「科學玩意兒……滿望在悠長的假期中完全作成」，在整齊排列中，有適度的靈巧變化，又與前面的短句排比前後相映，頗具照應之妙。

〈惜春〉文末，豐子愷又映照上述的段落，表現收束的文意：

> 幾何三角的問題我不會解，物理化學的公式我看不懂，專門科學的書我都讀不下去。……大概此生不會有能解三角幾何問題，能懂物理化學公式，能讀專門科學書籍的日子了！（同上，頁395）

此處運用排比，以整齊句式，變換動詞，行文活潑生動。

至於〈秋〉文中，也有幾處排比：

> 每當萬象回春的時候，……我覺得天地間的凡庸，貪婪，無恥，與愚癡，無過於此了！（同上，頁163）

「凡庸，貪婪，無恥，與愚癡」此一單句排比，有加強語氣的效果。又：

> 實際，迎送了三十幾次的春來春去的人，對於花事早已看得厭倦，感覺已經麻木，熱情已經冷卻，決不會再像初見世面的青年少女地為花的幻姿所誘惑而讚之，嘆之，憐之，惜之了。況且天地萬物，沒有一件逃得出榮枯，盛衰，生滅，有無之理。（同上，頁164）

對於花事，作者說已經不會「讚之，嘆之，憐之，惜之」，其心態是認知到天地間，「榮枯，盛衰，生滅，有無」之理恆存的緣故。這種成排成串的排列，可以獲得深化事理的效果，增強說服力。

　　排比在實際的運用上，常常與重出、譬喻、轉化、雙關等辭格相結合，造成多采多姿的文義表現。如排比兼用轉化，〈秋〉文中有：

> 我想喚醒一個花蕊來對它說：「啊！你也來反復這老調
> 了！……將來看你弄嬌弄豔，裝笑裝顰，招致了蹂躪，摧殘，
> 攀折之苦，而步你的祖先們的後塵！」（同上，頁 163-164）

將花蕊擬人化，它會「弄嬌弄豔，裝笑裝顰」，因此反而招致「蹂躪，摧殘，攀折」，連續三句排比，將訓斥的強烈苦心托出。

　　排比兼類字，如〈初冬浴日漫感〉有：

> 我掩卷瞑想：我喫驚於自己的感覺，為什麼忽然這樣變了？前
> 日之所惡變成了今日之所歡；前日之所棄變成了今日之所求；
> 前日之仇變成了今日之恩。張眼望見了棄置在高閣上的扇子，
> 又喫一驚。前日之所歡變成了今日之所惡；前日之所求變成了
> 今日之所棄；前日之恩變成了今日之仇。（同上，頁 611）

所謂類字，是字詞隔開的重複出現。「前日之所惡變成了今日之所歡；前日之所棄變成了今日之所求；前日之仇變成了今日之恩」排比中各句分別重出「前日之……變成了今日之……」，甚且還出現後面排比：「前日之所歡變成了今日之所惡；前日之所求變成了今日之所棄；前日之恩變成了今日之仇」，與前面交互映照，融合並突顯了主體感覺的敏銳感受，運用得極為精采。

三、修辭藝術的特色

　　要討論這五篇修辭藝術的特色，就必需先談談其中蘊含的思想。〈漸〉一文可以視為豐子愷季節名篇散文的縮合點，因為其中對於時間的理解可以涵攝各篇的思想，我們甚至可以說，豐子愷對於「漸」的認知是各篇架構的基礎。豐子愷所謂的「漸」，是一種哲學概念，指量變，是事物的一種逐漸的、不顯著的變化狀態。這種狀態，最易被習焉不察的時間、生理與心理活動忽略；這種細微處的忽略，往往是最困難鑑別的部分，但它可能也是最重要的部分。

　　大凡嚴肅生活的人，皆有疑惑，這是真正的人生，只有坍塌疑問之牆，才能頓悟，才能「收縮無限的時間並空間於方寸的心中」（〈漸〉），試看豐子愷〈漸〉中所引英國詩人勃萊克（William Blake，1757～1827）詩〈天真的徵兆〉：

> 一粒沙裏看出世界，
> 一朵野花裏見天國，
> 在你掌裡盛住無限，
> 一時間裡便是永劫。[37]

豐子愷以為，「大人格」的人是人類中「有幾個能勝任百年的或千古的壽命的人」，甚至說人類「百年的壽命，定得太長」（〈漸〉），為的是「一般人對於時間的悟性，似乎只夠支配搭船，乘車的短時間；對於百年的長期間的壽命，他們不能勝任，往往迷於局部而不能顧及全體。」（〈漸〉）所以時間「性質上既已渺茫不可思議，分

---

[37] 沈謙：《修辭學》中談到「詩中的反襯」曾論及此詩，頁84-85。

量上在人生也似乎太多」（〈漸〉）。這種迥異尋常、無理而妙的推論正是「反襯」的表達方式。[38]這裡運用這種表現手法，反而讓推移變化的時間意識－「漸」被擴大強調出來，達到令人悚然警醒的效果十分地強烈。

　　佛教說「無常」，豐子愷更凝聚鏡頭在「時間」，他說：「『漸』的本質是『時間』。」時間「漸」的無常性，世間「一切都不肯停留」，只有「無常」的概念恆存，「無常」透過一切世間的物象來表現。豐子愷藉由〈漸〉、〈春〉、〈惜春〉、〈秋〉、〈初冬浴日漫感〉，期望讀者拋棄偽裝，認真地與作者的態度一樣，共同正視面對這個大問題──「漸」──介乎一種變動中的中間狀態，它為整個時序散文的創作建立了基調。

　　我們可以瞭解，「漸」概念的深掘與定調，是豐子愷長久以來浸淫佛教氛圍中的洞察，「漸」的意識表現在他篇以季節為題材的篇章中，絕非偶然。以下引數例說明。

　　〈春〉文中有：

> 實際，一年中最愉快的時節，是從暮春開始的。就氣候上說，暮春以前雖然大體逐漸由寒向暖，但變化多端，始終是乍寒，乍暖，最難將息的時候。到了暮春，方才冬天的影響完全消滅，而一路向暖。（同上，頁 295）

末段出現呼應的文字以收束全文：

---

[38] 沈謙說：「反襯──對於一件事物，用恰恰與此事物的現象或本質相反的詞語予以形容描寫」，《修辭學》，頁 83。

> 東洋人稱這時期為暮春，……這時候實際生活上雖然並不舒
> 服，但默察花柳的萌動，靜觀天地的回春，在精神上是最愉
> 快的。（同上，頁 296-297）

以氣候來聯繫時間與空間，再凝視主體（人）與客體（時空）的關
係，將作者的單一歷時的路線中推出，讓作家的記憶藉不同的介面
重組與自我辨識。作者從文字中挑出讀者遺漏的部分，將斬不斷的
時間缺口呼喚停格，試圖集中注意力於「恆常的無常」中，扣問人
生的究極意義。

正視〈秋〉的存在，或可視為豐子愷重大的體悟。他說：

> 我心中似乎只有知道春，別的三季在我都當作春的預備，或
> 待春的休息時間，全然不曾注意到它們的存在與意義。而對
> 於秋，尤無感覺：因為夏連續在春的後面，在我可當作春過
> 剩；冬先行在春的前面，在我可當作春的準備；獨有與春全
> 無關聯秋，在我心中一向沒有它的位置。自從我的年齡告了
> 立秋以後，兩年來的心境完全轉了一個方向，也變成秋天
> 了。（同上，頁 163）

「心境完全轉了一個方向，也變成秋天了」，是將「心境」（喻體）、
「變成」（喻詞）、「秋天」（喻依）結合起來，這是隱喻的手法。將
「漸」放大到四季交疊中，作者的睇視極為生動：

> 我只覺得一到秋天，自己的心境便十分調合。非但沒有那種
> 狂喜與焦灼，且常常被秋風秋雨秋色秋光所吸引而融化在秋
> 中，暫時失卻了自己的所在。（同上，頁 163）

「被秋風秋雨秋色秋光所吸引而融化在秋中」，以秋景串成一長句，接連展開使其富於說服人的氣勢，且為自己調合的心境下一註腳。同文又說：

> 我覺得生榮不足道，而寧願歡喜讚嘆一切的死滅。對於前者的貪婪，愚昧，與怯懦，後者的態度何等謙遜，悟達而偉大，我對於春與秋的取捨，也是為了這一點。（同上，頁 164）

豐子愷透過「生」的愚昧對襯「死」的悟達，相對概念的並列中，作者厭惡春生與歡喜秋死的態度，用強烈的筆觸描繪出來。此處，豐子愷崩解世俗喜春的常態，指出秋季最貼近人的死感。在無理而妙的「漸」過程中，豐子愷還有兩個明喻組成的片段，我們看〈初冬浴日漫感〉：

> 我的感覺仍不屈服，覺得當此炎涼遞變的交代期上，自有一種異樣的感覺，足以使我喫驚。這彷彿是太陽已經落山而天還沒有全黑的傍晚時光：我們還可以感到晝，同時已可以感到夜。又好比一腳已跨上船而一腳尚在岸上的登舟時光：我們還可以感到陸，同時已可以感到水。（同上，頁 611-612）

這裡運用「彷彿」、「好比」等喻詞，連繫了炎涼交替的體感，是真實又細微觀察力的表現。〈秋〉中的結尾處，更充斥著驚訝、與不可知命運的恐懼：

> 我正要擱筆，忽然西窗外黑雲瀰漫，天際閃出一道電光，發
> 出隱隱的雷聲，驟然灑下一陣夾著冰雹的秋雨。啊！原來立
> 秋過得不多天，秋心稚嫩而未曾老練，不免還有這種不調和
> 的現象，可怕哉！（同上，頁 165）

指出生命的奧秘原不止於「漸」，人究竟要如何跳脫肉體、世間無
常的威脅？作者不斷召喚我們參與追尋答案的時序歷程，文字成為
捕捉答案的書寫。

綜合以上的討論，我們可以看出豐子愷由「漸」觀察到宇宙人
生間的一條裂罅，洞悟到四季間生生流轉的秘妙，透視生命的本
質。豐子愷的散文成就，一直獲得相當的肯定。司馬長風《中國新
文學史》曾說：「他的散文妙在自然。清如無雲的藍天，樸如無涯
的大地，如春華秋實，夏綠冬雪。他的散文不但造詞遣句清樸自然，
題材意境也清樸自然。」[39]以作家自我親切融入宇宙大化來月旦作
家，是傳統評論的常態，然而我們還原到文本，看到作家厭惡春季，
少談夏季，熱愛秋季，輕描冬季，並且以譬喻、層遞、排比等篇章
修辭的重要方法出之，控勒文思在當下的實感之中，少精打細造的
文字加工。樸實自然的文字本易於說理，豐子愷每在他人意中所有
筆下所無境界中自發機杼，直入有情世界中探索無常，其意深，其
理微，幫助我們捕挹一份觀照後的廣大人生，值得我們細究其中的
深長滋味。

---

[39] 見司馬長風撰：《中國新文學史》下冊第二十七章〈散文的圓熟與飄零〉中「豐子愷的不朽篇章」（台北：傳記文學雜誌社，1991 年 12 月），頁 149。

小結

　　本章旨在探討豐子愷散文的藝術表現，共分四節。第一節歸納作品的主題思想，以「探索自我生命」先點出豐子愷自小存在極深的宇宙感，這成為作家作品的底蘊；再接著以「體悟時間變異」承接，尋繹作家惜時思想來自奔馳人生火車的體悟。復又以「看護人類心靈」揭示豐子愷溫厚潤澤的同情心，推及於兒童、護生與親友；最後以「顯影現實社會」作家對居住三個地域的觀察與紀錄，見出豐子愷散文確有豐饒的意義美。

　　第二節探討題材，就題材的來源、類型、特色來說明，指出豐子愷一則取材不拘瑣細微物，但求能印象式描繪，達到以小見大、氣韻生動的效果；二可與其他學科互指涉，顯示作家博學的特點。第三節分析作品結構，點出豐子愷常以對比手法，及反常合道的結構、文章結尾處亦常令人印象深刻。第四節修辭部分，豐子愷常運用譬喻、層遞、排比與有情化的描寫，讓文章有繪畫性，具有旁徵博引、跌宕生姿的效果。

結論

　　豐子愷在歷經閱讀、書寫、發表、奠立文學地位後，自己也變成了一本書，歷經時間的遞變，在不同世代得到不同的詮釋，激發廣大文學心靈的感動。在大陸與臺灣因取得材料便捷性不同、文學觀點的差異，造成豐子愷的研究重心也有不同。大陸、香港地區思辨、考證豐子愷已有相當成果，臺灣地區則於賞讀部分特有成績。

　　廣大的讀者因傾慕豐子愷平淡有情味的畫風，遂將此風格與豐子愷人格與隨筆劃上等號，因此，出現大量賞讀豐子愷的文章選集，多以平易溫和文風目之；評論其隨筆，也多運用概括性語言，如同情心、樸實、有味等字眼稱許，少數特別性的研究視角（如文化傳播場域的藝術佔位策略等），還未能引起真正的重視。

　　筆者認為豐子愷多元藝術表現，深具個人化的魅力，使得作家作品本身變成一有機體，向大眾展示豐富的礦脈。豐子愷一生經歷非凡：廢科舉、五四運動、抗日戰爭、國共內戰、中共建立政權，至文化大革命時含辱而終，他成為見證現代中國悲辛歲月時期，一個致力朝專業作家行業邁進的縮影。本書在前輩的研究基礎上，注意其文化場域的位置，並對豐子愷以下面向繼續發掘、補充：

一、就作家本身的人生歷程觀察：豐子愷進入浙江省立第一師範學
　　校，藝術天賦獲得弘一大師、夏丏尊開發，除了開始嘗試寫生、

創作外，畢業後仍多方擷取藝術知識，一輩子深受受弘一大師、夏丏尊、馬一浮「精神導師」的影響。豐子愷具有擅長模仿、思考並轉化創新的性格特質，這使得他的藝術之路相對平順。筆者循此敘述中，補充了豐子愷於國立藝專國畫科教書時學生張光賓資料、林文月翻譯《源氏物語》間接參照豐氏、謝冰瑩論及豐子愷處。

二、追蹤文學現場，考察豐子愷成名因素：現代文學發展之初，文化場域有很大的變動，筆者從「出版事業」的角度切入，發現豐子愷寫隨筆初期，出手很高，多將稿子投往商務印書館著名的《小說月報》，而細察當時任主編鄭振鐸的行蹤後，發現慧眼識豐氏者是葉聖陶。進一步探討「豐子愷與章錫琛創辦開明書店」的說法，發覺應該說章錫琛勇敢承接「文學周報社」印壞的《子愷漫畫》畫稿，感動了豐子愷，進而有了擔任編輯、書籍裝幀工作的機緣，創造《緣緣堂隨筆》出版的高峰。開明書店穩定的生產、酬賞結構，使得豐子愷在漫畫、編教科書、出書多管齊下，並擅用「同一個題材，一手為文，一手畫畫」，符合經濟效率的方式，逐漸走上在家工作的專業作家之路，開始與教師工作貌合神離。另外，文藝團體如「文學研究會」、「立達學會」、「白馬湖作家群」對豐子愷的影響是在廣植人脈、同道支持、大量閱讀培養藝術鑑賞實力上，透過飲酒閒談的方式，豐子愷內斂的性格，在團體裡得以舒展；但在氣氛熱烈的藝壇，豐氏還是寧願隱微，不願步入喧譁的文藝場。

三、藝術創作觀的承軸與發展：豐子愷面對的時代，是一個文藝界改革呼聲群起的新時代，出現全盤西化、抱殘守舊、東西方圇

圇吞棗成不中不西等狀態,豐子愷則融合中外新舊精華,主張在縱向於傳統中生出新意,橫向包容中外。豐子愷不否認技巧為基礎,但更強調人格的修養,反映現實人生的重要。筆者觀察,豐子愷在藝壇的冷門位置,可能來自──漫畫家卻在傳統畫壇頻頻跨界發言──所以其影響反而是在廣大中產階級,而非菁英界。豐子愷還慧心發掘文學與繪畫共通處:遠近法與擬人化手法的運用、誇張的描寫、具有意義美、詩畫相交流,這些都是豐子愷體現在散文、漫畫中的表現手法,筆者擷取這些手法,並加補充,作為頗析其作品的基礎。

四、「緣緣堂」符號象徵意義:「緣緣堂」作為豐子愷的統一標誌,已經形成社會共識,大眾也以此涵括豐子愷的隨筆創作。經由筆者的探討,發現「緣緣堂」的符號意義,隨著作家居住地的不同、時間空間背景因素的影響,實有不同程度的指涉意義;因此貿然認定以「緣緣堂」命名的文集均有齊平的水準表現,恐怕會蹈入誤讀之列。

在命名時期,實體「緣緣堂」不存在,豐子愷處於對家園遙想的美好狀態。實體「緣緣堂」時期,它滿足作家對「家」功能的願望和需求,是作者安身立命的樂園,有清淡悠遠的「緣緣堂隨筆」風格。「緣緣堂」被毀後,「緣緣堂」屬精神象徵。老年時期,時空改變,久居上海的作家已近耄齡,「緣緣堂」的內涵意義已經消失,只有保留「緣緣堂」的書名歷史性意義。後來,豐子愷去世十年餘,重建的「緣緣堂」,已經轉換成作家的歷史象徵符號。筆者認為釐清「緣緣堂」符號的象徵意義,可以對符號本身更有自覺,讓我們在閱讀豐子愷作品時更具主體性。

　　　　為便利分析此中符號意義的轉變，筆者將隨筆創作分成四期觀察：第一期最早的《緣緣堂隨筆》以宗教、兒女等題材為「緣緣堂」的樂土象徵意義定調。1933～1937 年居住在石門灣「緣緣堂」的三本文集：《隨筆二十篇》、《車廂社會》、《緣緣堂再筆》，在題材、內容部份上承《緣緣堂隨筆》，但已經轉而關懷社會面的畸形與風俗變化。第二期《子愷近作散文集》與《率真集》，寫於抗戰逃難時，內容已經改變為反映時事。第三期《緣緣堂新筆》內容是政治宣傳文章發展的極致；取材遊記的文章約佔全書三分之一的份量，也是前所未有的。第四期《緣緣堂續筆》則屬文革時凌晨勇敢的寫作成績，內容蒼勁荒枯；在往事瑣憶裡，不脫豐子愷老成、擅觀察、好發議論的寫法。

五、豐子愷散文的特點：以漫畫入散文，所以作品有形象美、意義美；散文有趣味，不但寫作時要有趣味，寫作題材也要有趣味、興味。筆者提出豐子愷「鶴」的人格形象，與隨筆風格融合無間，表現出「含哲理、藏詩情，蘊畫意、富藝術味、有風俗美、融酒趣、能幽默」六種審美風格，其中的「藝術味」是最突出於文藝界的風格，當列為「藝術散文」的先驅行列。

六、豐子愷散文藝術表現上：其主題思想部分本論文以「探索自我生命」先點出豐子愷自小存在極深的宇宙感，這成為作家作品的底蘊；再接著以「體悟時間變異」承接，尋繹作家惜時思想來自奔馳人生火車的體悟。復又以「看護人類心靈」揭示豐子愷溫厚潤澤的同情心，推及於兒童、護生與親友；最後以「顯影現實社會」從作家對居住三個地域的觀察與紀錄，見出豐子愷散文確有豐饒的意義美。探討豐子愷的書寫題材，就題材的

來源、分類、看法、特色來說明，指出豐子愷一則取材不拘瑣細微物，但求能印象式描繪，達到以小見大、氣韻生動的效果；二可與其他學科互相指涉，顯示其博學。進而分析作品結構則見出豐子愷常以對比手法，及反常合道的結構、文章結尾處餘韻反響等令人印象深刻。文字修辭，豐子愷常運用譬喻、層遞、排比與有情化的描寫，讓文章有繪畫性，具有旁徵博引、跌宕生姿的效果。在表現的成就上，他以知識性的雅抒寫民間的俗，溝通了雅俗的世界，成為一個大眾的藝術家，生活的藝術家。

七、「附錄」：豐子愷在臺灣確有相當的影響，論者皆未觸及此一研究範圍。筆者觀察到：約從 1945 年起，包含臺灣光復初期之時，一些大陸人士對臺灣極為好奇，掀起一段小小旅遊熱潮。這些以大陸人士眼光書寫的旅遊見聞，反倒成為現在認識當年臺灣的媒介。豐子愷能文擅畫，留下的一批十餘幅的漫畫，深具歷史文化的價值。與其他蜻蜓點水的人士不同的是，豐氏處處留意繪畫的題材，因此作品充分表現當時臺灣社會青黃交接時的縮影，筆者針對其中已經刊布的十幅漫畫作背景、題材與內容的說明，肯定其以臺灣風情為題材，具有相當的研究價值。另外豐子愷與臺灣相關的題材兩篇散文中，其中一篇〈致臺灣一舊友書〉，筆者從開明書店共事經歷、同居上海一段時間等資訊，推測「舊友」為錢歌川可能性最高。最後，筆者發現，1947 年起臺灣即有台北開明書店豐氏著作出版，豐子愷抵臺前已經具有知名度。後來，戒嚴時期作品列入禁書，但其間已經有楊牧編《豐子愷文選》出版，對豐子愷作品的定位與普及有很大的貢獻。接著筆者選擇林清玄、莊因等人，說

明作品承襲豐子愷處；再進一步說明何懷碩、舒國治等藝術家的文章，可以與豐子愷作品互相印證。奚淞與蔣勳都景仰弘一大師，奚淞以木刻、書法、繪畫觀音等藝術作品貼近豐子愷這一路數；蔣勳則有完整的藝術理論與豐子愷遙相呼應；進一步澄清林文月散文雖可遠溯白馬湖風格，然而已經開闢自己獨特的風格。從以上分析可以得知豐子愷在臺灣確有相當的影響力。

在文化價值多元今日，豐子愷隨筆具有相當文學價值，其文學信息也藉由不同管道：如散文選、教科書等持續傳播。筆者試圖從一般「誰──說什麼內容」的文學詮釋中，以不同的：「對誰──透過何種管道──產生什麼程度的效果」，來還原作家的寫作現場，貼近作家的創作過程，揭示其作品的特點，提供觀察豐子愷的一種方式。選擇豐子愷研究，觀察他處在新舊嬗變之際一位知識份子、專業作家的創作軌跡，是一件饒有意義的工作。若是瞭解豐子愷作品愈多，我們也就愈能享受其手法的趣味性，也從豐子愷的藝術世界──那具有「孩子的天真」和「老人的智慧」中看到自己。

參考文獻

壹、專書

一、豐子愷個人專著

1. 殷琦編　《豐子愷集外文選》（上海　三聯書店　1992 年 5 月）
2. 楊牧編　《豐子愷文選》（台北　洪範書店　4 冊　1982 年 1～9 月）
3. 葉聖陶編、豐子愷繪　開明國語課本（上下冊）（上海　上海科學技術文獻出版社　2005 年 1 月）
4. 豐陳寶、豐一吟、豐元草編　《豐子愷文集》（杭州　浙江文藝出版社、浙江教育出版社　7 冊　1992 年 6 月）
5. 豐陳寶、豐一吟編　《豐子愷漫畫全集》（北京　京華出版社　2001 年 4 月）
6. 豐子愷著　《豐子愷音樂講堂》（台北　三言社　2005 年 11 月）

二、相關研究專著

1. 石曉楓著　《白馬湖畔的輝光──豐子愷散文研究》（台北　秀威資訊科技股份有限公司　2007 年 1 月）
2. 朱曉江主編　《豐子愷論》（杭州　西泠印社　2000 年 2 月）
3. 何莫邪（挪威）著，張斌譯　《豐子愷──個有菩薩心腸的現實主義者》（濟南　山東畫報出版社　2005 年 5 月）
4. 余達祥著　《豐子愷的審美世界》（上海　學林出版社　2005 年 8 月）

5. 盛興軍主編　《豐子愷年譜》(青島　青島出版社　2005 年 9 月)

6. 陳星著　《豐子愷的藝術世界》(高雄　佛光出版社　1993 年 9 月)

7. 陳星著　《豐子愷漫畫研究》(杭州　西泠印社　2004 年 3 月)

8. 陳星著　《藝術人生──走近大師・豐子愷》(杭州　西泠印社　2004 年 8 月)

9. 陳星著　《新月如水──豐子愷師友交往實錄》(北京　中華書局　2006 年 9 月)

10. 陳星著　《豐子愷研究學術筆記》(太白文藝出版社　2007 年 7 月)

11. 陳星著　《豐子愷研究史料拾遺補論》(北京　團結出版社　2009 年 8 月)

12. 盧瑋鑾主編　《豐子愷》(香港　翰墨軒出版公司　2000 年 1 月)

13. 豐華瞻、殷琦編著　《豐子愷研究資料》(寧夏　寧夏人民出版社　1985 年)

14. 豐華瞻、戚志蓉著　《回憶父親豐子愷》(台北　大雁書店　1992 年 10 月)

15. 豐宛音著　《豐子愷軼事》(桐鄉　桐鄉市豐子愷紀念館　2006 年 1 月)

16. 豐一吟著　《瀟灑風神・我的父親豐子愷》(上海　華東師範大學出版社　1998 年 10 月)

17. 豐一吟等著　《緣緣堂的故事》(桐鄉　桐鄉市豐子愷紀念館．桐鄉市豐子愷研究會　2005 年 9 月)

18. 豐一吟著　《我的父親豐子愷》(北京　團結出版社　2007 年 1 月)

19. 豐一吟著　《我和爸爸豐子愷》(天津　百花文藝出版社　2008 年 10 月)

20. 豐一吟著　《天於我相當厚》(上海　上海遠東出版社　2009 年 1 月)

21. 《論豐子愷・2005 年豐子愷研究國際學術會議論文集》(香港　天馬出版有限公司　2005 年 12 月)

三、其他專著

1. 小川環樹（Ogawa Tamaki）著，張桐生譯，王孝廉編 《哲學・文學・藝術（台北 時報文化出版有限公司 1986 年）
2. 太宰治原著，鄭清文譯 《夏目漱石》（台北 光復書局 1987 年 11 月）
3. 王知伊著 《開明書店紀事》（太原 山西人民出版社 1991 年 9 月）
4. 王國維著，馬自毅注釋 《新譯人間詞話》（台北 三民書局 1994 年 3 月）
5. 王向遠著 《二十世紀中國的日本翻譯文學史》（北京 北京師範大學出版社 2001 年 3 月）
6. 王灝著 南投山水歌 台北 紅螞蟻圖書公司 2004 年 7 月
7. 王利民著 《平屋主人——夏丏尊傳》（杭州 浙江人民出版社 2005 年 7 月）
8. 王建輝著 《文化的商務：王雲五專題研究》（北京 商務印書館 2000 年 7 月）
9. 王建輝著 《出版與近代文明》（開封 河南大學出版社 2006 年 4 月）
10. 王建華、王曉初主編 《白馬湖文學研究》（上海 上海三聯書店 2007 年 1 月）
11. 皮述民、邱燮友、馬森、楊昌年著 《二十世紀中國新文學史》 （板橋 駱駝出版社 1997 年 8 月）
12. 托爾斯泰（Lev Tolstoy）著，耿濟之譯 《藝術論（Chto takoye iskusstvo）》（台北 遠流出版公司 1989 年 1 月）
13. 朱光潛著 《談美》（台北 漢京文化事業公司 1982 年 12 月）
14. 朱光潛著 《朱光潛全集》（合肥 安徽教育出版社 1993 年 2 月）
15. 朱自清著 《背影》（香港 三聯書店 1999 年 1 月）
16. 弘一法師著 《弘一法師翰墨因緣》（台北 雄獅圖書股份有限公司 2001 年 3 月）
17. 西格蒙德・佛洛伊德（Sigmund Freud）著，常宏等譯 《論文學與藝術》（北京 國際文化出版公司 2001 年 5 月）
18. 朱萬章著 陳師曾 石家莊 河北教育出版社 2003 年 8 月
19. 江祖望著 水墨畫與台灣美學 台北 利氏學社 2004 年 7 月

20. 安伯托・艾可（Umberto Eco）編著　彭淮棟譯　美的歷史（HISTORY of BEAUTY）　台北　聯經出版公司　2006 年 5 月

21. 宇文所安著，鄭學勤譯　《追憶：中國古典文學中的往事再現》　（台北　聯經出版公司　2006 年 11 月）

22. 佘樹森編　《現代作家談散文》（天津　百花文藝出版社　1986 年 7 月）

23. 李豐楙等編　《中國現代散文選析》（台北　長安出版社　1992 年 3 月）

24. 阮榮春. 胡光華著　《中國近代美術史》（台北　台灣商務印書館　1997 年 9 月）

25. 何寄澎主編　《中國近代散文》（台北　正中書局　1998 年 3 月）

26. 何懷碩著　《創造的狂狷》（台北　立緒文化事業公司　1998 年 10 月）

27. 何懷碩著　《孤獨的滋味》（台北　立緒文化事業有限公司　2005 年 6 月）

28. 何懷碩著　《給未來的藝術家》（台北　立緒文化事業公司　2005 年 12 月）

29. 沈謙著　《修辭學》（台北　國立空中大學　1995 年 1 月）

30. 沈謙著　《文學概論》（台北　五南圖書出版公司　2002 年 3 月）

31. 沈謙著　《期待批評時代的來臨》（台北　時報文化出版公司　1979 年 5 月）

32. 巫漢祥著　《文藝符號新論》（廈門　廈門大學出版社　2002 年 10 月）

33. 宋應離編　《中國期刊發展史》（開封　河南大學出版社　2004 年 8 月）

34. 宋應離. 袁喜生. 劉小敏編　《二〇世紀中國著名編輯出版家研究資料匯輯》（開封　河南大學出版社　10 輯　2005 年 9 月）

35. 李明山著　《中國近代版權史》（開封　河南大學出版社　2003 年 5 月）

36. 李叔同著　《李叔同說佛》（西安　陝西師範大學出版社　2004 年 11 月）

37. 李焱勝著　《中國報刊圖史》（武漢　湖北人民出版社　2005 年 4 月）

38. 李瑞騰、李時雍合著　《你逐漸向我靠近》（台北　九歌出版社　2006年 10 月）

39. 周作人著　《談龍集》（台北　里仁書局　1982 年 5 月）

40. 周作人著　《苦竹雜記》（台北　里仁書局　1982 年 6 月）

41. 周作人著　《藝術與生活》（石家莊　河北教育出版社　2002 年 1 月）

42. 周作人著　《雨天的書》（石家莊　河北教育出版社　2003 年 6 月）

43. 周作人著　《周作人散文》（北京　人民文學出版社　2005 年 5 月）

44. 周策縱著　《五四運動史》（長沙　岳麓書社　1999 年 8 月）

45. 周芬伶、鍾怡雯合編　《散文讀本》（台北　二魚文化事業有限公司 2002 年 8 月）

46. 林子青著　《弘一大師新譜》（台北　東大圖書公司　1983 年）

47. 林文月著　《午後書房》（台北　洪範書店　1986 年 2 月）

48. 林文月著　《交談》（台北　九歌出版社　2000 年 2 月）

49. 林文月著　《午後書房》（台北　洪範書店　2004 年 9 月）

50. 林文寶編　《歷代啟蒙教材初探》（台北　萬卷樓圖書出版公司　1997年 4 月）

51. 林太乙著　《林語堂傳》（台北　聯經出版公司　1989 年 11 月）

52. 林清玄著　《生命中的龍捲風》（台北　圓神出版社　1998 年 6 月）

53. 林清玄著　《思想的天鵝》（台北　九歌出版社　2004 年 2 月）

54. 林明昌編　《閒情幽幽——林語堂的心靈世界》（台北　遠景出版公司　2005 年 8 月）

55. 松浦友久著，孫昌武、鄭天剛譯　《中國詩歌原理》（台北　洪葉文化事業有限公司　1993 年 5 月）

56. 吳道文著　《藝術的興味》（台北　東大圖書公司　1999 年 8 月再版）

57. 吳方著　《追尋已遠——晚清民國人物素描》（北京　人民文學出版社　2005 年 8 月）

58. 吳冠中著　《皓首學術隨筆・吳冠中卷》（北京　中華書局　2006 年 10 月）

59. 吳企明、史創新編著　《題畫詞與詞意畫》（昆明　雲南人民出版社 2007 年 2 月）

60. 佛洛姆（Erich Fromm）著，鄭谷苑譯《健全的社會（The Sane Society）》（台北　志文出版社　2002 年 6 月）

61. 柳珊著　在歷史縫隙間掙扎──1910-1920 年間的《小說月報》研究（南昌：百花洲文藝出版社　2004 年 12 月）

62. 邱明正編　《上海文學通史》（上海　復旦大學出版社　2005 年 5 月）

63. 胡菊人著　《小說技巧》（台北　遠景出版公司　1981 年）

64. 胡適著　《胡適文存》（台北　遠流出版公司　1986 年 4 月）

65. 柏格（Jerry M.Burger）著，林宗鴻譯　《人格心理學》（台北揚智文化事業股份有限公司　1999 年 3 月）

66. 俞筱堯、劉彥捷編　《陸費逵與中華書局》（香港　中華書局　2002 年 6 月）

67. 苟志效、陳創生著　《從符號的觀點看──一種關於社會文化現象的符號學闡釋》（廣州　廣東人民出版社　2003 年 8 月）

68. 范銘如編　《朱自清　台北　三民書局　2006 年 5 月》

69. 殷穎編　《編寫譯的技巧》（台北　道聲出版社　1973 年 12 月）

70. 朗格‧蘇珊（Sasanne K. Langer）著，滕守堯. 朱疆源譯　《藝術問題（Problems of Art）》（北京　中國社會科學出版社 1983 年）

71. 朗格‧蘇珊（Sasanne K. Langer）著，劉大基. 傅志強. 周發祥譯《情感與形式（Feeling and Form）》（台北　商鼎文化出版社　1991 年 10 月）

72. 秦啟明編　《弘一大師李叔同音樂集》（台北　慧炬出版社　1991 年 12 月）

73. 馬鏡泉、趙士華合著　《馬一浮評傳》（南昌　百花文藝出版社　1993 年 8 月）

74. 馬鳴菩薩著，蕭振士譯　《大乘起信論》（台北　恩楷股份有限公司 2002 年 6 月）

75. 馬永強著　《文化傳播與現代中國文學》（合肥　安徽大學出版社 2003 年 1 月）

76. 馬嘶著　《百年冷暖：二〇世紀中國知識分子生活狀況》（北京　北京圖書館出版社　2003 年 6 月）

77. 韋伯（Max Weber）著，顧忠華譯　《社會學的基本概念（Maximilian Weber Basic Concepts in Sociology）》（台北　遠流出版公司　1993 年 10 月）

78. 孫全文、王銘鴻著 《中國建築空間與形式之符號意義》（台北 明文書局 1995 年 2 月 3 版）

79. 孫郁著 《周作人和他的苦雨齋》（北京 人民文學出版社 2003 年 7 月）

80. 夏丏尊著 《平屋雜文》（天津 百花文藝出版社 2005 年 5 月）

81. 畢克官、黃遠林編 《中國漫畫史》（北京 文化藝術出版社 2006 年 1 月）

82. 陳師曾著 《中國文人畫之研究 美術叢書‧第 5 集》（嚴一萍續編 台北 藝文印書館 1947 年）

83. 陳慧劍著 《弘一大師傳》（台北 東大圖書公司 1983 年 9 月）

84. 陳蔚松、顧志華譯注 《李贄文選譯 四川 巴蜀書社 1994 年 6 月

85. 陳星著 《教改先鋒——白馬湖作家群》（台北 幼獅文化事業公司 1996 年 12 月）

86. 陳平原著 《中國現代學術之建立——以章太炎. 胡適之為中心》（台北 麥田出版 2000 年 5 月）

87. 陳義芝主編 《董橋精選集》（台北 九歌出版社 2002 年 7 月

88. 陳義芝主編 《林文月精選集 台北 九歌出版社 2002 年 7 月》

89. 陳丹晨著 《巴金全傳》（北京 中國青年出版社 2005 年 11 月）

90. 陳望衡著 《中國美學史》（北京 人民出版社 2005 年 12 月）

91. 陳傳席著 《畫壇點將錄》（香港 三聯書店 2006 年 8 月）

92. 莊因著 《八千里路雲和月》（台北 純文學出版社 1982 年 5 月）

93. 莊因著 《莊因詩畫》（台北 三民書店 2001 年 1 月）

94. 梁啟超著 《飲冰室合集》（北京 中華書局 1989 年）

95. 梅中泉主編 《林語堂名著全集》（長春 東北師範大學出版社 1994 年 11 月）

96. 章桂征主編 《中國當代裝幀藝術文集》（長春 吉林美術出版社 1998 年 10 月）

97. 黃永武著 《中國詩學‧思想篇》（台北 巨流圖書公司 1983 年 2 月）

98. 黃春秀、方圓主編 《黃永川作品集》（台北 永餘閣藝術有限公司 1994 年 9 月）

99. 黃慶萱著　《修辭學》（台北　三民書局　2000 年 10 月）

100. 游喚、張鴻聲、徐華中合著　《現代散文精讀》（台北　五南圖書出版公司　2000 年 9 月）

101. 張俊才、王勇、閻立飛選編　《二十世紀中國文學史論精華・散文卷》（石家莊　河北教育出版社　2000 年 12 月）

102. 張倩儀著　《另一種童年的告別》（台北　臺灣商務印書館　2003 年 11 月）

103. 張光賓著　《張光賓教授九十回顧展・筆華墨雨》（台北　國立歷史博物館　2004 年 9 月）

104. 張堂錡編　《夏丏尊》（台北　三民書局　2006 年 5 月）

105. 張堂錡著　《清靜的熱鬧──白馬湖作家群論》（台北　東大圖書公司　1999 年 11 月）

106. 喻大翔著　《用生命擁抱文化》（北京　人民文學出版社　2002 年 8 月）

107. 喬素玲著　《教育與女性──近代中國女子教育與知識女性覺醒（1840-1921）》（天津　天津古籍出版社　2005 年 5 月）

108. 傅德岷著　《散文藝術論》（重慶　重慶出版社　2006 年 1 月第 2 版）

109. 傅國湧編　《過去的中學》（武漢　長江文藝出版社　2006 年 4 月）

110. 程金城主編　《中國新時期散文研究資料》（濟南　山東文藝出版社　2006 年 4 月）

111. 舒國治著　《流浪集──也及走路.喝茶與睡覺》（台北　大塊文化出版公司　2006 年 10 月）

112. 楊牧編　《現代中國散文選 I》（台北　洪範書店　1981 年 8 月）

113. 楊牧著　《文學的源流》（台北　洪範書店　1984 年 1 月）

114. 楊牧著　《文學知識》（台北　洪範書店　1986 年 5 月）

115. 楊牧著　《隱喻與實現》（台北　洪範書店　2001 年 3 月）

116. 楊義著　《京派海派綜論》（北京　中國社會科學出版社　2003 年 1 月）

117. 楊蔭深著　《細說萬物由來》（北京　九州出版社　2005 年 10 月）

118. 董崇選著　《文學創作的理論與教學》（台北　書林出版公司　1997 年 10 月）

119. 溫拿（Ellen Winner）著，陶東風等譯 《創造的世界——藝術心理學（Invented Worlds－The Psychology of the Arts） 台北 田園城市文化事業公司 2000 年 11 月

120. 葉重新著 《心理學》（台北 國立空中大學 2004 年 9 月）

121. 葉淺予著 《葉淺予自傳：細敘滄桑記流年》（北京 中國社會科學出版社 2006 年 2 月）

122. 劉彥君著 《梅蘭芳傳》（石家莊 河北教育出版社 1996 年 12 月）

123. 劉大任著 《園林內外》（台北 時報文化出版公司 2006 年 4 月）

124. 趙玉蘭、藺江莉、張赤華、劉娟合著 《走進民間藝術世界——幼兒民間藝術教育研究》（南京 南京師範大學出版社 2005 年 10 月）

125. 蔡元培等著 《中國新文學大系導論集・散文二集》（上海 上海良友復興圖書印刷公司 1940 年 10 月）

126. 蔡元培等著 《商務印書館九十年》（北京 商務印書館 1987 年 1 月）

127. 鄭明娳著 《現代散文類型論》（台北 大安出版社 1997 年 5 月）

128. 鄭明娳著 《現代散文》（台北 三民書局 1999 年 3 月）

129. 鄭明娳著 《現代小品》（台北 五南圖書出版公司 2004 年 3 月）

130. 鄭振鐸著 《中國古代木刻畫史略》（上海 上海書店出版社 2006 年 1 月）

131. 廚川白村著，林文瑞譯 《苦悶的象徵》（台北 志文出版社 1999 年 8 月）

132. 蔣勳著 《天地有大美》（台北 遠流出版公司 2005 年 12 月）

133. 蔣勳著 《來日方長》（台北 天下遠見出版有限公司 2007 年 6 月）

134. 錢歌川著 《偷閒絮語》（台北 大林出版社 1978 年 2 月）

135. 錢歌川著 《罕可集》（台北 傳記文學出版社 1979 年 5 月）

136. 錢歌川著 《錢歌川文集》（瀋陽 遼寧大學出版社 1988 年 2 月）

137. 盧廷清著 《臺靜農》（台北 雄獅圖書股份有限公司 2001 年 11 月）

138. 盧瑋鑾著 《今夜星光燦爛》（台北 漢藝色研文化事業有限公司 1990 年 11 月）

139. 蕭遙天著 《中國人名的研究》（北京 國際文化出版公司 1987 年 1 月）

140. 謝冰瑩著　《作家印象記》（台北　三民書局　1988 年 5 月）

141. 謝冰瑩著　《作家作品》（台北　三民書局　1991 年 5 月）

142. 薄松年編　《中國藝術史》（台北　聯經出版公司　2006 年）

143. 關豔如、劉恩伯、徐藝乙、楊亮才、董森、陶立璠合編　《中國民間文藝辭典》（蘭州　甘肅人民出版社　1989 年 3 月）

144. 關紀新著　《老舍評傳》（台北　台灣商務印書館　1999 年 4 月）

145. 羅中峰著　《中國傳統文人審美方式之研究》（台北　洪葉文化事業公司　2001 年 2 月）

146. 羅珊‧李維斯（Rosanne Liesveld）.喬‧安‧米勒（Jo Ann Miller）.珍妮佛‧羅賓森（Jennifer Robison）合著，顧淑馨譯　《發現我的教育天才(Teach with Your Strengths)》（台北　商智文化事業公司　2006 年 3 月）

147. 蘇立文、曾堉、王寶連編譯　《中國藝術史》（台北　南天書局　1985 年 10 月）

148. 釋德懋編　《靜思之美》（台北　靜思文化志業有限公司　2003 年 4 月）

149. 《文化交流》（傳文文化事業公司覆刻　1947 年）

150. 《創作》（傳文文化事業公司覆刻　1948 年）

151. 《臺灣十年》（台北　臺灣新生報社　1955 年 10 月）

152. 《美術叢書‧二集》（江蘇　江蘇古籍出版社　1986 年）

153. 《光復後臺灣地區文壇大事紀要　台北　行政院文化建設委員會編　1995 年 6 月

154. 《台灣文學出版──五十年來台灣文學研討會論文集（三）》（台北　行政院文化建設委員會編　1996 年 6 月）

155. 《台灣世紀回味》（台北　遠流出版公司　2001 年 8 月）

四、古籍

1.　史震林著　《華陽散稿》（台北　廣文書局　1982 年）

2.　李清照著、楊合林編　《李清照集》（湖南　岳麓書店　2001 年 7 月）

3. 杜牧著　《樊川文集》（四部叢刊初編集部　上海　上海商務印書館縮印）

4. 袁枚著、顧學頡點校　《隨園詩話》（北京　人民出版社　1982 年 9 月北京第 2 版）

5. 袁中道著　《珂雪齋集》（上海　上海古籍出版社　1998 年）

6. 劉熙著　《釋名》（台北　藝文印書館　1967 年）

7. 劉勰著　《文心雕龍》（上海　古籍出版社　1993 年）

8. 《十三經注疏重刊宋本論語注疏附校勘記》（台北　藝文印書館）

9. 《大乘入楞伽經》（大正藏）

貳、論文

一、學位論文

1. 石曉楓著　《豐子愷散文研究》（台北　台灣師範大學國文研究所碩士論文　1996 年）

2. 孫中峰著　《豐子愷散文析論》（南投　暨南國際大學中國語文學所碩士論文　1999 年）

3. 馬志蓉著　《豐子愷散文護生思想之研究》（台北縣　華梵大學東方人文思想研究所碩士論文　2000 年）

4. 陳玉芳著　《夏丏尊.葉聖陶讀寫理論研究》（台北　台灣師範大學國文研究所碩士論文　2000 年）

5. 黃怡雯著　《豐子愷散文中的兒童主題研究》（台中　中興大學中國文學所碩士論文　2003 年）

6. 蔡琇瑩著　《佛心與文心──豐子愷生命面貌之探究》(高雄　高雄師範大學國文所碩士論文　2002 年)

7. 鄧友女著　《豐子愷藝術論比較研究》（北京　中國藝術研究院碩士論文　2005 年）

二、期刊論文

1. 朱朝輝著　《豐子愷藝術思想的內涵》（山東師大學報（社會科學版）1998 年 2 月）

2. 朱曉江著　《對主體性失落的警惕——豐子愷的藝術觀與科學觀》（杭州師範學院學報——人文社會科學版　2001 年 3 月）

3. 余志明著　《一泓清純明澈的泉——淺論豐子愷散文的人性美》（上海大學學報：社科版　1993 年 2 月）

4. 李家平著　《豐子愷和他的緣緣堂》（縱橫　第 7 期　1998 年）

5. 沈謙著　《林語堂論幽默的真諦》（明道文藝　第 329 期　2003 年 8 月）

6. 周再來著　《論「教育平等」》（臺灣文化　第一卷第 3 期　1946 年 12 月）

7. 吳著　《豐子愷「台灣之作」探尋小記》（雄獅美術　第 204 期　1988 年 2 月）

8. 胡健著　《守護中的拓境：陳師曾藝術思想與藝術創作》（江西社會科學　2004 年 10 月）

9. 徐型著　《論豐子愷散文中的人物描寫》（南通師專學報——社會科學版　14 卷 3 期　1998 年 9 月）

10. 孫梓評、羅志強著　《「專業作家」在台灣的可能性？——陳雨航座談》（明道文藝　第 313 期　2002 年 4 月）

11. 張堂錡著　《開明夙有風——開明派文人的文化理念及其出版實踐》（中國現代文學季刊　第 5 期　2005 年 3 月）

12. 張俐雯著　《豐子愷〈畫鬼〉析論》（中國語文　第 544 期　2002 年 10 月）

13. 張俐雯著　《豐子愷的創作觀》（中國語文　第 546 期　2002 年 12 月）

14. 張俐雯著　《豐子愷時序散文的修辭藝術》（第五屆中國修辭學國際學術研討會論文集　2003 年 10 月　洪葉文化事業有限公司）

15. 張俐雯著　《從豐子愷到蔣勳的衣裝之美》（國文天地　第 256 期　2006 年 9 月）

16. 張俐雯著　《「緣緣堂」的符號象徵意義》（朝陽科技大學通識教育中心止善學報　第 1 期　2006 年 12 月）

17. 張俐雯著　《弘一法師影響豐子愷析論——以藝術啟蒙、人格感化與作品思想為中心》（朝陽科技大學通識教育中心止善學報　第 7 期 2009 年 12 月）

18. 經建燦著　《佛緣、人生與藝術表現——論豐子愷的散文精神》（麗水師範專科學校學報　1996 年 6 月）

19. 楊昌年著　《樸素與真誠——豐子愷的散文》（國文天地　13 卷 3 期 1997 年 8 月）

20. 廖雪芳著　《豐子愷的人和畫》（雄獅美術　第 77 期　1977 年 7 月）

21. 褚宏文著　《豐子愷藝術教育思想述評》（中國美術教育　1997 年 4 月）

22. 劉海斌著　《豐子愷藝術生活中的邊緣化傾向》（杭州師範學院學報 1999 年 4 月）

23. 謝冰瑩著　《悼念豐子愷先生》（香港　內明　第 74 期　1978 年 5 月）

24. 魏可風著　《在孤獨裡獨白——蔣勳訪問錄》（聯合文學　第 147 期 1997 年 1 月）

25. 豐一吟著　《豐子愷故居緣緣堂今昔》（新文學史料　第 3 期 2002 年）

附錄　豐子愷的影響

　　豐子愷出生於大陸地區,曾經造訪臺灣有久居的念頭,後因故取消此一決定。無論在大陸或臺灣,他都有相當的影響力。就大陸地區而言,教授的學生有書籍裝幀兼金石家錢君匋、漫畫家華君武、畢克官等人。在臺灣地區,教授的學生有書畫家張光賓、音樂家蕭而化,散文家楊牧是傳播豐子愷的推手、莊因、林清玄以及好友散文家錢歌川等人。

　　由於影響層面廣大,本文濃縮範圍在散文部分。觀察大陸地區受豐子愷影響者幾乎集中在漫畫、書籍裝幀、金石等領域,似未有散文家自承受豐子愷影響者。而臺灣地區則有楊牧、莊因、林清玄以及錢歌川等人曾公開承認受豐子愷影響;至於香港地區受影響較明顯的是明川(盧瑋鑾)。[1]此處僅就臺灣地區來論述。

1　陳星《教改先鋒——白馬湖作家群》書中談道:「小思於 1939 年 6 月 3 日
　生於香港,原名盧瑋鑾。……山邊社的《路上談》已出版至十二版,成了
　香港青年學生課外閱讀的熱門書。」,頁 249-211。明川喜愛豐子愷,進而與
　作家通信,並發表多篇相關論述,編有《緣緣堂集外遺文》與《豐子愷漫
　畫選繹》等書。陳星〈白馬湖的餘韻〉認為她的散文具白馬湖風格(見《教
　改先鋒——白馬湖作家群》,頁 217-219)。此外盧瑋鑾還撰寫散文集《路上
　談》(1979 年)、《日影行》(1982 年)、《承教小記》(1983 年)、《不遷》(1985
　年)、《今夜星光燦爛》(1990 年)等。據李瑞騰為《今夜星光燦爛》寫的
　〈不遷的人—代序〉說盧瑋鑾散文是「洗練的文筆中乃見各種深層的感悟,

　　1948 年 9 月豐子愷曾經來訪臺灣，11 月離開，勾留兩個月之久。臺灣之行，豐子愷有文章一篇，與電台演講辭一篇，另有漫畫十數幅，這些不多的圖文紀錄，堪稱是珍貴的文獻。從中，筆者分析一個生於中國的作家觀看臺灣的角度，在驚鴻一瞥中，留給臺灣什麼樣有形無形的影響。筆者看到，早期臺灣與大陸或因地域的差距，以致接收訊息上，無法獲得第一手資訊，對豐子愷的認識猶有不足，因此第一部分先鋪陳臺灣彼時的政經情勢，並客觀敘述臺灣之旅的起因與行程。第二部分則進一步分析豐子愷以臺灣為題材的圖文作品，所透顯的意義。尤其在之前，豐子愷有〈致臺灣一舊友書〉，從無學者或資料指出此一「舊友」為誰，筆者據資料推測其人為錢歌川的可能性極高。第三部分觀察臺灣文藝界受其影響、契合或神似豐子愷身影的作家介紹。

一、豐子愷與臺灣的關係──南國行旅的一站

　　臺灣、澎湖自 1895 年甲午戰爭失敗後，被迫割讓給日本，1945 年日本宣佈投降後，艱辛的八年抗戰終於獲得勝利，日本無條件投降，臺灣、澎湖才重新回到中國的懷抱。自 1946 年至 1949 年為國共內戰時期，1948 年是國共對決正熾之時，年底東北盡陷共軍之手。1949 年中，整個華北也盡為共軍佔據，整體形勢對國民政府極為不利。1949 年，國民政府遷設台北。

不論自然山水、文物歷史，或人文景觀，稍一著墨，即有深情深意。」（台北：漢藝色研文化事業有限公司，1990 年 11 月），頗類豐子愷散文情趣的表現。

　　日本對臺灣統治時期，教育不平等、經濟上榨取民眾，以殖民化與皇民化為施政重點。臺灣重回中國版圖後，以 1948 年豐子愷來臺灣的時間為例，臺灣人口約七百萬零六千人，國民平均所得九十美元[2]；而全部人口三分之一弱是從大陸撤退來臺的軍民。在教育方面，臺灣人民在光復前「受過初等教育的，佔全體人口 75%，受過中等教育的，佔 16%，受過高等教育的不上 0.1%」。[3]在地的本土作家尚處於調適日文為中文寫作語言的狀態，成名的作家多在大陸，一些大陸來臺人士是文壇供稿者，整體來說，臺灣文壇處於青黃不接的狀態。而由於光復後所有日籍教師，均遣送回日本，形成師資嚴重斷層。政府積極向大陸徵聘教師來臺灣服務，除大陸籍外，臺籍人士回來臺灣亦復不少。

　　臺灣美術界的情況，在日治時期是如何呢？從李梅樹的說明，可以窺知一二：

　　　　臺灣過去受日本五十年的治統，臺灣人的熱烈的愛國精
　　　　神或藝術精神常被抑壓，日本時代「臺展」開十次，「府
　　　　展」開六次，但是為審查員的臺灣人有幾人？僅西洋畫
　　　　部的廖繼春，顏水龍兩先生，東洋畫部陳進先生一人，
　　　　計僅有三人，但前後僅審查三次而已，以後臺灣就沒有
　　　　為審查員了。[4]

---

[2]　見《臺灣十年》（台北：臺灣新生報社，1955 年 10 月），頁 110。

[3]　周再來：〈論「教育平等」〉，《臺灣文化》（台北：臺灣文化協進會，1946
　　　年 12 月），第一卷第 3 期，頁 4。

[4]　李梅樹發言見〈美術座談會〉，同前註，頁 21。

　　日治時期是如此，在 1946 年左右又是如何呢？根據〈美術座談會〉的紀錄，藍蔭鼎說：「提高美術教育，設立市立或私立的美術學校，美術學院，若是不可能，也可設立研究所」；林玉山說：「材料是何等的不足……以前材料容易買，現在雖一張紙，一支筆也難入手」；楊三郎說：「光復後的臺灣全省美術展覽會，是這次才舉行的」；游彌堅：「過去有『臺陽展』的組織。此後也要成立一個團體組織」。[5]

　　這次的參與來賓皆是臺灣光復前即已成名的畫家，針對美術發展的現況提出建言，從這些片斷，可以看到畫界人士憂心忡忡、急欲促進美術進步的苦心，也反映當時美術教育需要振興。當時的情況是，中學全然沒有圖畫教育，小學的圖畫時間常改上國語課，學童沒有適當的美術材料，在偏遠鄉村裡可說沒有任何美術觀念，所以推行美術普遍化是當務之急。

　　以漫畫界為例，1951 年梁又銘、梁中銘主持的「中國美術協會」成立，其後五年間，為臺灣漫畫初起期貢獻相當數量的作品。[6]

　　就出版的情況來說，五〇年代許多原大陸已有規模的出版社，如上海商務印書館、上海中華書局、上海開明書店都紛紛來臺設立出版社。以開明書局為例，

　　自 1945 年對日抗戰結束後，亟待恢復各店的正常運作。據王知伊回憶：

> 1946 年 1 月下旬，開明在渝同人，由葉聖陶率領，乘船東
> 下，2 月間到滬，2 月下旬，召開特別業務會議，議定出版

---

[5]　同前註，頁 22-23。

[6]　《臺灣十年》，頁 270。

方針，編制營業概算，確定全國營業網。因此，又在臺灣、開封、南昌、福州、瀋陽等地設立了分店、辦事處。[7]

雖然開明書店改變若干措施（如門市兼售非開明出版的圖書），但是由於幣值貶低、教科書市場開放等等因素，到 1949 年前，「開明始終處於半死不活的尷尬局面中」[8]，一直到 1949 年國共內戰結束，1953 年與青年出版社合併，正式成立「中國青年出版社」，營運情況漸趨穩定。至於臺灣開明書店成立之初的幫助者，應該歸功范壽康。根據范岱年〈范壽康和商務印書館〉說[9]：

> 1945 年秋，抗戰勝利，父親范壽康應臺灣行政長官公署長官陳儀之邀，赴臺灣參加接收工作。同年冬，任長官公署教育處處長。…我父親努力促進商務、中華、世界、開明等幾大書局到臺灣設店，使得中文出版物與教科書很快在臺灣得到普及。

為支援臺灣出版界在光復初期，原來由日人經營的出版機構結束的荒蕪狀態，開明、商務、正中、世界等書店紛紛設立分支機構。臺灣開明書店成立初出版的書，也和當時其他出版社一樣，在臺灣初步只供應大陸已成的出版品，或是由複印原本開始，再規劃出版本地作者的書籍。因此 1948 年左右的出版界尚處於起步階段。自 1950 年起，各級教育突飛猛進，所需教材數量龐大；1951 年後，開明書店也追隨正中書局的腳步，印刷供應臺灣教科書市場。

---

[7]　王知伊：《開明書店紀事》（太原：山西人民出版社，1991 年 9 月），頁 85。

[8]　王知伊：《開明書店紀事》，頁 87。

[9]　范岱年：〈范壽康和商務印書館〉，《商務印書館九十年》（北京：商務印書館，1987 年 1 月），頁 321-322。

　　以臺灣文化狀況來說，在 1947 年左右，臺灣的文化組織主要有四個：「宣傳委員會」、「文化運動委員會」、「臺灣文藝社」、「臺灣文化協進會」。其中的「臺灣文化協進會」於 1946 年 6 月 16 日在臺北市中山堂成立，是當時組織最龐大的社團，發行的機關刊物為《台灣文化》，是光復初期創刊的期刊中，發行最久、影響最大的刊物。發行的最初立意是「綜合文化雜誌」的態度，因此除了「臺灣文化協進會」的工作紀錄和消息外，還有文學、文化、教育等各方面的專文，「文化動態」則介紹國內文化界的消息。

　　1947 年發生「二二八」事件、1948 年 2 月 18 日深夜，發生臺灣大學文學院中文系系主任許壽裳遇害事件，這兩個事件，使得內地來臺參訪人士有的打退堂鼓，有的匆匆返回大陸。例如巴金亦曾來臺，根據 1947 年 8 月《台灣文化》第二卷第五期「文化動態」省內訊息第二條（頁 9）載：

> 作家巴金於六月二十五日由滬來台觀光，現暫寓于渠之友人並擬作環島旅行云。

巴金來訪臺灣時，住在臺灣大學外文系教授黎烈文家中，停留臺灣約兩星期，之後回到大陸。大陸作家學人來臺灣，肇因於臺灣重回中國版圖，藉著交流參訪活動可以提振、散播中國文化教育。但是對學者來說，此時大陸局勢不穩、經濟混亂，選擇可以安居落腳之處，獻身臺灣教育，也是來臺動機之一，如「黎烈文原擬離臺赴閩，聞因臺灣生活比較安定關係，臨時打消原意」[10]，就是一例。當時

---

[10] 《臺灣文化》，第二卷第七期，1947 年 10 月，頁 7。

的臺灣財政，在 1949 年改制實行新臺幣前，「幾與大陸法幣及金元券同轍，惟其膨脹現象則較緩，影響亦略輕耳」[11]，是則相較之下，黎烈文擇居臺灣。

《台灣文化》刊載許多大陸內地文藝界消息，例如豐子愷就是刊登的常客，這對於作家知名度的提升，有顯著的效果。如 1947 年 7 月《台灣文化》第二卷第四期「文化動態」第一條（頁 24）載：

> 豐子愷最近又有新的漫畫出版，名「又生畫集」，取「野火燒不盡，春風吹又生」之意，由開明書店出版。

1948 年 2 月《台灣文化》第三卷第二期「文化動態」省內訊息第一條（頁 6）載：

> 省立師範學院於一月三日舉行書畫展覽會，內容極為豐富，有章炳麟、蔡元培、陳治、沈尹默、沈兼士、弘一法師等名流之佳聯，有豐子愷、徐悲鴻、陳樹人等之名畫。

傳播豐子愷的形象是以漫畫家為主的。1948 年 4 月在台北創刊的《創作》月刊，是以台、師大教師學生為主的刊物，其中在五、六期（8、9 月號）合刊本的封面即約豐子愷繪製「努力惜春華」漫畫，亦是以漫畫家之姿出現。

1948 年 9 月 27 日，豐子愷帶著幼女豐一吟，還有章錫琛一家人從上海乘坐「太平輪」抵達基隆。豐氏父女住在「文化招待所」（中山北路一段大正町五條通 7 號），章家則居住開明書店。10 月

---

[11] 《臺灣十年》，頁 117。

10 日在台北撰〈海上奇遇記〉散文。13 日晚上八點在台北廣播電台廣播演講十五分鐘〈中國藝術〉。月底在台北中山堂舉辦個人畫展。據 1949 年 3 月《台灣文化》第四卷第一期「本會日誌」第一條（頁 21）載：

> 十月十一日：下午三時，假中山堂貴賓室，舉行茶會歡迎豐子愷先生。

記錄的是 1948 年豐子愷來臺灣的其一行程。豐子愷曾表達興奮之情，〈海上奇遇記〉說：

> 我是以抗戰勝利國的國民的身分，來此探望我們的失而復得的臺灣島的；興奮之情和滄桑之感充塞了胸懷…（《文學卷二》，頁 395）

他也寄信給新加坡廣洽法師，告知在臺灣的忙碌情形，〈致廣洽法師〉十四：

> 到此後，應酬，游覽，幾無寧日。講演，廣播，亦甚忙碌。至今始得安息。……此次來臺灣……又因臺灣人士邀我來此開一畫展。今正在預備，大約須十一月初開幕。弟在此尚有月餘勾留。（《文學卷三》，頁 200）

其間與開明書店分店的章克標相伴，一起與老友敘舊：學生蕭而化一家人、老友錢歌川、劉甫琴等。關於臺灣旅遊行程，有「草山」（即陽明山）、阿里山、日月潭等風景名勝。豐子愷臺灣之行，據豐一吟說：

其實，當初到臺灣去時，豐子愷並非不想在臺灣久留。他想看看臺灣的情況，如果滿意，再把家眷接來。[12]

當初來臺灣的動機，豐一吟說得有些含糊：

出游的原因，一是三秋桂子、十里荷花的西子湖被醜惡的人間相煞減了風光，已不堪久留下去。二是當時豐子愷周圍發生了一些不愉快的事，令他煩惱不已。於是他想出去走走，換換環境。正當此時，開明書店的老板章錫琛先生為了要到臺灣去看看開明的分店，邀請豐子愷同游臺灣，豐子愷欣然同意了。[13]

實則豐子愷於 1948 年初迄赴臺前，給廣洽法師的信已有透露若干訊息：

弟復員後，家園盡毀，在西湖邊租屋而居。復因十年奔走，身體衰弱，不能任教課。故返杭以來，賣字畫為生，一年於茲。（〈致廣洽法師〉八，《文學卷三》，頁 195）

---

[12] 豐一吟：《瀟灑風神・我的父親豐子愷》，頁 274。邀請豐子愷來臺灣的人，同遊的十九歲女兒豐一吟說的很明確，就是章錫琛。惟《創作》雜誌覆刻版序文，許俊雅〈《創作》——覆刻前的幾點說明〉說：「二二八事變後，魏道明於 1947 年 5 月替代陳儀出任省主席，豐子愷來臺，係應魏道明夫人鄭毓秀之邀，並在中山堂舉辦座談會」，《創作》覆刻版（台北：傳文文化事業公司），頁 8。按 1930 年左右，世界書局因《標準英語讀本》抄襲開明書局《開明英文讀本》，章錫琛林語堂透過法律行動解決，世界書局沈知方聘請鄭毓秀律師，和開明書局對簿公堂，後經教育部編審處確定抄襲。就此一案件看來，章錫琛與鄭毓秀係對立關係；且章錫琛開明書店向為反對國民黨者，與鄭毓秀不同，從這兩點看來，豐子愷受鄭訪臺之邀約可能性甚低，在此錄存此一說法。

[13] 同前註，頁 271。

> 國內生活飛漲，民不聊生，來日甚可憂慮。(〈致廣洽法師〉
> 九，《文學卷三》，頁 196)

> 近杭州法幣大跌，物價暴漲。(〈致廣洽法師〉十二，《文學
> 卷三》，頁 198)

> 近兩月來，此間物價暴漲，達十倍以上。(〈致廣洽法師〉十
> 三，《文學卷三》，頁 199)

國共內戰後，財政赤字擴大，國民政府大量印刷鈔票，導致貨幣大
貶，國民經濟水準下滑，物價波動鉅大，引發通貨膨脹，到處民不
聊生。馬嘶《百年冷暖：20 世紀中國知識分子生活狀況》說[14]：

> 從 1946 年 7 月到 1948 年 10 月的糧食上漲幅度，勞動人民
> 常吃的玉米漲了 10000 倍，小麥上漲了 500 倍，小米上漲了
> 200 倍。其貨幣貶值通貨膨脹的情況由此可見。

1948 年本年赴臺灣之前，繪畫的潤例就提高了三次。朱自清在 8
月 12 日在飢餓、貧苦、胃潰瘍腎炎中，拒絕領受美國麵粉含恨去
世，豐子愷與朱自清友誼深厚，耳聞好友這樣的悲劇，應該也被經
濟市場的動盪震撼著內心。

　　至於豐子愷是否如女兒豐一吟所說，本擬留在臺灣？10 月 16
日〈致廣洽法師〉十四曾說：「擬即來廈門，借圖良晤」，可以推測
此時豐子愷已有離臺打算。11 月 20 日〈致廣洽法師〉十五：

---

[14] 馬嘶：《百年冷暖：20 世紀中國知識分子生活狀況》(北京：北京圖書館出
　　版社，2003 年 6 月)，頁 283。

漫游台南山川，昨日返臺北。……弟現已開始物色舟機，日
內即可動身。(《文學卷三》，頁 201)

不出三天，即 11 月 23 日一行人啟程離開臺灣返回廈門，與廣洽法
師首次會面。

　　豐子愷離開臺灣的原因是什麼呢？據豐一吟說：

美中不足：臺灣沒有紹興酒！土釀的酒，味道太差，難以上
口。豐子愷與紹興酒結下不解之緣，竟難捨難分。上海的學
生胡治均在豐師的信中得知此情，馬上到麥家圈買了兩壇太
雕（上好紹酒），托人帶到台北開明書店。豐子愷大喜，馬
上在開明書店舉行了一次「紹酒宴」，讓江南來的朋友大過
其酒癮。

豐子愷愛喝酒，透過〈沙坪的酒〉、〈吃酒〉等文章，世人皆知。謝冰
瑩從長沙第一女師就讀時，就成了子愷漫畫的忠實讀者。豐子愷在中
山堂舉行畫展時，謝冰瑩也到展場參觀，與豐子愷有如下的對話：

「豐先生，您這次來會久住臺灣嗎？」我問他。
「不，我只能停留一個短時期，展覽會開完之後，想到台中、
台南一帶去看看，找點寫畫的材料。」
「為什麼不在臺灣定居下來？您對於臺灣的印象怎樣？」
「好極了，真是美麗的寶島，四季如春，人情味濃厚；只是
缺少了一個條件，這是使我不能長住的原因。」
他用失望的語氣回答我。
「什麼條件？」我性急地問。

「沒有好酒。」他偏過頭來，悄悄地對我說，引得童先生和我都大笑起來。[15]

臺灣居於亞熱帶，四季如春、天氣暖和，臺靜農等學者也曾稱讚過。[16] 接著，謝冰瑩提到：

那時候，臺灣沒有什麼好酒，除了米酒，就是紅露酒……[17]

臺灣光復初期，1917 年設立的埔里酒廠即以製酒聞名，但是只製造糯米酒、米酒，且僅銷埔里地區。1919 年設立的臺北啤酒廠，1948年更名為「建國啤酒廠」，也只賣臺灣啤酒而已。顯然這種以大麥再加入蓬萊米元素，創造出獨特苦澀味道的酒，並不符合豐子愷的口味，連當時的「米酒、紅露酒」也讓豐子愷喝不習慣。[18]

豐子愷一向認為，杭州、上海的紹興酒最好，因為「吃黃酒不易醉」、「二三人情投意合，促膝談心，倘添上各人一杯黃酒在手，話興一定更濃」（〈沙坪的酒〉，《文學卷二》，頁 180），所以在重慶，每晚喝四川人仿造的渝酒一斤，乃人生至樂。豐子愷因戰時取紹酒不便，也飲「金橘酒」（《文學卷三》，頁 132）、「山花」（《文學卷三》，頁 81）、

---

[15] 謝冰瑩：〈悼念豐子愷先生〉，《內明》第 74 期（1978 年 5 月），頁 31。文中「童」字應為「章」之誤。

[16] 臺靜農 1946 年 10 月抵達臺北，他對於赴臺原因，曾說：「實在是因為家眷多，北方天氣冷，光一人一件過冬的棉衣就開銷不起，臺灣天氣暖和，這一項花費就省了。」雖然玩笑成份居多，但也可見大陸學人對臺灣氣候的印象深刻、感受皆同。見盧廷清：《臺靜農》（台北：雄獅圖書公司，2001 年11 月），頁 74。

[17] 同註 15。

[18] 同前註，頁 31。

「茅台酒」(《文學卷三》，頁 20)，不飲「氣味難當的青梅酒」(《文學卷三》，頁 53)。豐子愷最喜有酒伴對酌，早期的開明書店有「開明酒會」[19]，入會者需能一次飲五斤紹興黃酒，章錫琛與豐子愷是其中擅飲者，現在一起來臺灣，每晚都在臺灣開明書店飲酒。但臺灣酒味難以上口，體貼的弟子胡治均托人帶紹酒，才讓兩人得以解酒饞。從這一點看來，若為酒的因素無法居臺，也算是酒國遺事，應屬可信。

謝冰瑩則持不同看法：

> 我想他那時不打算長住的真正原因，並不是為酒，而是為了他一大家人出來不容易，當時誰也沒有夢想到，共產黨會這麼快席捲大陸的。[20]

事實上，來臺人士多有規劃家人分批來臺者，如臺靜農等；何況章錫琛、豐子愷本來就是傾向共產黨者，所以這樣的蠡測應該不確。

二、有關臺灣行的文與畫創作

1948 年赴臺灣之前，豐子愷散文創作只出現過「臺灣」一次，就是〈胡桃雲片〉：

> 胡桃雲片，本是加有胡桃的雲片糕的意思…現在裝入糕中而切成片子，就因了它的位置、方向，及各部形體的不同，而

---

[19] 見陳星：《新月如水──豐子愷師友交往實錄》(北京：中華書局，2006 年 9 月)，頁 95。
[20] 謝冰瑩：〈悼念豐子愷先生〉，《內明》第 74 期，頁 31-32。

在糕片上顯出變化多樣的形象來……有的像臺灣。(《文學卷
一》，頁 199)

此處只是單純地以畫家之眼來審視這好吃好看的胡桃雲片，並無他
意。臺灣之行，豐子愷僅有一篇散文與畫作十餘幅（現僅剩八幅）。
除此之外，豐子愷另於 1960 年 12 月 30 日發表於香港《大公報》
的一篇〈致台灣一舊友書〉，未收入各豐子愷選集，只見於《文學
卷二》，尚無人討論。以下即分成二部分討論：

（一）豐子愷的臺灣風情畫

臺灣旅次，豐子愷沒有相關寶島風光散文的創作，僅有一篇〈海
上奇遇記〉，撰於 1948 年 10 月 10 日，在台北寫就，發表於同年
11 月出刊的《論語》164 期。文章一開始，即描述從「太平號」船
中窗洞中看到港灣：

> 天色已明，臺灣島的海岸清楚可見。參參差差的建築物，隱
> 隱約約的山林，裝在圓形的窗洞內，好像一件壁上的裝飾
> 畫。……我是初次到此，預想這海岸後面的市街、人物、山
> 川、草木，不禁悠然神往了幾分鐘。(《文學卷二》，頁 394-395)

1899 年開始建築基隆港，日治時期是進出臺灣的門戶，光復初期
則與高雄港雄踞北南，成為海上交通的兩大港，豐子愷所見應為基
隆港。「太平號」（應作「太平輪」）船自上海到臺灣基隆，約需三
十小時。沒想到即將上岸之際，章錫琛被一位「相貌堂堂、衣冠楚

楚的一個竊賊」，以鉤子勾走港幣七十五元的手錶，這個竊賊還是望族之後，預備來臺灣作訓導主任兼史地教師的，被茶房得知後，有一走單幫的人告知，上岸後被警察帶去警局。雖然手錶失而復得，但豐子愷「照理應該十分愉快，現在只得九分！下文我也懶得再寫了。」果然就不再寫文章，代之以畫。

　　這一批《雄獅美術》刊出以臺灣為題材的十餘幅畫作，是豐子愷邊遊覽邊畫，分成兩次由台北寄往杭州好友舒國華處收藏，據傳當時並無底稿留存。但是臺灣之行，豐子愷曾於中山堂展畫；文革時期又曾憑記憶繪二百餘幅圖交予兒子豐新枚保存；豐子愷會憑記憶繪圖贈人，因此《雄獅美術》刊出之後，有些散作就收在《豐子愷漫畫全集》中。1980 年代，豐一吟從舒國華兒子舒士安處獲得臺灣作品的複印件，連同胡治均保存的兩幅作品等，寄給吳垕。[21] 1988 年 2 月號《雄獅美術》第 204 期刊出吳垕手上的十幅圖畫：〈杵影歌聲〉、〈鳳梨〉、〈馬路牛車〉、〈擁被吃西瓜〉、〈高車〉、〈南國女郎〉、〈阿里山雲海〉、〈台北雙十節〉、〈四時不謝之花〉。其中還包括胡治均提供的〈流動飲食店〉。從這一批珍貴的漫畫中，可以看到當時的臺灣人民生活圖像與寶島風景。

　　2001 年 4 月北京京華出版社出版《豐子愷漫畫全集》，則除了〈台北雙十節〉、〈流動飲食店〉、〈阿里山雲海〉三幅，其餘均有收錄。要特別說明的是，《豐子愷漫畫全集》第八卷 255 頁收有以〈阿里山雲海〉為主題的「莫言千頃白雲好，下有人間萬斛愁」；2000 年 2 月香港翰墨軒出版《豐子愷‧勝利》收有〈阿里山雲海〉，兩畫為同一

---

[21]　參吳垕：〈豐子愷「台灣之作」探尋小記〉，《雄獅美術》（台北：雄獅美術月刊社，1988 年 2 月），第 204 期，頁 36-40。

題材作品，同列以便比較欣賞。《豐子愷漫畫全集》第八卷 260 頁收有以〈南國女郎〉為主題的〈南國佳人〉，亦為同題材作品。

特別要補充的是，《豐子愷漫畫全集》第四卷 256 頁收有以阿里山為主題的〈最高猶有幾枝青〉與第八卷 266 頁〈最高猶有幾枝青〉亦為同題材作品，吳埗文章中未刊出也未說明。以下以吳埗於《雄獅美術》刊出豐子愷的繪畫作一分析，並將〈最高猶有幾枝青〉列在最後補充說明。

1.〈杵影歌聲〉：

圖像為畫面中央有原住民婦女五人，豎起木製的杵，左方有三棵檳榔樹，右方有五棵檳榔樹。就畫面所見，應該是日月潭的山地原住民，所持木杵是日常經濟生活必備農具之一，以米粟置於石臼中舂之，作為食物。當有來賓拜訪，婦女們便杵歌歡迎，各自持杵，互擊發聲，搭配歌曲，表示歡欣之情。根據臺靜農說[22]：

> 半開化民族，初以杵臼和聲而歌，繼則以此為喪樂，又因喪樂演變向為獨立的樂歌。……在舂穀的時候，唱看歌或哼著沒有意義的調子，因聲音的協調，感到音樂的美，進一步演成樂歌，離開了單純的杵臼的聲音，原是極自然的演變。

這種歡迎的儀式中，婦女們會圍繞大石臼，以杵樂繞之。但這幅漫畫中隱而未見，不知什麼緣故？現在欲欣賞杵樂表演，恐需到邵族祭典中欣賞了。王灝《南投山水歌》說[23]：

---

[22] 《創作》月刊（台北：創作月刊社，1948 年 4 月），一卷一期，頁 4。
[23] 王灝：《南投山水歌》（台北：紅螞蟻圖書公司，2004 年 7 月），頁 130-131。

　　　每年農曆七、八月，我們一定會來到舊稱卜吉社的德化社，
　　一來為了探查他們的祭儀，或是參加「番仔過年」，就在這
　　個月份，石音的舂鳴聲，祖靈的歌音謠調，日以繼夜飄盪在
　　部落中。……「一曲入傾耳，南村數杵聲」……只要是石音
　　響起時，就知道又有邵族祭典即將上場。

邵族的人數是目前臺灣原住民中最少者，惟其聚居日月潭，反倒成
了認識接近原住民的最佳途徑。

　　日月潭自 1927 年被全民票選為「臺灣八景」之一[24]，日治時
期即擁有極高知名度，豐子愷、豐一吟、章錫琛等一行人都有與日
月潭高山族二公主合影留念。究其實，邵族「只有首領，沒有王
爺」[25]，這位毛王爺二公主，也只是眾人叫慣的，並非有所謂「二
公主」，她在五〇年代因難產不幸過世。

　　2.〈鳳梨〉：

　　畫面中間是兩棵椰子樹，右方有一婦人與女兒穿著現代衣服的
背影。但女兒左手遙指的應是「椰子」，而非「鳳梨」。臺灣水果眾
多，果實有黑珍珠蓮霧、玉井芒果、麻豆文旦與鳳梨、香蕉、柑桔
等，鳳梨乃種在泥土裡，有井狀紋路；高懸枝頭的是椰子，細察是
縱向條紋。因此應該是畫筆筆誤所致。光復當年，臺灣青果類作物，
以香蕉為最大宗，其次就是鳳梨，尤其製作的新科食品加工業的鳳

---

[24] 見〈臺灣八景比一比〉，《台灣世紀回味》（台北：遠流出版公司，2001 年 8
　　月），頁 40。
[25] 同前註，頁 49。

梨罐頭,是重要的輸出品。[26]惟「椰子樹」與「檳榔樹」並不相同,「椰子樹」樹幹表面沒有節間,主枝直挺而粗;「檳榔樹」主枝細長,樹幹表面有節間。在畫中,兩棵樹均有節間,應作檳榔樹,但又有果實如椰子,在此認為應是椰子樹之誤。

3.〈馬路牛車〉:

畫面下方為一人頭戴斗笠,驅使一頭牛拖載著滿滿貨品;中間為一現代高樓建築群,右方為高聳的五株檳榔樹。光復初期,新舊交通工具並列,馬路上汽車非常少見,僅有公車、人力車、三輪車、機車、腳踏車。以牛車載物,在當時為普遍景觀,然而牛糞的處理卻是一大問題。臺灣鑲嵌畫家顏水龍1969年有馬賽克鑲嵌畫「從農業社會到工業社會」,位於台北市中山北路劍潭公園中擋土牆上,畫面由右到左第三段有牛車運穀物圖,和豐子愷所繪非常相似。然而豐子愷所繪的牛車載物,如果是臺灣牛車常載的穀類,線條應該會成弧形狀,並非長條狀。現在恐難考證所載為何種物品了。又,畫中檳榔樹疑為椰子樹,因豐子愷以「高、直、有節間」的方式繪製,都是檳榔樹的特徵。但考證錢歌川1947年的說法「臺北……映入我眼簾的,當然是那些孤高的棕櫚樹」、「臺北中,卻到處都是水田」[27],而臺北市彼時未見檳榔樹,所以圖中樹種應為椰子樹。

---

[26] 《臺灣十年》,頁131、141。

[27] 錢歌川:《偷閒絮語》(台北:大林出版社,1978年2月),頁200-201。

4.〈擁被吃西瓜〉：

畫面上方中央懸垂一燈泡，中年男子全身包裹著格子狀背單，微笑轉頭凝視女子以菜刀在四方形砧板上切一圓西瓜的室內情景。由於豐子愷時年五十一歲，白髮灰髯瘦削臉龐黑框圓鏡片的眼鏡，與畫中男子圓腴臉頰形象不同，至於章錫琛當時五十九歲，雙頰消瘦戴上黑框圓鏡片的眼鏡，也頗不類。[28]畫中長衣與擁被情景，頗為特別。因為十月的台北，天氣會否寒涼至此？彼時十月臺灣還有西瓜可吃嗎？

5.〈高車〉：

畫面背景為遠山二重，前景左方有檳榔樹三棵，下面是一人戴斗笠騎腳踏車，與人力車夫載乘客一人交錯而過，點綴徒步的五人。1930 年代前的日治時代，人力車運載為主要交通方式，人力車夫曾經是高收入的勞動階層。到光復初期仍存在，與三輪車、腳踏車等並行，然而榮景已慢慢走下坡，與牛車一樣漸漸被淘汰。在彼時大陸，人力車稱為「黃包車」。

6.〈南國女郎〉：

後景鋪墊一層層新式大樓，前景右方有圓拱廊商店，店招模糊不可見。商店旁出入為四名婦女與一小女孩，有穿傳統旗袍者、有穿新式兩截式衣服者，手肘掛著的提包顯出當時流行款式，足鐙高

---

[28] 豐子愷、章錫琛當時照片可見《新月如水──豐子愷師友交往實錄》一書，頁 94-95。

跟鞋。1930 年代後期，臺灣女性原本穿著的袍、衫等衣服，紛紛
改變成上海人時髦的旗袍、高跟鞋與西式洋裝、套裝。由於此時
普遍生活清貧困頓，因此這幅圖應該是繁華的台北市內街頭即
景。比較另一幅圖〈南國佳人〉，〈南國佳人〉背景多了三株椰子
樹與清楚的店招字樣：「最新流行江浙旗袍公司」。

7.〈阿里山雲海〉（翰墨軒出版社）：

畫面上山脈群峰，三面圍繞，左方有兩棵檳榔樹自雲海波浪中
伸出來，前景中央有男子攜一孩童坐於石上觀賞身旁腳下雲朵變幻
多姿之形。阿里山也是《台灣日日新報》票選的臺灣八景之一，與
日月潭一樣馳名海內外。不知何故，《雄獅美術》第 204 期未刊出
此圖，筆者此處參考翰墨軒出版社出版的《豐子愷》書中的圖[29]，
較另一幅〈莫言千頃白雲好，下有人間萬斛愁〉漫畫少了一塊坐石、
一位拄杖戴帽男子與一位婦女。

8.〈台北雙十節〉：

畫面右方一高牆上懸掛國旗，中間有一牌坊，七位遊人穿梭而
過，左方綠色的草地上還有日本的石燈籠。光復後，每逢國家慶典，
便會懸掛國旗，至今連政府機構也已很少懸掛了。政府為激勵民
心，雙十節會在總統府前舉行閱兵典禮，展示武器、軍種等，民眾
則夾道觀賞。自 1991 年起，隨著時代進步，這樣大規模的閱兵典
禮已不如以往的規模。

---

[29] 《豐子愷》（香港：翰墨軒出版社，2000 年 2 月），頁 22。

9.〈四時不謝之花〉：

畫面右方有一女子左手持竹籃，籃中有花卉；右手高舉一枝花。行走的兩旁，夾道有類似菊花的花種。由於菊花花色變化豐富，通常臺灣在節慶時（如十月慶典）會加以廣泛應用。菊花原產於大陸，圖中花形是呈單花的大花形，豐子愷以前漫畫中花形多作此形，〈米與菊花〉（《豐子愷漫畫全集》，第四卷，頁 127）畫中花種即是此菊花。圖中女子有項鍊及束腰帶，相當時髦，應是光復初期當時最繁榮的台北街頭素描作品。

10. 〈流動飲食店〉（胡治均提供，《雄獅美術》刊登）：

畫面後方是三棵椰子樹，前方是一人拖著四輪有頂蓋的活動車前進，中間還有櫥櫃、兩旁吊掛著長凳與水桶。這種光復初期還能見到的挑擔販，水果、雜貨樣樣皆賣，靈活行走方便隨招隨停。在 2007 年的台中街頭，偶爾還見得到他們踽踽而行的身影。

11. 〈最高猶有幾枝青〉：

第四卷中本作品未敷彩，且有遊客兩位置於畫面左方。畫幅背景為起伏的山頭，左方為粗壯枝幹的神木，前景是自右駛往左方鐵軌上、冒煙的小火車。在阿里山必遊覽的是 1906 年發現的大神木、1918 年小火車通車、邈邈山間雲霧與日出。豐子愷應該沒有料到，1950 年神木遭到雷殛，只得以人工支撐，1998 年神木又因安全考量已經放倒。第八卷作品敷彩，畫面未見遊客。

　　以上是筆者為這一批圖畫所作的背景考察，當有助於對繪畫內容的認識與理解。但是，其中分析著眼在「檳榔樹」與「椰子樹」分別之處，似乎又有追求事實之真、破壞畫境之嫌。豐子愷嘗引王維「意在筆先」的話，並認為天機獨運、創造意境比追究寫實與否重要得多，所以從民俗學來說，這樣的分析有其意義；就藝術上來說，汲汲營營於現實題材真確程度，可能就不那麼重要了。

　　若另以價格論，由於當時通貨膨脹，舊臺幣四萬元換新臺幣一元，這一批漫畫價格根據《創作》月刊第一卷第五、六期合刊本中有豐子愷於 1948 年 8 月 1 日為漫畫、書例訂的「書畫潤例」[30]：

> 畫例：冊頁（一方尺）或漫畫（不滿一方尺）或扇面，每幅一千萬元。（例如普通小立幅，二方尺，即二千萬元，餘例推。）指定題材者加倍。其餘另議。
>
> 書例：書潤照畫減半。對聯四尺一千萬元。五尺一千二百萬元。六尺一千四百萬元。指定題材者加倍。其餘另議。
>
> 先潤後墨：半個月（若收件過多，則延至一個月）取件或寄件。漫畫不須送紙。其餘紙請自備，或附款代辦亦可。外埠請附回件郵資。廣告，祝壽，賀婚等字畫，除特例外恕不應屬。
>
> 本例得隨時調整另訂
>
> 豐子愷謹言
>
> 通信處：杭州靜江路八十五號

豐子愷輕財，從不追求財富，但當時物價狂飆、民生困頓，潤例不得不「隨時調整」，實不得不然。

30　《創作》月刊（台北：創作月刊社，1948 年 8、9 月），5、6 期合刊本，頁 25。

　　臺灣之行，逗留五十六天，作家也不能免俗地攜回臺灣的紀念品。很特別的是豐一吟口中的「木雕花盤」[31]：

> 泛舟日月潭，並與當地高山族公主合影留念。這個木雕花盤就在那裡買的。木盤刻有高山族的少女，在大芭蕉樹下，手持長長的木杵在杵米。芭蕉是豐子愷喜歡的植物，不但在故居種植，在畫中也時有出現。而高山族杵舞是節日裡不可缺的表演節目，一直流傳到現在。豐子愷把它帶回家來，作為這次旅行的紀念。

這個木盤相片，是刊登在《緣緣堂的故事》書中，精印的小書中包含：作家具有紀念與研究價值的常用物品與淵源掌故。照片中的「木雕花盤」因使用久了邊緣有破損與斑駁的痕跡，大體上仍然能夠清楚地辨認出：兩株臺灣香蕉，分置左右方，右方香蕉更果柄成串，肥腴可愛。中央有杵舞的婦女五人，姿態樣貌幾為「杵影歌聲」圖的翻版（或謂「杵影歌聲」圖仿此盤？）左下方與正下方分別為碩大的鳳梨三顆。

　　首先需辨明「高山族」的稱呼，是代替「番族」與「高砂族」的權宜改稱。

　　日月潭的邵族與布農族，木雕藝術雖不及於魯凱、排灣與雅美族，但仍頗有工藝特色。[32]豐子愷以其藝術家之眼，對民俗工藝甚為珍視，這部分可以從《教師日記》中見到。臺灣自 1940 年起，編有《臺灣鐵道旅行案內》日文旅遊指南，就積極推行人民旅遊活動，

---

[31]　《緣緣堂的故事》（浙江：桐鄉市豐子愷紀念館、桐鄉市豐子愷研究會合編，2005 年 9 月），頁 63。

[32]　參〈臺灣山地文化〉，《臺灣十年》，頁 34-36

帶動經濟成長；盤中以鳳梨、香蕉為文化圖騰，既屬於南投縣特產，也是政府行銷臺灣旅遊的符號。圖中香蕉樹雖然與豐一吟所謂大陸「芭蕉」同屬芭蕉科植物，但其實在果實上可以區分出兩者的不同。

豐子愷愛喝酒，但並不追求酒器的精緻高貴，在《緣緣堂的故事》書中有「小酒杯」照片，是豐子愷在臺灣買的，此後就成為伴隨豐子愷三十年的酒伴。當作家去世後，豐夫人贈予到上海致意的香港中文大學盧瑋鑾教授，其後又捐贈給緣緣堂永久保存。照片中這酒杯有稚拙憨笑的男子與秀麗天真的女子圖形，從其穿著為日本和服看來，應是日治時期具有濃厚東洋色彩的陶瓷用品。另外，豐子愷還在地攤購買臺灣小學生常用的硯台，攜帶回上海，作為日後繪畫工具。

以上就是豐子愷於臺灣光復後 1948 年 10 月遊覽時所繪的漫畫，筆者以為不但具有藝術價值，也打開大陸畫家來臺繪畫臺灣的封閉局面。透過繪事背景的解析，更進一步肯定其記錄臺灣光復以後，1949 年以前的庶民生活、著名景點、節慶活動等內容，成為後人認識當時臺灣的媒介。在長期的忽略中，筆者認為在臺灣歷史、民俗學、藝術價值上都有其特別的意義，應該給予重視。

（二）〈致臺灣一舊友書〉的寫信對象蠡測

1960 年豐子愷撰寫〈致臺灣一舊友書〉，刊登在 12 月 30 日香港的《大公報》，雖是召喚舊友回歸大陸，「共享幸福」；意在傳輸一己的政治立場，歌頌解放後新社會的美好。這般用意的文章在大陸不少，朱光潛〈新春寄語臺灣的朋友們〉即明白地說：

> 這有兩個原因：一個是我知道有些朋友們樂於聽到我的一些
> 消息，一個是想幫助朋友們解除一些不必要的思想顧慮。共
> 產黨的政策是「愛國不分先後」。只要愛國，都有前途。……
> 翹首望南天，歸帆何日至？[33]

可知透過筆墨宣揚思想，不算特別。〈致臺灣一舊友書〉謳歌國家
生活的美滿，並透過解放後新舊上海在經濟、政治、治安、道德的
比較，襯托國家致使作家生活安定，精神愉快。筆者擬根據現有資
料推測「舊友」為何者，並且由於作家皆已不在人世，因此真相無
可查證，希望為豐子愷作品研究作一參考。

　　觀察〈致臺灣一舊友書〉此一舊友的線索是：

1. 1949 年前來臺灣學人
2. 曾與豐子愷同居上海一段時間，好友當時為教師身分。
3. 上海彼時政治不清明，經濟陷入物價飛漲、一日三市，民不
   聊生。
4. 兩人曾有開明書店服務的經歷。
5. 豐子愷說：「我比你年長十歲」
6. 豐子愷邀請飲酒，代表情誼深厚，因為豐氏等閒不與人邀約
   喝酒。

　　綜合以上，筆者認為舊友為：渡海來臺灣教書與被視為學者散
文家的錢歌川可能性很高。理由敘述如下：豐子愷的交遊廣，人緣
佳，然而他對後輩的提攜幫助之力與夏丏尊對他一模一樣。豐子愷

---

[33] 朱光潛：〈新春寄語臺灣的朋友們〉，《朱光潛全集》第 10 卷，（合肥：安徽
　　教育出版社，1993 年 2 月），頁 426-427。

對於真正的好友不一定會形諸筆墨，如朱光潛、朱自清、錢歌川、夏宗禹。對後輩需要幫助時，總是獎掖提攜，如介紹王知伊到開明書店，介紹錢歌川在開明書店認股，心繫青年夏宗禹的文學道路等。因此，相信此一舊友與豐子愷有相當交情。

　　錢歌川曾在上海居住一段時間，論者多著眼其 1930 年進入中華書局工作，而忽略在進入書局之前的 1930 年初曾由黃鴻詔介紹，在浦東中學任教，生活艱辛的情形。關於此時生活，錢歌川曾說：

> 到浦東中學，當上一員日語教師，月薪才 20 元而已。每去要坐車乘船，還要走相當長的路，費時費力，自不待言。這當然不夠維持在十里洋場上的生活。[34]

作為一名甫自日本東京高等師範學校英文科畢業的畢業生，錢歌川捨棄長沙的教職，到上海闖蕩。此時的豐子愷雖然是立達學園教師，一個月 20 元薪資不夠開銷，便又到上海藝術師範大學、復旦實驗中學、澄衷中學兼課，為衣食奔走，十分辛苦。1926 年夏天，豐子愷留日好友黃涵秋借住在家中，兩人每日暢飲。此時，黃涵秋介紹旅日同學錢歌川給豐子愷認識。

　　錢歌川與開明結緣，是「在開明出版的『一般』雜誌上，發表我的第一篇小說，大概是民國十二，三年的事」[35]，後來在 1926 年左右，與黃涵秋、豐子愷的飯局上初次相識，並由豐子愷邀約入股，準備協助章錫琛創辦開明書店。錢歌川十分感激豐子愷，他說：

---

[34] 錢歌川：〈回顧五十年〉，收入俞筱堯、劉彥捷編《陸費逵與中華書局》（香港：中華書局，2002 年 6 月），頁 39。

[35] 錢歌川：《偷閒絮語》，頁 83。

經他大力支援，才得在上海呆下來。他起初介紹我把書稿送
交開明書店出版，預支版稅，以資挹注。[36]

對當時尚沒沒無聞的錢歌川如此優渥，用意在解決其經濟困窘。
1930 年，經夏丏尊介紹，錢歌川得以進入中華書局擔任新文學方
面的編輯。1936 年，錢歌川前往英國留學，1939 年抗戰期間回到
中國，在武漢大學擔任教授。抗戰勝利後的 1946 年，錢歌川還隨
駐日代表團飛往東京，擔任主任秘書。後來錢歌川回到上海、南京，
去信給在杭州的豐子愷，詢問拜訪事宜。豐子愷覆信，甚表歡迎[37]，
錢歌川在〈入臺記〉曾說[38]：

> 我一時什麼都不想幹……最好去鄉下當老百姓，在家閉戶讀
> 書，倒樂得自由。於是寫信給正在西湖準備營宅的豐子愷
> 兄，托他為我順便找房子。他回信歡迎我去結鄰終老，願把

---

[36] 同註 33。另外錢歌川在〈四十年教書生涯〉文中也說到當時生活困難的情
　　形：「這當然不能維持一家的生活。幸好我是天字第一號開明的股東，而又
　　有現存的書稿在手，便使我只好大膽去找開明援手。章錫琛總經理，夏丏
　　尊總編輯，以及編輯豐子愷諸人，都很幫忙，毫不遲遲地接受了我的書稿，
　　並預支了相當數目的版稅給我，這才使我能夠維持起碼的生活，要是只有
　　浦東中學那二十元，豈不早餓死了。」文收《錢歌川文集》第四卷（瀋陽：
　　遼寧大學出版社，1988 年 2 月），頁 864。至於錢歌川入股開明一事，錢氏
　　有時說係「認乾股」未出錢，有時又說曾出「五百塊大洋」（〈回夢六十年〉，
　　《錢歌川文集》第四卷，頁 966），姑錄存之。
[37] 〈致錢歌川〉，《文學卷三》，頁 189。編者注此信說：「此明信片原未署寫
　　信時間，據片上模糊的郵戳，疑為 1936 年 4 月 10 日所寄」，由錢歌川行蹤
　　看來，或為 1946 年亦有可能。
[38] 錢歌川：〈入臺記〉先刊登於《臺灣文化》第二卷第六期九月號（1947 年 9
　　月），後收入《偷閒絮語》文集，〈入臺記〉文末署寫作時間為 1947 年 8 月。

> 他住宅旁邊的半畝隙地，讓給我造房子。他還附了一張他的
> 住宅在西湖上的形勢圖，使我怦然心動，恨不得馬上擺脫一
> 切就到西湖去當寓公去。

但是此時峰迴路轉，在臺灣的長官公署朋友邀請錢歌川到臺灣大學
主持文學院，排除若干困難後，他如願抵達臺灣，〈入臺記〉說明
此刻的心情：

> 只要有山水可供暇日遊覽，有舊書店可供暇時巡禮，我便滿足
> 了。……現在光復後入臺，對於這個美麗的島嶼，只覺得相見恨
> 晚，在到處干戈擾攘的時候，能有這樣一塊清靜的地方息影讀
> 書尤其難得。就是天下太平的時候，臺灣也不失為一塊樂土。[39]

1947 年四月，錢歌川來臺灣觀察環境後，顯然很滿意，居住不久又
再回南京攜家眷來臺灣，「作久留之計」。[40]1948 年豐子愷來臺灣旅
遊，也與錢歌川相聚。謝冰瑩堅留豐子愷，豐子愷回答：「我去香港
小住，還要來的」[41]，未料 1949 年底，中華民國政府遷抵臺灣，自
此，隔著臺灣海峽，大陸與臺灣各自展開新的局面。1949 年 5 月 20
日，臺灣省警備總司令部宣布實施戒嚴令，自此言論出版自由皆受
政府監控與壓抑，直至 1987 年 7 月 15 日才解除戒嚴。

　　1964 年，錢歌川赴新加坡工作，四年後又離開。從此揮別居
住十七年的臺灣，錢歌川〈去國情懷〉說[42]：

---

[39] 錢歌川：《偷閒絮語》（台北：大林出版社，1978 年 2 月），頁 197。

[40] 同前註。

[41] 謝冰瑩：《作家作品》（台北：三民書局，1991 年 5 月），頁 155。

[42] 錢歌川：《秋風吹夢錄》（台北：臺灣開明書店，1976 年 3 月），頁 1-4。

戰後從大陸到臺灣的人，十多年來並沒有真正的安定居留，
都還多少帶得有一些流離失所的味道。把大陸拋棄在背後，
蝸居在這小島上，總不免有式微之感。……在這樣一種不安
定的心情中，年復一年地居住了十七年之久，不但是有家歸
未得，甚至連對自己的父母兄弟都不能通訊，可說是充分體
味著了隔絕的痛苦……我從到臺的第一天起，就決計要回大
陸的，不願在海外作久居的打算……明知人間無樂土…臺灣
比較還是安定的，捨安定而就動亂，似乎有背常理，但其間
必然有難言之隱在，所以我說出國的心情是很沉重的。

錢歌川來臺灣後，就擔任臺大外文系教授兼文學院院長，當時中文系
有魏建功、臺靜農、許壽裳等學者。後來，轉任台南成功大學與陸軍
軍官學校教書，一直利用閒暇提筆創作，有「學院作家」之稱。錢歌
川因「難言之隱」，離開臺灣到新加坡大學、南洋大學等校教書，應與
戒嚴期兩岸「不能通訊」有若干關係。〈海阪十稔〉道出苦悶的心情：

現在我們所處的，卻是亙古未有的「大時代」，說它是戰時，
又未見實際有人放過一槍，說它是平時，卻枕戈待旦，天天
過著戰時生活。最苦的莫過於和家鄉交通斷絕，甚至於連魚
雁都不能通，這確是史無先例的一種境遇，它諷刺著身留自
由世界中的自由人的自由。[43]

對戒嚴時期不自由空氣的瀰漫，似已經無法忍耐。〈行年六十〉文
中就已經透露：

---

[43] 錢歌川：《罕可集》（台北：傳記文學出版社，1979 年 5 月），頁 208。

> 我母親有十七年沒有見到我這小兒子了，她一定是倚閭望我回去的，人的意志可戰勝一切……我也決心要回到膝下的。……我也想利用六十歲這個段落，調整一下生活方式……重新來擬出一個計劃。[44]

不久即赴新加坡，晚年則居美國，1990 年於紐約逝世。根據錢歌川〈追憶豐子愷〉文中說[45]：

> 1974 年我從美國回大陸探親，在上海逗留了三個星期，除和家人親屬歡聚外，也想找老朋友話舊。我聽說豐子愷住在上海，自然想看看他，但我不知道他的住址。……我返美的翌年，在報紙上看到豐子愷在上海逝世的噩耗，深惜在上海時未能見到他，機會失之交臂，抱恨何如！

1949 年豐子愷於上海迎接解放後，1951 年中國共產黨強調文藝的工農兵方向、貫徹毛澤東文藝路線，〈致臺灣一舊友書〉是政治指導文藝的一個產物，其間聲聲呼喚在臺灣的錢歌川，但「無法一通音問」（〈追憶豐子愷〉，頁 1917），錢氏應沒有看到此文。豐子愷文章中提到「我比你年長十歲」，其實應該是五歲才是。由於豐子愷偶有誤記作品完成或出版時間的紀錄（可參《豐子愷文集》的編者注），因此筆者還是推測，豐子愷「藏著好酒」等候共飲人生滋味的是錢歌川的可能性很高。

---

[44] 同前註，頁 3-5。

[45] 錢歌川：〈追憶豐子愷〉，《錢歌川文集》第三卷（瀋陽：遼寧大學出版社，1988 年 2 月），頁 1015。

三、豐子愷對臺灣文藝界的影響

臺灣光復後初期，國語語言教育才剛起步，出版業尚待振興，因此從香港進口書籍或是印刷大陸既有書籍，就成了新興出版社的因應策略。

1947 年 6 月，台北開明書店出版四本豐子愷著作：《作父親》、《山中避雨》、《西湖船》、《談自己的畫》，是中、日對照本，日文部分取吉川幸次郎翻譯文。[46]

《臺灣文化》亦於第三卷第二期刊登繪畫聯展啟事、第四卷第一期刊登歡迎會啟事等；臺灣的新聞報導也曾就豐子愷來臺消息報導過。

陳信元曾指出，自政府遷臺以來，中共對臺政策大致可劃分為：

> 軍事對抗時期（一九四九－一九七八）、和平統戰時期（一九七九－一九八七）、民間交流時期（一九八八至今）。一九七八年十二月十二日，中共十一屆三中全會公報中，首度以「統一」代替恫嚇性的「解放」字眼，堪稱是中共對台政策的一大轉變，也開啟了兩岸文學交流的契機。[47]

自 1987 年，政府解除戒嚴，開始由行政院新聞局審查出版品，後來又准許大陸出版品在臺灣出版。雖然豐子愷作品曾列為禁書[48]，

---

[46] 參《光復後台灣地區文壇大事紀要》（台北：行政院文化建設委員會，1995 年 6 月），頁 15。

[47] 陳信元：〈解嚴後大陸文學在台灣出版狀況〉，《台灣文學出版──五十年來台灣文學研討會論文集（三）》（台北：行政院文化建設委員會，1996 年 6 月），頁 218。

[48] 戒嚴後因違反戒嚴法被查禁的大陸作家作品相當多，豐子愷列名其中。見

惟自 1979 年到解除戒嚴前，已經有極少量大陸作品在臺灣出版，
有關豐子愷的就是楊牧編《豐子愷文選》，最早於 1982 年 1 月由
洪範書店出版。除了書籍陸續出版，豐子愷散文如〈漸〉、〈沙坪
小屋的鵝〉、〈山中避雨〉等篇也被選為國中國文課本，當作上課
教材。

豐子愷在臺灣的知名度因教科書、楊牧的推介，在臺灣可說人
人皆知了。在此，筆者限於篇幅，介紹宣揚豐子愷作品的重要推手
楊牧，與直承者林清玄、莊因為例加以說明，並旁及林文月、錢歌
川、奚淞、舒國治、蔣勳等作家。

（一）楊牧

楊牧是宣揚豐子愷作品的重要推手，他在〈中國近代散文〉一
書中[49]，介紹「白馬湖風格」的說法，強調豐子愷的文學派別：

> 小品，周作人奠定其基礎……周作人的小品上承晚明遺風，
> 平淡中見其醇厚的一面……五十歲以上的作家如豐子愷，梁
> 實秋，思果等人都屬於這一派：他的基本風格也見於莊因，
> 顏元叔，亮軒，也斯、舒國治。夏丏尊（一八八六－一九四
> 六）作品不多，但一篇「白馬湖之冬」樹立了白話記敘文的
> 模範，清澈通明，樸實無華，不做作矯揉，也不諱言傷感，
> 是為其特徵；朱自清承其遺緒，稱一代散文大家，其源出於

林慶彰〈當代文學禁書研究〉，同前註，頁 202。
[49] 楊牧：《文學的源流》（台北：洪範書店，1984 年 1 月），頁 56。

上虞。郁達夫，俞平伯，方令孺，朱湘，徐訏，琦君，林海音，張拓蕪都可歸入這一派；除外，有林文月，叢甦、許達然，王孝廉等人的作品也多多少少流露出白馬湖風格。

在「白馬湖風格」的說法上，分派是基於方便辨認的需要，若實際考察作家的續航性，或是作家的實際寫作歷程，有些作家並沒有呈現較為一致的寫作風格，故此處不細論。此外，楊牧編有《豐子愷文選》共四冊，由洪範書店出版，對宣揚豐子愷作品有極大的貢獻。張惠菁《楊牧》說[50]：

> 楊牧又陸續編輯了多套叢書，大抵都是五四以降的詩與散文大家，先後有：《豐子愷文選》（一九八二），……這些叢書都有楊牧特別撰寫的緒論，討論作者的文學成就及在文學史上的地位。論豐子愷「恆久鮮明，動人最深」，……這一系列的編輯工作，似乎是楊牧在回饋曾經滋養他的文學源流。……他編選這些五四大家開風氣先的作品，應是有向他們致敬的用意。

《豐子愷文選》第一冊楊牧序〈豐子愷禮讚〉一文，說豐子愷是「二十世紀動亂的中國最堅毅篤定的文藝大師」，為他的作品定調[51]，上引文張惠菁所言極是。

雖然楊牧的散文風格如《葉珊散文集》浪漫富想像力、《昔我往矣》蘊藉含蓄與豐子愷並不相類，但其間的強烈的理想與社會關

---

[50] 張惠菁：《楊牧》（台北：聯合文學出版社，2002 年 10 月），頁 183-184。
[51] 楊牧編選：《豐子愷文選》第一集（台北：洪範書店，1999 年 8 月），頁 9。此後研究豐子愷者如陳星等常引楊牧文章說明，可見其影響力。

懷，有若豐氏；而《隱喻與實現》一書若干談及豐子愷處，更可推知牧對豐氏有其獨到心得。[52]

（二）林清玄

　　曾經自承受豐子愷直接影響者為林清玄。林清玄（1953～）高雄旗山人，自幼即有心於寫作，立志成為作家。據 2004 年林清玄為紀念寫作三十五年出版的《思想的天鵝》封面內頁的介紹說：

> 作品《菩提系列》、《身心安頓系列》、《現代佛典系列》暢銷數百萬冊，是最有影響力的書籍。《打開心內的門窗》、《走向光明的所在》有聲書，家喻戶曉，成為有聲書的創作典範。近作《人生寓言系列》更被行政院文建會、臺北市政府新聞局、民生報、國語日報選為青少年最佳讀物。林清玄的作品曾多次被台灣、大陸、香港、新加坡選入中小學華語教本，也多次被選入大學國文選，是國際華文世界被廣泛閱讀的作家。[53]

1997 年前，簡志忠說「清玄用二十幾年的時間，以數千萬字建立起一個美好的思想」[54]，因為 1997 年家庭事件，「外界的撻伐批評常使他痛心」[55]：

---

[52] 楊牧談許地山時，多處談及豐子愷，參見《隱喻與實現》一書（台北：洪範書店，2001 年 3 月）。

[53] 林清玄：《思想的天鵝》（台北：九歌出版社，2004 年 2 月）。

[54] 簡志忠：〈不如歸去？〉，收林清玄：《生命中的龍捲風》序（台北：圓神出

近三十年間，為這個社會創造了文學、佛學、思想的寶貴資產。對於臺灣本土培育出來的傑出作家，如果我們不能愛惜他、鼓勵他，將會是讀者的遺憾。

林清玄從臺灣報紙副刊嶄露頭角，又縱橫自 1970 年代末開始設立的各大文學獎，13 年囊括所有大獎，並掀起佛教散文寫作的熱潮。其作品產量驚人，演講邀約不斷，每出一書便成暢銷書排行榜的常勝軍。惟自 1998 年《生命中的龍捲風》後銷量下滑，在臺灣的活動有銷聲匿跡之勢。後來轉進彼岸，尤以「菩提系列」享譽大陸，在大陸重又造成旋風。

　　林清玄曾透露，「寫作受豐子愷先生的影響，注意樸素深刻和慈悲的胸懷」[56]，豐子愷的樸素，揉合沈從文的優美，造就林清玄哲理美的散文風格。縱觀林清玄的散文，模仿的痕跡（〈灑在邊疆的陽光〉似〈致臺灣一舊友書〉）、徵引的片段（〈歡樂悲歌〉引豐氏語）、「人生之美三層次說」（如豐氏人生三層樓說）皆有濃厚的豐子愷味，可見豐氏影響力之大。[57]

版社，1998 年 6 月），頁 8。

[55] 括號內引文與下段引文同前註，頁 8-10。

[56] 朱曉華記錄：「林清玄在南京大學的演講」，2001 年 10 月 14 日。

[57] 惟佛理散文內容偶有扞格，如《思想的天鵝》中〈歡樂悲歌〉引豐子愷之語，感嘆人類口腹之欲造成小魚與孔雀貝的無辜枉死；但另篇〈日光五書〉又說「我一口氣吃了五條，不只是香魚鮮嫩的滋味，而是那樣燒香魚的方法實在是令人喜愛」，這方法是：「一條活的香魚，右手就用削尖的竹籤自尾向頭貫穿了香魚，隨即插入灶中。……上百條香魚在灶上燒，其香驚人，數十公尺外皆可聞到」等的描述。〈歡樂悲歌〉見頁 180-184、〈日光五書〉見頁 198-209。

（三）莊因

　　莊因（1933～）生於北京，1949 年全家隨父親莊嚴抵臺灣。臺灣大學中文研究所畢業後，赴澳洲任教，又轉赴美國史丹佛大學，1998 年退休後仍兼任亞洲語文系教授，教授書藝課程。莊因出身書香世家，父親莊嚴是知名的書法家，大哥莊申治學、三弟莊喆是畫家、小弟莊靈是攝影師，莊因擅文擅漫畫，對書法尤為精到，可說全家人都是藝術家、藝術研究者。

　　楊牧〈大陸去來——莊因「八千里路雲和月」序〉說[58]：

> 散文也帶有晚明風格，復脫胎自豐子愷的輕描淡寫。漫畫則完全步豐子愷筆路，古樸溫柔，情勝於理，也和豐子愷一樣在畫中題寫古典詩詞，增強其藝術效果；我曾見過莊因一幅傑作，畫兩人燈下談天，案上一把茶壺帶茶杯若干，題曰：「古今多少事，都付笑談中」，與緣緣堂漫畫並列，幾可亂真。

莊因散文有豐子愷的輕描淡寫，惟似輕實重，以《八千里路雲和月》來說，喪亂思鄉之情不忍說，強說後反而情溢乎辭，感慨萬端寄予筆下，情濃勝於豐子愷。莊因漫畫是「私淑豐子愷為我的圖畫啟蒙老師，全力仿傚他」[59]，從小家中珍藏豐子愷文學、漫畫作品，莊嚴讚揚豐子愷「漫畫有諷刺性、紀念性，構圖奇特、趣味盎然」[60]，

---

[58]　見莊因：《八千里路雲和月》序（台北：純文學出版社，1982 年 5 月），頁 3。
[59]　莊因：《八千里路雲和月》，頁 8。
[60]　廖雪芳：〈豐子愷的人和畫〉，《雄獅美術》77 期（1977 年 7 月），頁 64。

正是在父親的耳濡目染下，莊因仿畫成《莊因詩畫》一本，畫筆相似，揭露諷喻之意更深。林文月稱譽「這些詩與畫也必然會為這個時代做一種見證」[61]，今日看來確實如此。

（四）相似的身影

陳星曾將林文月與豐子愷多方比較，認為林文月是「『白馬湖風格』的傳人」、「從許多事實上顯然也是受到他們影響」[62]，在此略作解析。林文月（1933～）臺灣彰化人，出生於上海日本租界，小學六年級返臺之前，接受日本教育。1946 年舉家自上海遷回臺灣，後來在臺灣大學中文研究所取得碩士，又留學日本京都大學，後來任教臺灣大學中文系教授。1993 年退休後，曾任臺大名譽教授與國外多所大學客座教授。獲得中國時報文學獎、國家文藝獎等多種獎項。據何寄澎說[63]：

> 除去個人的才性外，林先生的寫作淵源有二，一是與古典學術涵養有關，林先生研究的是六朝文學，而六朝文學即是繁縟精緻而漂亮的，林先生作品的第一個淵源當來自太康文學一系。二是日本文學，日本文學的表現基本上是反覆鋪陳、鉅細靡遺。這兩點應是影響林先生散文寫作的最重要關鍵。

---

[61] 林文月：〈遊子吟〉，《交談》（台北：九歌出版社，2000 年 2 月），頁 203。

[62] 陳星：《教改先鋒——白馬湖作家群》（台北：幼獅文化事業公司，1996 年 12 月），頁 198-209。

[63] 何寄澎：〈林文月散文的特色與文學史意義〉，收陳義芝主編《林文月精選集》（台北：九歌出版社，2002 年 7 月），頁 22。

> 至於林先生作品的整體美學風度，我以為「似質而自有膏
> 腴，似樸而自有華采。」二語殆可概略形容。

「似質而自有膏腴，似樸而自有華采。」二語精準地形容林文月散
文的審美風格，由此點著眼，便知林文月於篇章之中雖因同譯《源
氏物語》的緣故，而曾提及豐子愷（如〈遊子吟〉、〈終點以後〉、〈源
氏物語〉），但兩位作者風格不同，林文月的散文風格似乎很難認定
是如陳星所謂「『白馬湖風格』的傳人」。筆者認同何寄澎所說：「林
先生基本上已形成自成一家的寫作風格」。[64] 例如，由於豐、林二
位都具有民胞物與的襟懷，對細微生物都有注意與同情的能力，
所以豐子愷的〈蜜蜂〉（《文學卷一》）對困居書房飛不走的蜜蜂灌
注同情；林文月〈蒼蠅與我〉（《午後書房》）從追擊蒼蠅到物我兩
忘，著眼的角度迥異尋常。同類的題材突破舊有的表現，進而擁
有自己的獨特風味，顯示藝術的領域對探索耕耘者來說永無止
境。所以林文月散文雖可遠溯白馬湖風格，其實已經開闢出自己獨
特的路徑。

　　另外，豐子愷是現代溝通藝術（繪畫、音樂）的重要人物，他
作出先期性的思考與探索，他的許多思考與說法，可以從後來的藝
術家身上找到延續。第五章曾提及舒國治《流浪集》中〈偶遇之樂〉
似豐子愷〈山中避雨〉。何懷碩《孤獨的滋味》〈說畫夜〉末段收束
頗有豐〈夢痕〉味道；另一文〈線的奧秘〉則直言豐子愷之言有醍
醐灌頂的效用[65]：

---

[64] 何寄澎：〈林文月散文的特色與文學史意義〉，收陳義芝主編《林文月精選
集》，頁 22。

[65] 何懷碩：〈說畫夜〉，收《孤獨的滋味》（台北：立緒文化事業有限公司，

我少年時讀豐子愷（1897～1975，文學家，文藝理論家，漫畫家）《繪畫與文學》中說到「線是中國畫特有的表現手段」，並用「線的雄辯」四字，印象深刻。

要更正的是：豐子愷是 1898 年出生。文中提及的這篇文章約完成於 1926 或 1927 年間，題目為〈中國美術的優勝〉。莊喆也說：

豐子愷的漫畫誠然是文人本色，終是小品；雖是販夫走卒、引車賣漿者流也能領會，卻獨與他自己所寫的高超畫論《中國美術之優勝》相去稍遠。我自己在大學時代就佩服這本書，覺得豐子愷的高識遠見，應該是所有我們這些學藝術的後進，應該一讀再讀的。[66]

文中雖然對豐子愷的實際創作與理論之間的不一致有所評價，但是同樣肯定〈中國美術的優勝〉的指引貢獻。另外，錢歌川也談及自己走上文學的道路，是由豐子愷幫助的。[67]

在藝術領域中，豐子愷也有不容忽視的貢獻。二十一歲開始從事藝術教育起，他發表相當多的藝術理論文章，對臺灣藝術界應有一定的啟發。江祖望說：

2005 年 6 月），頁 118。〈線的奧秘〉，收《給未來的藝術家》（台北：立緒文化事業有限公司，2005 年 12 月），頁 210。

[66] 莊喆：〈藝術親・手足情〉，收莊因：《莊因詩畫》書前序（台北：三民書店，2001 年 1 月），頁 5。

[67] 錢歌川：〈追憶豐子愷〉，收入《錢歌川文集》第三卷（瀋陽：遼寧大學出版社，1988 年 2 月），頁 1016-1017。

豐子愷。……這些畫家的作品已開始建立新的風貌。我認為
這些畫家在中國近代繪畫史上佔了十分重要的地位,而且爾
後對臺灣的繪畫也是影響深遠。[68]

在臺灣的藝術家們,雖沒有自承直接受過豐子愷的影響(除了豐氏
學生張光賓外),但由於仰慕敬愛弘一法師,遂在文章中蘊含佛味,
於藝術理論中追蹤弘一法師以書藝結緣世間、弘揚佛法的精神,親
近民間大眾。以佛理味與推展大眾藝術上,奚淞、蔣勳與豐子愷有
不謀而合之處。

奚淞(1947~),國立藝專美術科畢業,法國巴黎美術學院、
巴黎十七版畫室研究,出版《夸父追日》、《姆媽,看這片繁花》、《給
川川的札記》等書。〈秋江共渡〉文中,奚淞說:

欣賞弘一的書法,可以感受到斯人臨近。我想:有幸與法師
生活在同一世紀,就彷彿是同船共渡了一程。[69]

孺慕景仰之心猶如文中少年李芳遠一樣。1991 年出版《三十三堂
札記》、2004 年出版《光陰十帖》與《大樹之歌》,雅正細膩的文
風,是現代文學作品裡佛典新詮的佳例。木刻、習書法、畫觀音、
長年學佛、圖文並茂等多元表現,彷如豐子愷藝術的現代身影。

蔣勳(1947~)福建長樂人,生於西安,四歲起定居台北。二
十五歲負笈法國巴黎大學藝術研究所,三十六歲即擔任東海大學美

---

[68] 江祖望:《水墨畫與臺灣美學》(台北:利氏學社,2004 年 7 月),頁 132。

[69] 奚淞:〈秋江共渡〉,《弘一法師翰墨因緣》(台北:雄獅圖書股份有限公司,
2001 年 3 月),頁 30。

術系系主任，1967 年起開始陸續發表小說、詩、散文、藝術史、美學論述與繪畫，是位全方位的藝術教育家。蔣勳有〈血跡久遠〉一文[70]，介紹弘一法師種種，並曾說：

> 從李叔同到弘一大師是對美的斷念，他成為中國近代最美學的人物。我覺得自己想活在他前一半的生活狀態裡，還不知道自己想成為什麼樣的人。[71]

蔣勳景仰弘一大師，以為佛經影響自己最大，即使如此，散文作品並沒有注解佛法[72]，反而汲汲營營推廣中西洋藝術，讓大眾親近、瞭解藝術，《藝術手記》、《藝術概論》、《美的沉思》、《天地有大美》、《美的覺醒》等書都是具體的成績。

　　此處以蔣勳的《天地有大美》一書[73]，探討、比較與豐子愷所述的相關概念，以見民初迄今衣裝概念反映藝術教育之重要性，由此也可見出豐子愷藝術理論與用心在臺灣的延續。

　　兩位藝術家都重視生活美學，豐子愷〈姆媽洗浴〉是 1936 年的作品，藉由爸爸之口解釋：

> 美術可分為兩種，一種是普通的，應用的，另一種是專門的，學術的。前者是人人應有的美術常識（例如衣服、家具、房

---

[70] 同前註，頁 41-46。

[71] 魏可風：〈在孤獨裡獨白──蔣勳訪問錄〉，《聯合文學》147 期（1997 年 1 月），頁 80。

[72] 蔣勳詩畫集《來日方長》則述畫中意境，佛音裊裊。《來日方長》（台北：天下遠見出版有限公司，2007 年 6 月）。

[73] 蔣勳：《天地有大美》（台北：遠流出版公司，2005 年 12 月）。

屋等如何可使美觀）。後者是專門家的美術研究。（《藝術卷三》，頁 582-583）

在中國美育觀念發展初期，豐式即有此見識。〈九一八之夜〉文中則說：

> 圖畫的用處不在乎直接地用作奮鬥的工具，乃在乎間接地修養人的心目，使人的生活健全。……我們用苦功練習眼力、手力、心力，養成了能夠明敏地觀察，正確地描寫，美滿地表現的能力，然後拿這明敏、正確、美滿的能力去應用在我們一切的生活上，使我們的生活同良好的美術品一樣地善良，真實，而美麗。（《藝術卷三》，頁 601-602）

這種美術的培養需要下苦功，絕非一蹴可及。因為美術教育的目的，應該在於使人們理解這些媒材到轉化所需要的知識，並從實際的藝術表現中去直接感知，學習如何透過外在的部分，去深入體會看不見的部分，而「人們都是歡喜感覺的快美的。故對於物，實用之外又必要求形色的美觀」（〈為什麼學畫圖〉，《藝術卷二》，頁 578）。在服裝部分，他的〈弟弟的新大衣〉中說：

> 大衣是西洋服裝。西洋式的衣服，各部分都依照人的身體的尺寸而裁剪，穿上去很稱身。故只要身體生得好，穿上衣服去樣子總好看。中國式的衣服，只是大概照身體，卻不講究身體各部的大小，穿上去往往不稱身，樣子便不容易好看。衣服同家具一樣：西式的用家具來湊身體，中式的用身體來湊家具。……服裝實在是比家具更重要的一種實用美術。這是活的雕塑藝術。（《藝術卷三》，頁 533）

強調「美好的形狀」才能引起快美之感。「沒有一個人可以沒有辨別形色美惡的能力，沒有一個人可以不學圖畫」（〈為什麼學畫圖〉，同上書，藝術卷二，頁 579），圖畫即為基礎的美術教育。

　　豐子愷特別重視審美能力的本身，勝於虛擲千金而無美感教養的行為，如：〈為什麼學圖畫〉中的裁縫布衫的母親與〈九一八之夜〉文中稱讚圖畫教師秦先生，他說秦先生：

> 服裝非常有意思，都是粗布衣裳，但是形式和色彩都很調和，比別人穿的綾羅緞匹的摩登服裝好看得多，足見她的美術研究是很純正而能應用在生活上的。（《藝術卷三》，頁 600）

那些沒有審美品味的人，是非常可笑的：

> 好時髦的女郎盲從流行而竟尚新裝，然不辨美惡，有時反而難看，其徒勞著實可憐！（〈為什麼學畫圖〉，《藝術卷二》，頁 580）

所以藝術教育的重要性可見一斑。

　　蔣勳《天地有大美》中，稱許的衣著如：

> 我看到文化界很多人的服裝是比較自然的，可以強調出衛生、乾淨、禮貌，可是不見得一定在強調名牌。有人穿著很自然的卡其衣服、很素樸的白襯衫，然後也能夠呈現出自我的風格。（頁 126）

他特別強調的是「自己穿衣的獨特美學」，「服裝其實包含了一個人自己的個性在裡面」，以下這段文字可以得見：

> 一個人要有自己身體的個性去適合這些服裝。……我要談
> 到的基本觀念，其實在於自己對自己的瞭解，不是隨便花
> 錢去買一個不適合的東西放在自己的身上，還是跟思考、
> 創意有關係。我們既要瞭解自己的身體，也該瞭解自己
> 的個性，所以服裝最能夠反映從生理到心理的全部過
> 程。（頁 132）

因此，服裝美學的複雜性遠超乎人的想像，「其中涵括到質感、色
彩、以及造型，跟我們的視覺、觸覺都會發生關聯」（頁 133），隨
著時代遞變，對衣服的認知是整體設計的一部分，甚而可以隨心所
欲當成藝術品來展現姿態，其實衣服呈現視覺之美，本就屬於藝術
的一部分，而這種美學訓練，包括了創意。蔣勳說：

> 一個人把別人完成的東西毫不思考的放在自己的身上，這
> 個人絕對不是有創意的人；包括花很貴的錢去買名牌包
> 裝自己，如果並不合適，仍然談不上是創意，談不上有
> 美感。

所以，當整全的人外在形象展演著色彩與造型時，也傳遞個人的獨
特性和美的訊息。「如果美的訊息中斷了，這個文化就成為歷史的
罪人」（頁 89），因此文化的傳承便成為美感教育重要的途徑。

　　蔣勳也體察出從生活中關心細節，過程會讓人快樂：「把美放
在生活裡讓我們去認識，所以才彌足珍貴」（頁 89），例如泡茶的
過程持握的「很好的磁杯」、醃苦瓜的「大口磁缸」等常用器物的
重視，這點與豐子愷對藝術的認識也不謀而合：

文具，茶壺茶杯，桌子凳子等一切日用器什，都是工藝美術。這種藝術，是在合實用之外，又必求其美觀。……它的美術的效果，卻是最大。因為日用器什，旦暮在人眼前，其形式的美醜，給人心情以很大的影響。(《藝術卷四》，頁 82-83)

藝術教育的要旨，豐子愷認為不外三語：

藝術心——廣大同情心（萬物一體）
藝術——心為主，技為從（善巧兼備）
藝術教育——藝術精神的應用（溫柔敦厚，文質彬彬）(《文學卷三》，頁 156)

所以培養藝術心——開拓胸境的心，可以說是藝術教育的根本。蔣勳也有類似的見解：「應該在生活美學裡開始培養一個寬闊的心胸！（頁 62）」，要寬闊得先心靈放慢，才能看到自己與其他，所以「緩慢，恐怕是建立生活美學品質的第一步」（頁 264）。

　　兩位藝術家都闡述藝術心的重要，以及生活過程器物使用的美感，更輻射出服裝之於人來說，不但應認識自己身體特點，衣裝更有傳遞出個人美學修養高低程度的效果。總括地說，兩者的思考十分接近，唯蔣勳在時代歷程中，還特別強調個體的獨特性；對前後兩代兩岸的藝術家來說，兩者從衣裝的例子來追溯藝術教育的重要，他們的理念其實有著溝通與連接性，而且煥發著融貫與奔湧向前的光芒。

小結

　　豐子愷於 1948 年抵達臺灣旅遊，當初存有留在臺灣的打算，因此兩個月內，遍覽名勝、舉行畫展、會晤朋友。豐子愷每日皆與章錫琛飲酒，這是作家最大嗜好，然而臺灣當時的酒並不合他的口味，只好離開臺灣返回大陸。

　　第一部分先敘述臺灣光復初期的社會文化背景，再探究豐子愷與光復初期自大陸抵臺的文人學者不同的是：豐子愷處處尋求繪畫的題材，因此繪製一批十餘幅的漫畫，充分表現當時臺灣社會青黃交接時的縮影，具有民俗、歷史藝術上的價值，筆者針對其中已經刊布的十幅漫畫作背景、題材與內容的說明，肯定其以臺灣風情為題材，具有相當的研究價值。相反地，散文作品僅有〈海上奇遇記〉一篇，敘述抵臺前乘坐的「太平輪」上發生章錫琛手錶被竊事件。

　　第二部分〈致臺灣一舊友書〉此一舊友，筆者考察從開明書店共事經歷、同居上海一段時間等資訊，推測錢歌川可能性最高，希望提供研究豐子愷者參考。

　　第三部分為豐子愷對臺灣文藝界的影響，筆者發現，1947 年台北開明書店即出版豐子愷著作四本，《臺灣文化》等刊物也找得到豐子愷的訊息，所以豐子愷抵臺前已經具有知名度。後來，戒嚴時期雖然列入禁書，但其間已經有楊牧編《豐子愷文選》出版，為豐子愷作品的定位與普及有很大的貢獻。最後，筆者選擇林清玄與莊因，說明他們承襲豐子愷處；並澄清林文月散文雖可遠溯白馬湖風格，然而已經開闢自己獨特的風格。進一步說明何懷碩、舒國治等藝術家的文章，可以與豐子愷作品互相印證。奚淞與蔣勳都景仰

弘一大師，奚淞以木刻、書法、繪畫觀音等藝術作品貼近豐子愷這一路數；蔣勳則有完整的藝術理論與豐子愷遙相呼應。從以上可以得知豐子愷在臺灣確有不可忽視的影響。

語言文學類　AG0132

時尚豐子愷
──跨領域的藝術典型

作　　者 / 張俐雯
責任編輯 / 林千惠
圖文排版 / 鄭伊庭
封面設計 / 蕭玉蘋

發 行 人 / 宋政坤
法律顧問 / 毛國樑　律師
出版發行 / 秀威資訊科技股份有限公司
　　　　　114 台北市內湖區瑞光路 76 巷 65 號 1 樓
　　　　　電話：+886-2-2796-3638　傳真：+886-2-2796-1377
　　　　　http://www.showwe.com.tw
劃撥帳號 / 19563868　戶名：秀威資訊科技股份有限公司
　　　　　讀者服務信箱：service@showwe.com.tw
展售門市 / 國家書店（松江門市）
　　　　　104 台北市中山區松江路 209 號 1 樓
　　　　　電話：+886-2-2518-0207　傳真：+886-2-2518-0778
網路訂購 / 秀威網路書店：http://www.bodbooks.tw
　　　　　國家網路書店：http://www.govbooks.com.tw

2010 年 10 月 BOD 一版
定價：490 元

國家圖書館出版品預行編目

時尚豐子愷：跨領域的藝術典型 / 張俐雯著.--
　　一版. -- 臺北市 ：秀威資訊科技, 2010.10
　　　面 ；　　公分. -- (語言文學類 ；AG0132)
　　BOD 版
　　參考書目 ：面
　　ISBN 978-986-221-581-4(平裝)

　1. 豐子愷　　2. 傳記

782.887　　　　　　　　　　　　　99015930

讀者回函卡

感謝您購買本書，為提升服務品質，請填妥以下資料，將讀者回函卡直接寄回或傳真本公司，收到您的寶貴意見後，我們會收藏記錄及檢討，謝謝！
如您需要了解本公司最新出版書目、購書優惠或企劃活動，歡迎您上網查詢或下載相關資料：http:// www.showwe.com.tw

您購買的書名：_____

出生日期：_____年_____月_____日

學歷：□高中 (含) 以下　　□大專　　　□研究所 (含) 以上

職業：□製造業　□金融業　□資訊業　□軍警　□傳播業　□自由業
　　　□服務業　□公務員　□教職　　□學生　□家管　□其它_____

購書地點：□網路書店　□實體書店　□書展　□郵購　□贈閱　□其他

您從何得知本書的消息？

　　□網路書店　□實體書店　□網路搜尋　□電子報　□書訊　□雜誌

　　□傳播媒體　□親友推薦　□網站推薦　□部落格　□其他_____

您對本書的評價：（請填代號　1.非常滿意　2.滿意　3.尚可　4.再改進）

　　封面設計____　版面編排____　內容____　文／譯筆____　價格____

讀完書後您覺得：

　　□很有收穫　□有收穫　□收穫不多　□沒收穫

對我們的建議：_____

_____

_____

_____

11466
台北市內湖區瑞光路 76 巷 65 號 1 樓

秀威資訊科技股份有限公司 收

BOD 數位出版事業部

....

（請沿線對折寄回，謝謝！）

姓　　名：＿＿＿＿＿＿＿＿＿　年齡：＿＿＿＿＿　性別：□女　□男

郵遞區號：□□□□□

地　　址：＿＿＿＿＿＿＿＿＿＿＿＿＿＿＿＿＿＿＿＿＿＿

聯絡電話：(日)＿＿＿＿＿＿＿＿＿＿　(夜)＿＿＿＿＿＿＿＿＿＿

E-mail：＿＿＿＿＿＿＿＿＿＿＿＿＿＿＿＿＿＿＿＿＿＿